本試験型
問題集
[第二版]

よく出る!

漢字検定 1級

新星出版社

本書の特長と使い方

★「漢字検定」の模擬試験問題が20回分！

実際の「漢字検定」を忠実に再現した問題で、本番のように問題を解けます。

★特に出題頻度が高い問題を厳選した「超よく出る模擬試験問題」！

この問題集は、実際の検定に即した問題を掲載。

その中から特によく出る問題だけを集めたのが「超よく出る模擬試験問題」。

第1回から第15回の「よく出る模擬試験問題」にも同じ問題が出題されているので、何度も解くことでよく出る漢字に対応する力が定着します。

★解説を読んで理解度アップ！

★「合格に役立つ資料」で手軽に実力アップ！

巻末の、「合格に役立つ資料」は問題としても使えます。空き時間に確認するだけで、さらなる実力アップを目指せます。

もくじ

・本文デザイン・DTP/三光デジプロ　・本文校正/一校舎、小山愛　・編集協力/一校舎

1級の出題内容と受検ガイド

1級で出題される漢字

1級で出題される漢字は、すべての常用漢字を含めた約6000字で、JIS(日本工業規格)第一・第二水準が目安とされています。試験時間は60分で、合格ラインは200点満点中160点(80%)程度です。

なお平成24年6月からの試験では、それまで1級の配当漢字だった28字が常用漢字（2級の配当漢字）となりましたが、それ以降の試験でも、わずかですが出題されています。

❶読み

出題内容 短文中の傍線部の漢字の読みをひらがなで書く問題です。1級配当漢字が中心で、30問のうち、20問が音読み、10問が訓読みです。

❷書き取り

出題内容 短文中のカタカナ部分を漢字に直す問題で、1級配当漢字を中心に音・訓合わせて20問出題されます。そのうち、4問（音・訓一組ずつ）は同音訓異字語、2問は国字に直す問題です。答えは楷書ではっきり書きましょう。

例 楷書体 行書体 草書体

はねるところ、とめるところにも注意しましょう。

例 はねる とめる つきだす つける

❸語選択 書き取り

出題内容 短文で示された意味に適合する熟語を選択欄（ひらがなで表示）から選び、書き取る問題です。常用漢字外の漢字を含む熟語が中心です。

❹四字熟語

出題内容 問1は、四字熟語の中の二字分をひらがなで示された選択欄から選び、漢字に直す問題で、10問出題されます。問2は与えられた意味に適合する四字熟語を選択欄から選び、傍線部分の読みをひらがなで書く問題で、5問出題されます。

1級配当漢字を含む四字熟語だけでなく、準1級以下の四字熟語からも幅広く出題されます。

❺熟字訓・当て字

出題内容 熟字訓や当て字（例：杜宇（ほととぎす）、日照雨（そばえ）など）の読みをひらがなで書く問題です。

❻熟語の読み・一字訓読み

出題内容 1級配当漢字が含まれる熟語の読みと、その語義にふさわしい訓読み（例〔謫徙《たくし》……徙《うつ》す〕）をひらがなで書く問題です。

❼対義語・類義語

出題内容 対義語5問、類義語5問が出題されます。いずれもひらがなで示された対応する熟語を選択欄から選んで漢字に直します。1級・準1級配当漢字を含む熟語以外にも、常用漢字の熟語も出題されます。

❽故事・諺

出題内容 故事・成語・諺の中のカタカナ部分を漢字に直す問題で、1級・準1級配当漢字を中心に10問出題されます。

❾文章題

出題内容 著名な作家の文芸作品等の一部を題材にし、文章中の漢字の書き取り（10問）と、漢字の読み（10問）に答えます。

受検ガイド

●検定日と検定時間

公開会場による日本漢字能力検定は、年3回実施されます。日程はインターネット等でご確認ください。1～7級の検定時間は60分です。

●検定会場

個人受検の場合は公開会場での受検となり、願書に載っている会場から選びます。

そのほか、団体公開会場での団体受検もあります。

●申し込み方法と検定料

検定料は6000円（1級）。

原則、検定日の約三か月前から約一か月前までに、インターネットやコンビニエンスストア、取扱書店などで申し込んでください。

●検定に関する問い合わせ先
公益財団法人　日本漢字能力検定協会
〒605-0074　京都市東山区祇園町南側551番地
TEL：075-757-8600　FAX：075-532-1110
URL：https://www.kanken.or.jp/kanken/
◆お問い合わせ窓口
TEL：0120-509-315（無料）

第1回 超よく出る模擬試験問題

月　日

試験時間 60分

合格ライン 160点

得点 /200

一

次の傍線部分の読みを**ひらがな**で記せ。1〜20は**音読み**、21〜30は**訓読み**である。

/30
1×30

1 梳盥した後に就寝する。（　）

2 友人を助けるため盍簪団結する。（　）

3 諠鬧の都会を避け田舎に隠居する。（　）

4 朕　甚だ愍焉たり。（　）

5 両蛇の穴を争い螌蟄するが如し。（　）

6 裹頭の僧兵が狼藉を働く。（　）

7 謇諤の節を座右の銘としている。（　）

8 前代未聞の雋髦との誉れ高い人物。（　）

9 黝藹とした林に分け入る。（　）

10 瓊葩綉葉のうららかな春を迎える。（　）

24 烈士は名に徇う。（　）

25 子、罕に利と命と仁とを言う。（　）

26 神は罪深い人々を拯う。（　）

27 榾の火に親子足さす侘びねかな。（　）

28 現在では竹製の筬は見かけない。（　）

29 一齣を朗読して聴かせる。（　）

30 庭にたわわに実った渋柿を醂す。（　）

二

次の傍線部分の**カタカナ**を**漢字**で記せ。19、20は国字で答えること。

/40
2×20

1 **シツヨウ**な叱責に不満の声があがる。（　）

2 小説の**ワイセツ**性について論じる。（　）

11 聚斂の臣あらんより寧ろ盗臣あれ。(　　)(　　)

12 男の軀体を佇眄していた。(　　)(　　)

13 腥羶の窟に交臂抒情せず。(　　)(　　)

14 廟謨顛倒して四海揺らぐ。(　　)(　　)

15 岌嶷たる山嶺を見上げる村の出身。(　　)(　　)

16 一切煩悩を渣滓も殘らず焼き盡せよかし。(　　)(　　)

17 騏驥の跼躅は駑馬の安歩に如かず。(　　)(　　)

18 蹣跚として去っていく友を見送る。(　　)(　　)

19 皇帝 遐陬に雲遊するの因とならん。(　　)(　　)

20 醯醢は格別の佳肴である。(　　)(　　)

21 民喜んで亟やかに帰り、殽を携えて至る。(　　)(　　)

22 訐いて以て直とする者を悪む。(　　)(　　)

23 耳目に嫺わざるを以て排斥せり。(　　)(　　)

---

3 新人というにはトウが立っている。(　　)(　　)

4 フクイクと漂う薫りの中で眠りにつく。(　　)(　　)

5 カボチャの中身をクり貫く。(　　)(　　)

6 鳥類のフカには適切な温度がある。(　　)(　　)

7 トウショ部には九つの自治体がある。(　　)(　　)

8 請求書などをショウヒョウ書類という。(　　)(　　)

9 父と兄とはよく意見がカち合う。(　　)(　　)

10 疑惑が次第に頭をモタげてきた。(　　)(　　)

11 フシクレ立った祖父の指。(　　)(　　)

12 タガが外れたように号泣し始めた。(　　)(　　)

13 交渉は思いの外モツれた。(　　)(　　)

14 脅したりスカしたりして連れ出す。(　　)(　　)

15 カサをかぶった月を見上げる。（　　）

16 スが入った野菜は味が悪い。（　　）

17 任務のカンスイが求められている。（　　）

18 屋上にカンスイ設備を整える。（　　）

19 涙をコラえて出発を見送る。（　　）

20 良質な材木を求めてソマ入りする。（　　）

三

次の1～5の意味を的確に表す語を、後の□から選び、**漢字**で記せ。

/10 2×5

1 参考意見を求めること。（　　）

2 奥深くてもの静かなこと。（　　）

3 横から口出しをすること。（　　）

4 性質が荒々しく残忍なこと。（　　）

問2 次の1～5の**解説・意味**にあてはまる四字熟語を後の□から選び、その**傍線部分だけの読み**を**ひらがな**で記せ。

/10 2×5

1 わずかな時間。とっさの場合。（　　）

2 天下が穏やかで平和な様子。（　　）

3 自然に親しんで風流を楽しむ様子。（　　）

4 賢者が登用されないでいること。（　　）

5 才能や徳を表に見せないこと。（　　）

偃武修文・鏃礪括羽・衣錦尚絅・造次顛沛
井渫不食・霹靂閃電・啐啄同時・嘯風弄月

五

次の**熟字訓・当て字**の**読み**を記せ。

/10 1×10

1 水鶏（　　）

2 沓手鳥（　　）

6 三和土（　　）

7 紅娘（　　）

5 非常に驚き、目をみはること。（　　）

かくりょ・しじゅん・しゅくあ・ちょうちゅう
どうじゃく・どうもう・ゆうすい・ようかい

四

次の問1と問2の四字熟語について答えよ。

2×10　/20

問1 次の四字熟語の（1〜10）に入る適切な語を後の□から選び**漢字二字**で記せ。

（1）同穴	麻姑（6）	
（2）裸裎	繁文（7）	
（3）追従	隔靴（8）	
（4）誅求	切歯（9）	
（5）鮮明	桃李（10）	

あゆ・かいろう・かれん・きし・じょくれい・せいけい
そうよう・そうよう・たんせき・やくわん

3 樹懶（　　）
4 海参（　　）
5 蜂谷（　　）
8 翻筋斗（　　）
9 胡籙（　　）
10 糸葱（　　）

六

次の**熟語の読み**（**音読み**）と、その**語義**にふさわしい**訓読み**を（送りがなに注意して）**ひらがな**で記せ。

1×10　/10

〈例〉健勝…勝れる → けんしょう／すぐ

ア 1 懿徳（　　）… 2 懿しい（　　）
イ 3 緇衣（　　）… 4 緇い（　　）
ウ 5 芟除（　　）… 6 芟る（　　）
エ 7 賻儀（　　）… 8 賻る（　　）
オ 9 屯蹇（　　）… 10 蹇む（　　）

七

次の1～5の**対義語**、6～10の**類義語**を後の□の中から選び、**漢字**で記せ。□の中の語は一度だけ使うこと。

20 (2×10)

対義語

1 諠譟（　　）
2 雇傭（　　）
3 帰納（　　）
4 剛毅（　　）
5 少壮（　　）

類義語

6 逆睹（　　）
7 権輿（　　）
8 胡乱（　　）
9 絶筆（　　）
10 正鵠（　　）

えんえき・かくしゅ・かくりん・きょうだ・けげん
こうけい・せいひつ・たんげい・らんしょう
ろうもう

八

次の故事・成語・諺の**カタカナ**の部分を漢字で記せ。

20 (2×10)

1 クンユウは器を同じくせず。
2 法螺とラッパは大きく吹け。
3 我が身をツネって人の痛さを知れ。
4 魚を得てウエを忘る。
5 リンゲン汗のごとし。
6 タデ食う虫も好き好き。
7 カショの国に遊ぶ。
8 カイドウ睡り未だ足らず。
9 リュウジョの才。
10 ソクインの心は仁の端なり。

1（　　）　2（　　）　3（　　）　4（　　）　5（　　）　6（　　）　7（　　）　8（　　）　9（　　）　10（　　）

九

文章中の傍線（1～10）の**カタカナ**を**漢字**に直し、波線（ア～コ）の**漢字**の**読み**を**ひらがな**で記せ。

30 (書き2×10 読み1×10)

A

九郎右衛門は自分の貰った銭で、三人が一口ずつでも粥を[1]ススるようにしていた。四月の初に二人が本復すると、こん度は九郎右衛門が寝た。体は[ア]巌畳でも、年を取っているので、容体が二人より悪い。人の好い医者を頼んで見て貰うと、傷寒だと云った。それは熱が高いので、[イ]譫語に「こら待て」だの「逃がすものか」だのと叫んだからである。

木賃宿の主人が迷惑がるのを、文吉が宥め[2]スカして、病人を介抱しているうちに、病附の急劇であったわりに、九郎右衛門の強い体は少い日数で病気に打ち勝った。（中略）

宇平は常はおとなしい性である。それにどこか世馴れぬぼんやりした所があるので、九郎右衛門は若殿と[ウ]綽号を附けていた。しかしこの若者は柔い草葉の風に[3]ナビくように、何事にも強く感動する。そんな時には常蒼い顔に紅が潮して来て、別人のように能弁になる。それが過ぎると反動が来て、沈鬱になって頭を[エ]低れ手を[4]コマネいて黙っている。（中略）

三人は日ごとに顔を見合っていて気が附かぬが、困窮と[5]ビョウアと[6]キリョとの三つの[オ]苦艱を嘗め尽して、どれもどれも江戸を立った日の[カ]俤はなくなっているのである。

（森鷗外　護持院原の敵討）

B

またそこの家の美しいのは夜だった。寺町通はいったいに[7]ニギやかな通りで——と言って感じは東京や大阪よりはずっと澄んでいるが——飾窓の光がおびただしく街路へ流れ出ている。それがどうしたわけかその店頭の周囲だけが妙に暗いのだ。もともと片方は暗い二条通に接している街角になっているので、暗いのは当然であったが、その隣家が寺町通にある家にもかかわらず暗かったのが[キ]瞭然しない。しかしその家が暗くなかったら、あんなにも私を誘惑するには至らなかったと思う。もう一つはその家の打ち出した[ク]廂なのだが、その廂が眼深に冠った帽子の廂のように——これは形容というよりも、「おや、あそこの店は帽子の廂をやけに下げているぞ」と思わせるほどなので、廂の上はこれも真暗なのだ。そう周囲が真暗なため、店頭に点けられた幾つもの電燈が[8]シュウウのように浴びせかける[9]ケンランは、周囲の何者にも奪われることなく、ほしいままにも美しい眺めが照らし出されているのだ。裸の電燈が細長い[10]ラセン棒をきりきり眼の中へ刺し込んでくる往来に立って、また近所にある[ケ]鎰屋の二階の硝子窓をすかして眺めたこの果物店の眺めほど、その時どきの私を興がらせたものは寺町の中でも[コ]稀だった。

（梶井基次郎　檸檬）

第2回 超よく出る模擬試験問題

月　日

試験時間 60分

合格ライン 160点

得点　／200

一

次の傍線部分の読みをひらがなで記せ。1～20は**音読み**、21～30は**訓読み**である。

／30　1×30

1 残された者たちは饕餮として笑った。（　　）
2 頽檐矮屋のみが残っていた。（　　）
3 饕餮文で装飾された青銅器。（　　）
4 眼に映るは熙熙たる前程のみ。（　　）
5 銀子が厳重に苞裹してある。（　　）
6 筐筥に納めた文を取り出す。（　　）
7 涙は湿す薜蘿の衣。（　　）
8 綢繆恋々の情を断ち切れず苦しむ。（　　）
9 縹渺たる雰囲気を漂わせる。（　　）
10 睚眥の恨みは解けることはなかった。（　　）

24 約束の日に期を愆らずに来る。（　　）
25 言葉を差し挟むことを扣える。（　　）
26 男は威福を擅にした。（　　）
27 その父羊を攘みて子これを証す。（　　）
28 皇化の曁ぶ所。（　　）
29 かっての日本人は粗袴を着ていた。（　　）
30 洪水天に滔るも禹の功これを治む。（　　）

二

次の傍線部分の**カタカナ**を**漢字**で記せ。19、20は国字で答えること。

／40　2×20

1 ウナされて目が覚めた。（　　）
2 ニベもない態度をとられる。（　　）

11 歩歩に足を止め瞻矚に遑あらず。（　）

12 松の根元に箕踞して海を眺めた。（　）

13 双童簟牀を舁く。（　）

14 誣罔の讒にあう。（　）

15 狭い天地に跼蹐しているに過ぎない。（　）

16 靄酒の声が夜の静寂を破る。（　）

17 鳧脛短しといえども之をつがば則ち憂えん。（　）

18 三人の丫頭がそばに仕える。（　）

19 震百里を驚かすも匕鬯を喪わず。（　）

20 父の吝嗇に母はたいそう苦労した。（　）

21 風景はいつの夜も渝わらなかった。（　）

22 堋に据えた的を射る。（　）

23 親と子の心にある孚が通じ合う。（　）

3 手摺にモタれて川面を眺める。（　）

4 弟は昔からヒョウキンだった。（　）

5 番犬が訪問者を警戒してウメく。（　）

6 隣人と長年にわたってイガみ合う。（　）

7 若者達がわっとハヤし立てた。（　）

8 朝から役員総出でマンマクを張った。（　）

9 申し出をカタジケナく思う。（　）

10 テキガイシンがわき起こった。（　）

11 長丁場を見据えハラゴシラえをする。（　）

12 屁理屈をコねて自説を曲げない。（　）

13 ヒンセキ処分を不服とする。（　）

14 妹はクスグったそうな顔になった。（　）

15 不正に目を**ツブ**ることはしない。（　　）
16 手を**コマネ**いて見ている。（　　）
17 よい作物のためひたすら土を**ス**く。（　　）
18 乱れた髪を櫛で**ス**く。（　　）
19 一**デシリットル**の水を加える。（　　）
20 射手が**トモ**を着用する。（　　）

三 次の1～5の意味を的確に表す語を、後の□から選び、**漢字**で記せ。 ／10 2×5

1 物事の結末を前もって推測すること。（　　）
2 優劣・大小などの差があること。（　　）
3 人の心などをうまくとらえてまとめること。（　　）
4 長い間治らない慢性の病気。持病。（　　）

問2 次の1～5の**解説・意味**にあてはまる四字熟語を後の□から選び、その**傍線部分だけの読み**を**ひらがな**で記せ。 ／10 2×5

1 徳を慕って自然に人が集まること。（　　）
2 礼を欠いた振る舞い。（　　）
3 災難を前もって防ぐこと。（　　）
4 時間が貴重であること。（　　）
5 のんびりとして穏やかな様子。（　　）

曲突徙薪・春風駘蕩・鴟目虎吻・袒裼裸裎
桃李成蹊・霹靂閃電・尺璧非宝・雷霆万鈞

五 次の**熟字訓・当て字**の**読み**を記せ。 ／10 1×10

1 信天翁（　　）
2 醤蝦（　　）
6 栄螺（　　）
7 蝦蛄（　　）

5 身近に接して感化を受けること。（　　）

ぎゃくと・げんき・けんち・しゅうらん・しゅくあ
しんしゃ・ひぼう・りょうしょう

四 次の問1と問2の四字熟語について答えよ。

問1 次の四字熟語の（1～10）に入る適切な語を後の□から選び**漢字二字**で記せ。

20　2×10

（1　）玉折　　暴虎（6　）
（2　）修文　　老驥（7　）
（3　）弄月　　衣錦（8　）
（4　）臆測　　右顧（9　）
（5　）不食　　燕頷（10　）

えんぶ・こけい・さべん・しま・しょうけい・しょう
ふう・せいせつ・ひょうが・ふくれき・らんさい

3 覆盆子（　　）
4 裲襠（　　）
5 浮塵子（　　）
8 石竜子（　　）
9 心太（　　）
10 馴鹿（　　）

六 次の**熟語の読み**（**音読み**）と、その**語義**にふさわしい**訓読み**を（送りがなに注意して）**ひらがな**で記せ。

10　1×10

〈例〉健勝……勝れる → けんしょう / すぐ

ア 1 遒勁（　　）…2 遒い（　　）
イ 3 均霑（　　）…4 霑う（　　）
ウ 5 仄日（　　）…6 仄く（　　）
エ 7 佩剣（　　）…8 佩びる（　　）
オ 9 抉剔（　　）…10 剔る（　　）

七

次の1～5の**対義語**、6～10の**類義語**を後の□の中から選び、**漢字**で記せ。□の中の語は一度だけ使うこと。

20 2×10

対義語

1 恢復（　　）
2 恬澹（　　）
3 潔浄（　　）
4 野趣（　　）
5 劫末（　　）

類義語

6 居然（　　）
7 匡弼（　　）
8 儔侶（　　）
9 相剋（　　）
10 欺罔（　　）

おわい・かいびゃく・がち・かんかく・さいはい・たんらん・ぶりょう・まんちゃく・ゆうえき・りかん

八

次の故事・成語・諺の**カタカナ**の部分を漢字で記せ。

20 2×10

1 イッキに十たび起つ。（　　）
2 他人のセンキを頭痛に病む。（　　）
3 ナメクジに塩。（　　）
4 ヤスリと薬の飲み違い。（　　）
5 鬼のカクラン。（　　）
6 イツボウの争い。（　　）
7 月とスッポン。（　　）
8 三十輻イッコクを共にす。（　　）
9 キンカ一日の栄。（　　）
10 大旱のウンゲイを望むがごとし。（　　）

九

文章中の傍線（1～10）の**カタカナ**を**漢字**に直し、波線（ア～コ）の**漢字**の**読み**を**ひらがな**で記せ。

30 書き2×10 読み1×10

A　鏡花氏こそは、まことに言葉の魔術師。感情装飾の幻術者。「芥子粒を[1]**リンゴ**のごとく見すという[ア]欺罔の器」と「[イ]波羅葦僧の空をも[2]**ノゾ**く、伸び縮む奇なる眼鏡」とを持った奇怪な妖術師である。氏の芸術は一箇の麻酔剤であり、阿片であるともいえよう。（中略）

鏡花世界なる秘境に到達するためには先ず、その「表現の[ウ]晦渋」という難関を突破しなければならない。これを通過しなければ、鏡花世界なる別[3]**ケンコン**は、ついに、ノゾくことができないのである。実際、氏の表現は[エ]奇峭であり、晦渋である。『爪刻んで夜の壁に描き得た我が霊妙なる壁画を瞬く間に[オ]擾して、越後獅子の譜の影は[4]**ハエ**になって舞踏する。[5]**ミミズ**も輪に[カ]列ね[キ]蚰蜒は反って踊る。』（隣の糸）などという文章にあっては、全くはじめての人は面喰うであろう。この表現の奇矯という点に於て、氏はまた後の大正時代になって現われた新感覚派なるものと一脈相通ずる所がある。（中略）

実にかくの如く[6]**トッコツ**・奇峭にして、又[ク]絢爛を極めた言葉の[7]**ゴウシャ**な織物でなくては、とても、氏の内なる美しい幻想を——奇怪な心象風景を——写し出すことは出来ないのである。氏の文章は、だから、他人の眼には如何に奇怪にうつろうとも、氏自らにとっては、他の何物をもってもこれにかえることのできない、唯一無二の表現術なのである。

（中島敦　鏡花氏の文章）

B　熊本の徳富君猪一郎、さきに一書を著わし、題して『将来の日本』という。活版世に行なわれ、いくばくもなく売り尽くす。まさにまた版行せんとし、来たりて余の序を請う。受けてこれを読むに、けだし近時英国の[8]**セキガク**スペンサー氏の万物の追世化成の説を祖述し、さらに創意発明するところあり。よってもってわが邦の制度文物、異日必ずまさになるべき云々の状を論ず。すこぶる精微を極め、文辞また[9]**エントウ**なり。大いに世の[ケ]佶屈難句なる者と科を異にし、読者をして覚えず快を称さしむ。君齢わずかに二十四、五。しかるに学殖の[コ]富衍なる、老師宿儒もいまだ及ぶに易からざるところのものあり。まことに畏敬すべきなり。およそ人の文辞に序する者、心誠これを善め、また必ず揚擢をなすべきあり。しからずんば、いたずらに筆を援りて賛美の語をのべ、もって責めを塞ぐ。[10]**バンキン**の文士往々にしてしかり。これ直諛なるのみ。余のはなはだ取らざるところなり。これをもって来たり請う者あるごとにおおむねみな辞して応ぜず。今徳富君の業を誦むに及んで感歎措くことあたわず。破格の一言をなさざるを得ず。すなわちこれを書し、もってこれを還す。

（中江兆民　将来の日本）

第3回 超よく出る模擬試験問題

月　日

試験時間 60分

合格ライン 160点

得点 ／200

一

次の傍線部分の読みをひらがなで記せ。1～20は音読み、21～30は訓読みである。

／30　1×30

1 縁側に腰掛けて朏魄を眺める。（　）
2 毫釐も他の可能性を許さない。（　）
3 亡国は筐篋を富まし府庫を充たす。（　）
4 万牛臠炙し万甕酒を行う。（　）
5 舳艫相銜む。（　）
6 舐犢の愛は愛情の悪い例だ。（　）
7 部屋の扉を開けようとして躑躅する。（　）
8 輦轂の下巡邏を見ざること数日。（　）
9 霈艾の馬を好んで馴らした。（　）
10 藜羹を食らう者は大牢の滋味を知らず。（　）

24 手作りの粽をごちそうになる。（　）
25 纔かに残された跡を追っていく。（　）
26 艾は灸に使用される。（　）
27 年に一度、子を亡くした地に莅む。（　）
28 風呂敷に裹んで持ち出す。（　）
29 吾未だ嘗て誨うること無くんばあらず。（　）
30 馬が韁を外され連れて行かれる。（　）

二

次の傍線部分のカタカナを漢字で記せ。19、20は国字で答えること。

／40　2×20

1 炬燵は一家ダンランの象徴だ。（　）
2 ヒモウセンを敷いて雛人形を飾る。（　）

11 必ず償い、睚眥の怨みも必ず報ゆ。（　　）

12 炯炯たる眼をもった男であった。（　　）

13 舅姑に順ならざるは去ると言う。（　　）

14 薤上の露　何ぞかわき易き。（　　）

15 卿大夫が羔雁を持参し謁見する。（　　）

16 自らこれを藐視せざるを免れざるべし。（　　）

17 その徳を聿修す。（　　）

18 遠慮なく臚列して憚らぬ事なり。（　　）

19 炳乎たる独特の文化を有している。（　　）

20 牆垣を厚くし守りを堅固なものとする。（　　）

21 燠かなれば則ち趨く。（　　）

22 秣場は村の入会場として使われた。（　　）

23 心労で窶れた母の姿に心が痛む。（　　）

---

3 火災によって町は**カイジン**と化した。（　　）

4 約二千の寺が**イラカ**を並べていた。（　　）

5 彼の作品は趣味の**ハンチュウ**だ。（　　）

6 焼き物を矯めつ**スガ**めつ眺めた。（　　）

7 粗野な言葉遣いを**タシナ**められた。（　　）

8 データの**カイザン**が明らかになる。（　　）

9 提灯の骨に**タケヒゴ**を用いる。（　　）

10 **コムラ**返りの痛みに目が覚める。（　　）

11 作業のしすぎで**ケンショウ**炎になる。（　　）

12 **ダカツ**のように憎まれた。（　　）

13 長い間の**ワダカマ**りが解けた。（　　）

14 地球温暖化の**モタラ**す影響を考える。（　　）

15 トマトの**ヘタ**を取る。（　　）

16 **ス**えた臭いのするご飯を捨てた。（　　）

17 **カサ**のある荷物は駅に預けた。（　　）

18 傷跡が**カサ**ぶたになった。（　　）

19 **チドリ**は古くから親しまれてきた。（　　）

20 **フィート**は長さの単位である。（　　）

三

次の1～5の意味を的確に表す語を、後の□から選び、**漢字**で記せ。

／10
2×5

1 酒などにおぼれすさんだ生活をすること。（　　）

2 からまりつくこと。まといつくこと。（　　）

3 ちょっとした病気。（　　）

4 春風の肌に寒く感じられる様子。（　　）

問2 次の1～5の**解説・意味**にあてはまる四字熟語を後の□から選び、その**傍線部分だけの読みをひらがな**で記せ。

／10
2×5

1 場の状況に対して適切に対応する。（　　）

2 子の孝心も親の恩には及ばないこと。（　　）

3 血気にはやった向こう見ずな行動。（　　）

4 容姿、人格がすぐれた人の死。（　　）

5 形式や手続きが煩雑で面倒なこと。（　　）

寸草春暉・槐門棘路・暴虎馮河・円木警枕
深厲浅掲・九鼎大呂・繁文縟礼・蘭摧玉折

五

次の**熟字訓・当て字の読み**を記せ。

／10
1×10

1 花楸樹（　　）

2 熨斗（　　）

6 海驢（　　）

7 馬酔木（　　）

5 楽器の音などが冴えてよく響くさま。（　　）

いんしん・かしゃく・かんよう・ちんめん
てんじょう・びょう・りゅうりょう・りょうしょう

四

次の問1と問2の四字熟語について答えよ。

問1 次の四字熟語の（1〜10）に入る適切な語を後の□から選び**漢字二字**で記せ。

/20 2×10

（1）跋扈（　　）
（2）沐雨（　　）
（3）驥尾（　　）
（4）夜遊（　　）
（5）荊棘（　　）

造次（6）（　　）
宵衣（7）（　　）
瑶林（8）（　　）
瞻望（9）（　　）
曲突（10）（　　）

かんしょく・けいじゅ・しさ・ししん・しっぷう・そうよう
ちょうりょう・てんぱい・どうだ・へいしょく

3 風信子（　　）
4 山毛欅（　　）
5 鬼灯（　　）

8 石決明（　　）
9 玉筋魚（　　）
10 鶏魚（　　）

六

次の**熟語の読み**（**音読み**）と、その**語義**にふさわしい**訓読み**を（送りがなに注意して）**ひらがな**で記せ。

/10 1×10

〈例〉健勝……勝れる → けんしょう / すぐ

ア 1 勍敵（　　）…… 2 勍い（　　）
イ 3 吮疽（　　）…… 4 吮う（　　）
ウ 5 出售（　　）…… 6 售る（　　）
エ 7 崔嵬（　　）…… 8 嵬い（　　）
オ 9 惻怛（　　）…… 10 怛む（　　）

七

次の1～5の**対義語**、6～10の**類義語**を後の□の中から選び、**漢字**で記せ。□の中の語は一度だけ使うこと。

/20
2×10

対義語

1 終末（　　）
2 恬澹（　　）
3 隠逸（　　）
4 齟齬（　　）
5 栄達（　　）

類義語

6 音物（　　）
7 戒飭（　　）
8 奢侈（　　）
9 黄白（　　）
10 肥沃（　　）

あとぶつ・かいびゃく・けんせき・こうゆ
しつよう・しゅつろ・ぜいたく・ふんごう
ほうしょ・らくはく

八

次の故事・成語・諺の**カタカナ**の部分を漢字で記せ。

/20
2×10

1 シャショク墟となる。（　　）
2 セッカクの屈するは以て信びんことを求むるなり。（　　）
3 ソウリン実ちて囹圄空し。（　　）
4 鳩に三枝の礼あり、烏にハンポの孝あり。（　　）
5 ランジャの室に入る者はおのずから香ばし。（　　）
6 普天の下、ソットの浜。（　　）
7 カツモクして相待つ。（　　）
8 疾風にケイソウを知り、世乱れて誠臣有り。（　　）
9 鶍のハシの食い違い。（　　）
10 牛がイナナき馬が吼える。（　　）

九

文章中の傍線（1～10）の**カタカナ**を**漢字**に直し、波線（ア～コ）の**漢字**の**読み**を**ひらがな**で記せ。

/30
書き2×10
読み1×10

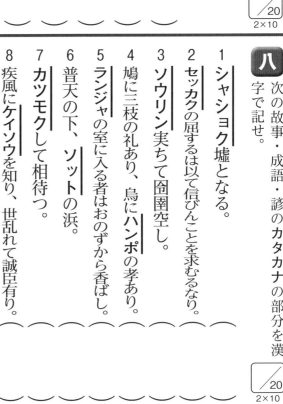

A

[1]**バラ**の花は頭（かしら）に咲て活人は絵となる世の中独り[ア]文章而已は[2]**カビ**の生えた[イ]陳奮翰の四角張りたるに頬返しを附けかね又は舌足らずの物言を学びて口に[3]**ヨダレ**を流すは拙しこれはどうでも言文一途の事だと思立ては矢も楯もなく文明の風改良の熱一度に寄せ来るどさくさ紛れお先真闇三宝荒神さまと春のや先生を頼み奉り欠硯に[4]**オボロ**の月の雫を受けて墨摺流す空のきおい夕立の雨の一しきりさらさらさっと書流せばアラ無情始末にゆかぬ浮雲めが艶しき月の面影を思い懸なく閉籠て黒白も分かぬ烏夜玉のやみらみっちゃな小説が出来しぞやと我ながら肝を潰してこの書の巻端に序するものは明治[5]**ヒノトイ**初夏。古代の未だ曽て称揚せざる耳馴れぬ文句を笑うべきものと思い又は大体を評し得ずして枝葉の[6]**カキン**のみをあげつらうは批評家の学識の浅薄なるとその雅想なきを示すものなりと誰人にやありけん古人がいいぬ今や我国の文壇を見るに雅運日に月に進みたればにや評論家ここかしこに現われたれど多くは感情の奴隷にして我好む所を褒め我嫌うところを[ウ]貶とすその評判の塩梅たる上戸の酒を称し下戸の[エ]牡丹餅をもてはやすに異ならず・・・

（二葉亭四迷　浮雲）

B

背後に[オ]屏風を畳むは、これ領巾振山——虹の松原の絶景をして平板ならざらしむるはこれあり、うち見るところ、造化の作の中にありて極めて拙劣なるもの、[カ]擲つてこれを棄て、謬てここに横へたりしがごとし。もしその[キ]尾上に[7]**ウソブ**きたち、大海原のあなたを見わたさむか、雲と濤とあひ接り、風は霧のごとく、潮は煙に似たる間を分けわく船の帆影は、さながら空なる星かと見まがふばかりなり。さては遠きに倦みたる眼を伏せて、羊腸たる山路の草かげに[ク]嫋々と[ケ]靡ける撫子の花を憐れむも興あるべし。（中略）

　風くろく、雨しろし、いかづち[8]**トドロ**き、濤いかる、壱岐海峡の気圧ますます低し。——自然の気象はたまたま当年の威武を回想するに好箇の紀念を供すべきなり。おもひを馳せて遠きをのぞむ、壱岐の島煙波ふかく鎖し、近海の諸島——「加唐、加部島、波戸、馬渡」なるもの悉く双の眸に映じ来る。地はかくのごとく形勝を占め、眺望太だ[9]**カッタツ**なり、ために大に、この胸の鬱を放ち、かの心をして宏うせしむるものあり。

　時に松風ひびきあがり、野飼の駒たてがみを振ひ、首を[10]**モタ**げ、高く嘶ゆることやまざりき。傍に砕けたる瓦の堆きがあり、そのあひだを[コ]抽きいでて、姫百合の一もと花さくもあはれなり。

（蒲原有明　松浦あがた）

第4回 超よく出る模擬試験問題

月　日

試験時間 60分
合格ライン 160点
得点 /200

一

次の傍線部分の読みをひらがなで記せ。1～20は音読み、21～30は訓読みである。

/30 1×30

1 内国を綏撫し人心を鎮圧する。（　　）
2 繻子の帯を締めて外出する。（　　）
3 木の罌缶を以て軍を渡す。（　　）
4 輒然として軽挙すべからず。（　　）
5 将軍麾下の精鋭が馳せ参じる。（　　）
6 靦然として恥じる色のないのに驚く。（　　）
7 門下生の作品を品騭する。（　　）
8 色彩の微妙な濃淡を甄別する。（　　）
9 医学界の巨擘に教示を仰ぐ。（　　）
10 兇悪な罪咎を糾弾する。（　　）

24 布団を絎ける祖母の姿を覚えている。（　　）
25 遽しく食事をしてまた出て行った。（　　）
26 神仏のために燧石で火を鑽る。（　　）
27 洽く世間の知るところとなる。（　　）
28 話が訖わらないうちに席を立つ。（　　）
29 川辺で休み喉を沾す。（　　）
30 両親の愛情を擅にする。（　　）

二

次の傍線部分のカタカナを漢字で記せ。19、20は国字で答えること。

/40 2×20

1 政治家が追及の矛先をカワす。（　　）
2 シンチュウのサビを落とす。（　　）

11 瑇瑁密漁船を拿捕する。
12 ただ喟然として歎息する。
13 腹中に蠹毒といへる虫有り。
14 譎詭や暴力の横行を排斥する。
15 女官の姚冶な姿は皇帝を魅了した。
16 螽斯は則ち百福の由りて興る所なり。
17 提撕して新しい時代を拓く。
18 義賊が縲絏の辱めを受ける。
19 挙止蘊藉だが精神力の強い人だ。
20 長じて卓犖たる声楽家になった。
21 小さな名札が縢りつけてある。
22 掌を太陽に翳す。
23 我今依るところ無く怙むところ無し。

3 海賊旗はドクロと骨が描かれる。
4 ロクロの扱いはそう簡単ではない。
5 その事実は文壇をシンガイさせた。
6 シビのことを沓形とも言う。
7 泣いてスガったがとりつく島もない。
8 遺体はダビに付された。
9 使用人にカシズかれた生活をする。
10 酒宴がタケナワを迎える。
11 コンシンの力を振り絞って叫ぶ。
12 コケにされて怒りに震える。
13 風紀をブンランする看板を撤去する。
14 漢詩をソシャクして味わう。

15 彼は優しいがコウカイな一面もある。（　　）

16 ムクゲの犬を飼う。（　　）

17 虜囚をコショウの上に弄ぶ。（　　）

18 数多の官女がコショウして参詣する。（　　）

19 洗い張りにシンシは不可欠である。（　　）

20 川瀬に上りヤナを打って魚を捕る。（　　）

三

次の1～5の意味を的確に表す語を、後の□から選び、**漢字**で記せ。

/10 2×5

1 ひどく嘆き悲しむこと。（　　）

2 墓地。墓場。（　　）

3 就航に必要な装備を船体に施す。（　　）

4 学問・技芸などの最も深いところ。（　　）

問2 次の1～5の**解説・意味**にあてはまる四字熟語を後の□から選び、その**傍線部分だけの読み**を**ひらがな**で記せ。

/10 2×5

1 国が滅ぼされるのを嘆くことのたとえ。（　　）

2 税金などを非常に厳しく取り立てること。（　　）

3 戦いに対する準備を常に怠らないこと。（　　）

4 天子が政治に精励する様子。（　　）

5 年老いても高い志を持ち続けていること。（　　）

枕戈待旦・扇枕温衾・苛斂誅求・迦陵頻伽
宵衣旰食・銅駝荊棘・槐門棘路・老驥伏櫪

五

次の**熟字訓・当て字**の読みを記せ。

/10 1×10

1 草烏頭（　　）

2 金鐘児（　　）

6 虎魚（　　）

7 踏鞴（　　）

5 くどくどと説明すること。（　　）

うんのう・ぎそう・さてつ・じょせつ・つうこく ぼくとつ・らんとうば・れいあん

四

次の問1と問2の四字熟語について答えよ。

問1 次の四字熟語の（1～10）に入る適切な語を後の□から選び**漢字二字**で記せ。

/20 2×10

（1）玉折　　嘔啞（6）
（2）兼道　　墨痕（7）
（3）羽衣　　為虎（8）
（4）杏壇　　狗尾（9）
（5）望蜀　　光風（10）

げいしょう・しりん・しんや・せいげつ・ぞくちょう ちょうたつ・とくろう・ふよく・らんさい・りんり

3 慈姑（　　）
4 善知鳥（　　）
5 海鼠（　　）
8 孑孒（　　）
9 映日果（　　）
10 梅花皮（　　）

六

次の**熟語の読み**（**音読み**）と、その**語義**にふさわしい**訓読み**を（送りがなに注意して）**ひらがな**で記せ。

/10 1×10

〈例〉健勝……勝れる → けんしょう / すぐ

ア 1 濬機（　　）… 2 濬う（　　）
イ 3 贍恤（　　）… 4 贍す（　　）
ウ 5 斫断（　　）… 6 斫る（　　）
エ 7 覬覦（　　）… 8 覦む（　　）
オ 9 乖忤（　　）… 10 忤う（　　）

七

次の1～5の**対義語**、6～10の**類義語**を後の□の中から選び、**漢字**で記せ。□の中の語は一度だけ使うこと。

/20
2×10

対義語

1 長生（　　）
2 直截（　　）
3 安佚（　　）
4 練達（　　）
5 曩祖（　　）

類義語

6 躊躇（　　）
7 誘掖（　　）
8 冀求（　　）
9 垂涎（　　）
10 親狎（　　）

うきょく・おうしょう・じっこん・しょき
だい・ちぎ・ていせい・びょうえい
ふかん・ようせい

八

次の故事・成語・諺の**カタカナ**の部分を漢字で記せ。

/20
2×10

1 千日の**カンバツ**に一日の洪水。（　　）
2 **ヘソ**が茶を沸かす。（　　）
3 **ウダツ**が上がらない。（　　）
4 **インカン**遠からず。（　　）
5 闇夜の**ツブテ**。（　　）
6 **シノギ**を削る。（　　）
7 **カンナン**汝を玉にす。（　　）
8 朝菌は晦朔を知らず、**ケイコ**は春秋を知らず。（　　）
9 **テイヨウ**籬に触れて其の角をつなぐ。（　　）
10 **クンシュ**山門に入るを許さず。（　　）

九

文章中の傍線（1～10）の**カタカナ**を**漢字**に直し、波線（ア～コ）の**漢字**の**読み**を**ひらがな**で記せ。

/30
書き2×10
読み1×10

A

池は雨中の夕陽の加減で、水銀のやうに縁だけ盛り上つて光つた。池の胴を挟んでゐる杉木立と青蘆の洲とは、両脇から錆び込む腐蝕のやうに[ア]黝んで来た。（中略）

兄は雪子の眼の前で針仕事をする姿を、何としても見せたくないらしく、いかに弟に迫られても薄笑ひしてゐて、応じなかつた。そして顔色を蒼ざめさしたり、急に赤めたり、しかもわきへ避けて行かないで、だんだん眼と口とが[1]**ボウバク**となるところを見ると、一種の被虐性の[2]**コウコツ**に入つてゐるものゝやうに見えた。

弟はこれに対してますます[3]**シツヨウ**になり、果ては凡（あら）ゆる[イ]侮誣の言葉を突きつけて兄に向つた。（中略）

だが、雪子は羞明いのを犯して、兄の縫ふ傍に立つてゐる弟の裸身に眼をやると同時に、全面的に雪子に向つて[ウ]撞き入らうとする魅惑を[エ]防禦して、かの女の筋肉の全細胞は一たん必死に[4]**シュウレン**した。すぐ堪へ切れない内応者があつて、細胞はまた一時に爆発した。（中略）

雪子はこの若きダビデの姿をいかに語らう――ミケランジエロの若きダビデの彫像の写真にしても、このときまだ雪子は知らない。後に欧洲の[5]**ホウコウ**の旅で知つたのである。それは伊太利フロレンスの美術館の半円周の褐色の[6]**ハ**め壁を背景にして立つてゐた。

（岡本かの子　過去世）

B

胸が苦しい。頭が痛い。脚の[オ]腓のところが押しつけられるようで、不愉快で不愉快でしかたがない。ややともすると胸がむかつきそうになる。不安の念がすさまじい力で全身を襲った。と同時に、恐ろしい動揺がまた始まって、耳からも頭からも、種々の声が[7]**ササヤ**いてくる。この前にもこうした不安はあったが、これほどではなかった。天にも地にも身の置きどころがないような気がする。（中略）

今の下士は[カ]夥伴の兵士と砲声を耳にしつつしきりに語り合っている。糧餉を満載した車五[キ]輛、支那苦力の爺連も圏をなして何ごとをかしゃべり立てている。[8]**ロバ**の長い耳に日がさして、おりおりけたたましい啼き声が耳を[9]**ツンザ**く。楊樹の彼方に白い壁の支那民家が五、六軒続いて、庭の中に[10]**エンジュ**の樹が高く見える。井戸がある。納屋がある。足の小さい年老いた女がおぼつかなく歩いていく。楊樹を透かして向こうに、広い荒漠たる野が見える。褐色した丘陵の連続が指さされる。その向こうには紫色がかった高い山が[ク]蜿蜒としている。砲声はそこから来る。

五輛の車は行ってしまった。

[ケ]渠はまた一人取り残された。海城から東煙台、甘泉堡、この次の[コ]兵站部所在地は新台子といって、まだ一里くらいある。

（田山花袋　一兵卒）

第5回 超よく出る模擬試験問題

月　日

試験時間 60分

合格ライン 160点

得点 /200

一

次の傍線部分の読みを**ひらがな**で記せ。
1～20は**音読み**、21～30は**訓読み**である。

/30 1×30

1 縉紳の士と肩を並べるまでになる。（　　）
2 西太后の懿旨によるものだ。（　　）
3 一国を震慴させるほどの勢力となる。（　　）
4 激しい風雪が行く手を壅塞した。（　　）
5 潸然として涙が頰を伝う。（　　）
6 荒波が巉巌にぶつかって砕け散る。（　　）
7 都から湖まで舟楫の便を備える。（　　）
8 皇帝の棺椁を秘匿する。（　　）
9 弾雨の中を馳騁して逃れる。（　　）
10 都門から御殿まで大逵を往く。（　　）
24 梭を用いずに緯糸を通す織機。（　　）
25 初めての拙書を両親に餽る。（　　）
26 法正しければ則ち民慤む。（　　）
27 嚙むがごとくに杯を銜む。（　　）
28 よきものの上に饒かなる幸あれ。（　　）
29 天皇が新たに都を奠められた。（　　）
30 悲しみで胸が痞える。（　　）

二

次の傍線部分の**カタカナ**を**漢字**で記せ。
19、20は国字で答えること。

/40 2×20

1 災害時に電話が**フクソウ**する。（　　）
2 改元の詔勅が**カンパツ**される。（　　）

11 讖緯により遷都の地を定める。（　　）
12 上司の頤使に甘んじ疲弊する。（　　）
13 宜しく庠序を興し教育を盛にすべし。（　　）
14 宗教の本義に悖戻する。（　　）
15 兵燹により街は焦土と化した。（　　）
16 嬋妍たる美女の舞いに心奪われる。（　　）
17 月の虧盈は心身にも影響を及ぼす。（　　）
18 唧唧として秋を悲しむが如きなり。（　　）
19 巾幗を贈って怯弱を嘲う。（　　）
20 煢煢として悄然と去る。（　　）
21 心にわき上がる不信感を措う。（　　）
22 急にその場に僵れた。（　　）
23 日も旰れ家路を急ぐ。（　　）

---

3 金権腐敗体質を**テッケツ**する。（　　）
4 **オビタダ**しいネオンに戸惑った。（　　）
5 **ハンゴウ**で炊く飯は格別にうまい。（　　）
6 触らぬ神に**タタ**りなし（　　）
7 傷口に**バイキン**が入り化膿する。（　　）
8 **ホウロウ**の器に保存する。（　　）
9 **ヒッキョウ**我々はいずれ必ず死ぬ。（　　）
10 まるで**アツラ**えたようにぴったりだ。（　　）
11 **ビタ**一文出す気になれない。（　　）
12 警察官が管轄区域を**ケイラ**する。（　　）
13 神仏に対する**ケイケン**の念が深い。（　　）
14 滔々たる**ケンガ**の弁をふるう。（　　）

15 薄桃色のムクゲの花が咲いた。（　　）
16 叶わぬ恋にサタンする。（　　）
17 鰯の稚魚をカマ揚げにする（　　）
18 成形した器をカマで素焼きする。（　　）
19 年老いてセガレの厄介になる。（　　）
20 雪原でソリ滑りを楽しむ。（　　）

三 次の1～5の意味を的確に表す語を、後の□から選び、**漢字**で記せ。 /10 2×5

1 光り輝くさま。また、物事が盛んな様子。（　　）
2 詩文・書画などに力が漲っていること。（　　）
3 恨み嘆くこと。（　　）
4 旗などが風にひるがえる様子。（　　）

問2 次の1～5の**解説・意味**にあてはまる四字熟語を後の□から選び、その**傍線部分だけの読み**を**ひらがな**で記せ。 /10 2×5

1 世に威勢を示し意気盛んなこと。（　　）
2 身を削るような大変な苦労をすること。（　　）
3 すぐれた人の出現を待ち望むさま。（　　）
4 人の善言をよく聞き入れること。（　　）
5 物事が思いどおりにうまくいくこと。（　　）

竜驤虎視・鴟目虎吻・尭鼓舜木・桃李成蹊
延頸挙踵・彫心鏤骨・啐啄同時・麻姑掻痒

五 次の**熟字訓・当て字**の読みを記せ。 /10 1×10

1 珠鶏（　　）
2 糸葱（　　）
6 翻車魚（　　）
7 後朝（　　）

5 物事の土台。よりどころ。（　　）

かくえき・こんたい・ちゅうちょう・どうじゃく
へんぽん・ゆうけい・ゆうすい・ようかい

四

次の問1と問2の四字熟語について答えよ。

問1 次の四字熟語の（1～10）に入る適切な語を後の□から選び**漢字二字**で記せ。

20
2×10

（1）不屈　依怙（6）
（2）北暢　竜蟠（7）
（3）浮薄　危言（8）
（4）当路　七縦（9）
（5）鉄壁　海市（10）

かくろん・けいちょう・こきょ・さいろう・しちきん
しんろう・どうしょう・なんこう・ひいき・ふとう

3 高襟（　　）
4 馬陸（　　）
5 檸檬（　　）

8 厚皮香（　　）
9 天鵝絨（　　）
10 虎耳草（　　）

六

次の**熟語の読み**（**音読み**）と、その**語義**にふさわしい**訓読み**を（送りがなに注意して）**ひらがな**で記せ。

10
1×10

〈例〉健勝……勝れる → けんしょう すぐ

ア 1 訐直（　　）… 2 訐く（　　）
イ 3 杳渺（　　）… 4 杳か（　　）
ウ 5 竦然（　　）… 6 竦れる（　　）
エ 7 焠鍼（　　）… 8 焠ぐ（　　）
オ 9 夭閼（　　）… 10 閼ぐ（　　）

七

次の1～5の**対義語**、6～10の**類義語**を後の□の中から選び、**漢字**で記せ。□の中の語は一度だけ使うこと。

20 2×10

対義語

1 興隆（　　）
2 鄙俗（　　）
3 奇禍（　　）
4 誚讓（　　）
5 恬澹（　　）

類義語

6 輔弼（　　）
7 鏖殺（　　）
8 鶴首（　　）
9 落魄（　　）
10 凄絶（　　）

ぎょうこう・ぎょうぼう・さんじょう・しれつ
せんめつ・とが・どんらん・ちんりん・ゆうめん
りょうち

八

次の故事・成語・諺の**カタカナ**の部分を漢字で記せ。

20 2×10

1 大は棟梁と為し、小は**スイカク**と為す。（　　）
2 病**コウコウ**に入る。（　　）
3 衆口金を鑠かし**セッキ**骨を銷す。（　　）
4 泥棒を捕らえて縄を**ナ**う。（　　）
5 痘痕も**エクボ**。（　　）
6 田鼠化して**ウズラ**となる。（　　）
7 **シトク**の愛。（　　）
8 海は**スイロウ**を譲らず、以て其の大を成す。（　　）
9 枳棘は**ランポウ**の棲む所に非ず。（　　）
10 飴を**ネブ**らせて口をむしる。（　　）

九

文章中の傍線（1～10）の**カタカナ**を**漢字**に直し、波線（ア～コ）の**漢字**の**読み**を**ひらがな**で記せ。

30 書き2×10 読み1×10

A

自身の疲労とともにだんだんいじらしさを増していくその娘の像を抱きながら、銀座では堯は自分の[1]**タン**を吐くのに困った。まるでものを言うたび口から蛙が跳び出すグリム[ア]お伽噺の娘のように。（中略）

彼はそれが自分自身への口実の、[2]**コーヒー**や[イ]牛酪やパンや筆を買ったあとで、ときには憤怒のようなものを感じながら高価な仏蘭西香料を買ったりするのだった。またときには露店が店を畳む時刻まで街角のレストランに腰をかけていた。ストーヴに暖められ、ピアノトリオに浮き立って、グラスが鳴り、[ウ]流眄が光り、笑顔が湧き立っているレストランの天井には、物憂い冬の蠅が幾匹も舞っていた。（中略）

その日町へ出るとき赤いものを吐いた、それが路ばたの[エ]槿の根方にまだひっかかっていた。堯には微かな身慄いが感じられた。（中略）夕方の発熱時が来ていた。冷たい汗が気味悪く[オ]腋の下を伝った。彼は[3]**ハカマ**も脱がぬ外出姿のまま凝然と部屋に坐っていた。突然[4]**アイクチ**のような悲しみが彼に触れた。次から次へ愛するものを失っていった母の、ときどきするとぼけたような表情を思い浮かべると、彼は静かに泣きはじめた。[5]**ユウゲ**をしたために階下へ下りる頃は、彼の心はもはや冷静に帰っていた。

（梶井基次郎　冬の日）

B

と、格子戸の奥の障子が、土間をへだてて明るみ、やがて障子が開き[カ]行燈をさげた[キ]仇っぽい女が、しどけない姿をあらわしました。[6]**マツゲ**の濃い大型の眼、中だるみのない高い鼻、口はといえばこれも大型でしたが、受け口めいておりましたので、色気にかけては充分でした。空いている左手を[7]**ビン**へ持って行き、女のくせで、こぼれている毛筋を、搔きあげるようにいたしましたが、八口や袖口から、紅色がチラチラこぼれて、男の心持を、迷わせるようなところがありました。（中略）東側の小門から、小半町ほどはなされている林の中から、人声が聞こえ、松明の火が射しているのです。

わたしはそっちへ走って行きました。そこでわたしの見たものといえば、垂を下げた[ク]一梃の[ケ]駕籠の前に、返り血やら自分の血やらで、血達磨のようになりながら、まだ闘士満々としている、[8]**セイカン**そのもののような鶴吉が、血刀を右手にふりかぶり、左手を駕籠の峯へかけ、自分の前に集まっている尾張藩の武士や、持田八郎右衛門の弟子の、大勢の船大工たちを[コ]睨んでいる、[9]**セイソウ**とした光景でした。

「かかれ、汝等、かかったが最後だ！」と、[10]**シワガ**れた声で、鶴吉は叫びましたっけ。

（国枝史郎　怪しの者）

第1回 よく出る模擬試験問題

月　日

試験時間 60分

合格ライン 160点

得点　／200

一

次の傍線部分の読みを**ひらがな**で記せ。1〜20は**音読み**、21〜30は**訓読み**である。

／30　1×30

1 南洲一見して瞿然たり。（　　）

2 今偶然これを篋底に見出しぬ。（　　）

3 一人坐して簷滴の声を聞く。（　　）

4 蛙黽声が田圃に響いている。（　　）

5 百骸九竅の中に物あり。（　　）

6 冢宰が各官吏を統率する。（　　）

7 大元帥纛下に扈従して広島に赴く。（　　）

8 船は珊瑚礁の罅隙の水道を通った。（　　）

9 同じ操觚に携わる者として尊敬する。（　　）

10 清水が潺湲と岩間を流れる。（　　）

24 どこからか歔く声が聞こえてきた。（　　）

25 莨をふかす手がふるえていた。（　　）

26 わらで蔟を作る。（　　）

27 慊りない気持ちで会場をあとにした。（　　）

28 枝に居てなくや柞のほととぎす（　　）

29 累を抜くごとに悉く獲るところの財物を賚う。（　　）

30 軛から逃れるために家を出る。（　　）

二

次の傍線部分の**カタカナ**を**漢字**で記せ。19、20は国字で答えること。

／40　2×20

1 母は**リンショク**な人だった。（　　）

2 **ヘントウセン**の切除手術を受ける。（　　）

11 罍子に螺鈿を施す。（　　）
12 世の艾安をひたすらに願う。（　　）
13 人々各私権を張り、苞苴官に行われる。（　　）
14 犯罪行為により褒章を褫奪される。（　　）
15 彼の主張に冷笑と詬罵が注がれた。（　　）
16 年号が天皇の諡号となる。（　　）
17 罪人に対して鞫訊する。（　　）
18 その道の大家を師と仰ぎ贄を執った。（　　）
19 川辺に遊び軫憂を上ぐ。（　　）
20 小人の交わりは甘きこと醴の若し。（　　）
21 振り返って行いを悛める。（　　）
22 燧を打って行燈をつける。（　　）
23 蘖に哀をいひてわかれけり。（　　）

3 現実からカイリした議論。（　　）
4 特別ギジョウ隊の演技。（　　）
5 脂濃い料理をケンタンに平らげる。（　　）
6 トッサに言い訳をする。（　　）
7 ニューヨークは人種のルツボだ。（　　）
8 特別な事情をシンシャクする。（　　）
9 アツカンで冷えた体を温める。（　　）
10 生けスで泳いでいる魚を捌く。（　　）
11 二人はタイセキ的な芸術家である。（　　）
12 父は故郷にチッキョしている。（　　）
13 確かめなかったのはウカツだった。（　　）
14 カガリビの囲りに円座を組む。（　　）

15 雷の如きカンセイを立てて熟睡した。（　　）
16 サワラは出世魚だ。（　　）
17 コウカンに流布した説を信じる。（　　）
18 コウカンな蔵書に埋もれた生活。（　　）
19 秋のクヌギ林を散策した。（　　）
20 御神輿のカザリ金具。（　　）

三 次の1〜5の意味を的確に表す語を、後の□から選び、**漢字**で記せ。 /10 2×5

1 人の道に外れてむごいこと。不人情。（　　）
2 世俗を脱する。また、悟りに達する。（　　）
3 物事を進める上での妨げ。支障。（　　）
4 先人の残した恩恵。（　　）

問2 次の1〜5の**解説・意味**にあてはまる四字熟語を後の□から選び、その**傍線部分だけ**の**読み**を**ひらがな**で記せ。 /10 2×5

1 きつい労働。（　　）
2 目的に向かってひたすら前進する。（　　）
3 災いは小さいうちに取り除くべきだ。（　　）
4 飾り気がなく慎ましいこと。（　　）
5 生きものを表す提喩。（　　）

霑体塗足・跂行喙息・尸位素餐・勇往邁進
星火燎原・藜杖韋帯・竜蟠虎踞・毫毛斧柯

五 次の**熟字訓・当て字**の**読み**を記せ。 /10 1×10

1 澳門（　　）
2 直衣（　　）
6 縮緬（　　）
7 青花魚（　　）

5 自尊心。（　　）

あいろ・かいこう・きょうじ・こけん・せんぜい
もぎどう・よぜん・よたく

四

次の問1と問2の四字熟語について答えよ。

問1 次の四字熟語の（1〜10）に入る適切な語を後の□から選び漢字二字で記せ。

20 2×10

（1）大悟　　揺頭（6）
（2）響震　　流金（7）
（3）撒手　　蒓羹（8）
（4）求遠　　潑墨（9）
（5）同音　　慈母（10）

えいがい・かつぜん・けんがい・ざいじ・しゃくせき
しょうけい・はいし・はいび・りんり・ろかい

3 覇王樹（　　）
4 葦雀（　　）
5 稲架（　　）
8 八仙花（　　）
9 自鳴琴（　　）
10 水爬虫（　　）

六

次の熟語の読み（音読み）と、その語義にふさわしい訓読みを（送りがなに注意して）ひらがなで記せ。

10 1×10

〈例〉 健勝…勝れる → けんしょう すぐ

ア 1 賑恤（　　）…2 恤む（　　）
イ 3 黽務（　　）…4 黽める（　　）
ウ 5 覬覦（　　）…6 覬む（　　）
エ 7 燮理（　　）…8 燮げる（　　）
オ 9 陞叙（　　）…10 陞る（　　）

七

次の1～5の**対義語**、6～10の**類義語**を後の□の中から選び、**漢字**で記せ。□の中の語は一度だけ使うこと。

20 2×10

対義語

1 掉尾（　　）
2 善良（　　）
3 愉悦（　　）
4 愚昧（　　）
5 禅譲（　　）

類義語

6 渇望（　　）
7 狡猾（　　）
8 躊躇（　　）
9 掌握（　　）
10 表掲（　　）

あくらつ・えいまい・おうのう・しゅうらん・すいぜん
てきちょく・ひょうぼう・へきとう・ほうばつ・ろうかい

八

次の故事・成語・諺の**カタカナ**の部分を漢字で記せ。

20 2×10

1 変動することなお鬼神のごとし、タンゲイすべからず。（　　）
2 ココの声をあげる。（　　）
3 アツウンの曲。（　　）
4 ハモも一期、海老も一期。（　　）
5 君子はオクロウに愧じず。（　　）
6 カンポウの交わり。（　　）
7 食前方丈イッポウに過ぎず。（　　）
8 人固より一死あり、或いはコウモウよりも軽し。（　　）
9 カイランを既倒に反す。（　　）
10 文籍腹に満つと雖もイチノウの銭に如かず。（　　）

九

文章中の傍線（1～10）の**カタカナ**を**漢字**に直し、波線（ア～コ）の**漢字**の**読み**を**ひらがな**で記せ。

30 書き2×10 読み1×10

A

向島の言問の手前を[ア]堤下に下りて、牛の御前の鳥居前を小半丁も行くと左手に少し引込んで[イ]黄檗の禅寺がある。牛島の弘福寺といえば鉄牛禅師の開基であって、白金の瑞聖寺とならんで江戸に二つしかない黄檗風の仏殿として江戸時代から著名であった。この向島名物の一つに数えられた大[1]**ガラン**が松雲和尚の刻んだ捻華微笑の本尊や鉄牛血書の経巻やその他の寺宝と共に尽く灰となってしまったが、この門前の椿岳[2]**キュウセイ**の梵雲庵もまた[3]**ゴウカ**に亡び玄関の正面の梵字の円い額も左右の柱の「能発一念喜愛心」及び「不断煩悩得[4]**ネハン**」の両聯も、訪客に異様な眼を瞠らした小さな板碑や五輪の塔が苔蒸してる小さな笹藪も、小庭を前にした椿岳キュウセイの四畳半の画房も皆焦土となってしまった。（中略）椿岳の伝統を破った[5]**ヒョウイツ**な画を鑑賞するものは先ずこのキュウセイを訪うて、画房や[ウ]前栽に[エ]漾う一種異様な[オ]蕭散の気分に浸らなければその画を身読する事は出来ないが、今ではバラックの仮住居で、故人を偲ぶ旧観の片影をだも認められない。

（内田魯庵　淡島椿岳）

B

江戸趣味や向島沿革について話せとの御申込であるが、元来が[カ]不羈[6]**ホウシ**な、しかも皆さんにお聞かせしようと日常研究し用意しているものでないから、どんな話に終始するか予めお約束は出来ない。

人はよく私を江戸趣味の人間であるようにいっているが、決して単なる江戸趣味の小天地に[7]**キョクセキ**しているものではない。私は日常応接する森羅万象に親しみを感じ、これを愛玩しては、ただこの中にプレイしているのだと思っている。

（中略）

私は[キ]這般の大震災で世界の各地から[ク]蒐集した再び得がたい三千有余の珍らしい玩具や、江戸の貴重な資料を全部焼失したが、別して惜しいとは思わない。（中略）

そんな具合でランプを使用する家とては、ほんの油町に一軒、人形町に一軒、日本橋に一軒という稀なものであったが、それが[ケ]瓦斯燈に変り、電燈に移って今日では[コ]五十燭光でもまだ暗いというような時代になって、ランプさえもよほどの山間僻地でも全く見られない、時世の飛躍的な推移は[8]**キョウガク**の外はない。（中略）

向島は桜というよりもむしろ雪とか月とかで優れて面白く、三囲の雁木に船を繋いで、秋の紅葉を探勝することは特によろこばれていた。季節々々には船が[9]**フクソウ**するので、遠い向う岸の松山に待っていて、こっちから竹屋！と大声でよぶと、おうと答えて、お茶などを用意してギッシギッシ漕いで来る情景は、今も[10]**ホウフツ**と憶い出される。

（淡島寒月　亡び行く江戸趣味）

第2回 よく出る模擬試験問題

月　日

試験時間 60分

合格ライン 160点

得点　／200

一

次の傍線部分の読みを**ひらがな**で記せ。1～20は**音読み**、21～30は**訓読み**である。

／30　1×30

1 遐壌遠境の人民までもが知ること。（　　）
2 邨醸野肴で旧友をもてなす。（　　）
3 人生は白駒の郤を過ぐるがごとし。（　　）
4 潤滑なお塞上の酥のごとし。（　　）
5 有志が醵金して大きな石塔を建てた。（　　）
6 釐正すべき条文が散見される。（　　）
7 闔国の民が心を一にして祈る。（　　）
8 麋鹿の姿の己を恥じる。（　　）
9 阨狭の谷をひたすらに歩く。（　　）
10 夜半の街衢を一人悄然と歩く。（　　）

24 国は泯び民は四方へ落ち延びた。（　　）
25 いまはまだ璞だが才能は確かだ。（　　）
26 名声を贏ち得る。（　　）
27 諸国を漾い歩く。（　　）
28 乾いた泥を刮げる。（　　）
29 旧友が今では高位高官に陞っている。（　　）
30 鵺のような人物を牽制する。（　　）

二

次の傍線部分の**カタカナ**を**漢字**で記せ。19、20は国字で答えること。

／40　2×20

1 カロリー過多で**ゼイニク**がつく。（　　）
2 海水を**ロカ**する研究を進める。（　　）

11 他山の石は相砥礪して珠となる。（　　）
12 一同を流眄して退座した。（　　）
13 功績に惜しみない頌辞を述べる。（　　）
14 黒漆塗の麈尾が飾られている。（　　）
15 封豕長蛇として知られる暴君であった。（　　）
16 勗勉の末に第一人者となった。（　　）
17 國家將に亡びんとするとき、必ず妖孽有り。（　　）
18 我が故郷は今や僻陬の寒村である。（　　）
19 明鬯平易な手紙の内容に励まされた。（　　）
20 蒼朮の煙賑はし梅雨の宿。（　　）
21 政変により独裁政権が殪れた。（　　）
22 魁頭がいいのがあだになった。（　　）
23 織田信長の「信長」は諱である。（　　）

3 サイセン箱にお金を投げ込む。（　　）
4 ラデン細工の小物入れを買う。（　　）
5 ジュウタン敷きの部屋に通される。（　　）
6 神父を前にザンゲする。（　　）
7 霊峰がギゼンとして屹立している。（　　）
8 死期はモクショウの間に迫っていた。（　　）
9 腸はゼンドウ運動している。（　　）
10 初期のウシにはほとんど痛みはない。（　　）
11 新しい雑誌がココの声をあげる。（　　）
12 森の中でサナギを見つける。（　　）
13 キキョの声が弱々しく聞こえてきた。（　　）
14 ホウサンは琺瑯の原料となる。（　　）

15 古今集のセンショウをなすものだ。（　　）

16 誤字・脱字・エンジを見つけ出す。（　　）

17 もとのサヤにおさまった。（　　）

18 マメ科の植物にはサヤがある。（　　）

19 シカと承りました。（　　）

20 鎧の背にホロを靡かせる。（　　）

三

次の1～5の意味を的確に表す語を、後の□から選び、**漢字**で記せ。

／10 2×5

1 高くて険しい様子。（　　）

2 学識を自慢したがる心。（　　）

3 遠慮し、はばかること。（　　）

4 無用だが捨てるには惜しいもの。（　　）

問2 次の1～5の**解説・意味**にあてはまる四字熟語を後の□から選び、その**傍線部分だけの読み**を**ひらがな**で記せ。

／10 2×5

1 凡人が賢人のおかげで功績をあげること。（　　）

2 遠国で諸侯に取り立てられる人物。（　　）

3 非常に急いで行動すること。（　　）

4 互いに助け合うこと。（　　）

5 物事のはじまり。（　　）

燕頷虎頸・左提右挈・井渫不食・被髪纓冠
蒼蠅驥尾・嚆矢濫觴・鏃礪括羽・霹靂閃電

五

次の**熟字訓・当て字**の**読み**を記せ。

／10 1×10

1 蛇舅母（　　）

2 亜爾然丁（　　）

6 蝌蚪（　　）

7 天蚕糸（　　）

5 月日が無為にすぎていく様子。（　　）

きたん・けいろく・げんき・しょうしゅん
じんぜん・どうじゃく・ゆうすい・ようかい

3 水綿（　　）
4 辛夷（　　）
5 獅子女（　　）
8 猟虎（　　）
9 告天子（　　）
10 面皰（　　）

四

次の問1と問2の四字熟語について答えよ。

問1 次の四字熟語の（1〜10）に入る適切な語を後の□から選び**漢字二字**で記せ。

/20 2×10

（1）三絶　蛙鳴（6）
（2）積玉　筆削（7）
（3）虎視　酔歩（8）
（4）待旦　桑田（9）
（5）燕説　一気（10）

いへん・えいしょ・かせい・せんそう・そうかい
たいきん・ちんか・ほうへん・まんさん・りゅうじょう

六

次の**熟語の読み**（**音読み**）と、その**語義**にふさわしい**訓読み**を（送りがなに注意して）**ひらがな**で記せ。

/10 1×10

〈例〉健勝……勝れる → けんしょう　すぐ

ア 1 愆戻（　　）… 2 愆る（　　）
イ 3 翫愒（　　）… 4 翫る（　　）
ウ 5 覓索（　　）… 6 覓める（　　）
エ 7 擺脱（　　）… 8 擺く（　　）
オ 9 吶喊（　　）… 10 喊ぶ（　　）

七

次の1～5の**対義語**、6～10の**類義語**を後の□の中から選び、**漢字**で記せ。□の中の語は一度だけ使うこと。

20 2×10

対義語

1 微醺（　　）
2 喧擾（　　）
3 安泰（　　）
4 精進（　　）
5 低劣（　　）

類義語

6 桎梏（　　）
7 聳動（　　）
8 嫣然（　　）
9 乾坤（　　）
10 斧鉞（　　）

かんすい・かんじ・きたい・けたい・こうまい
しょうじょう・しんがい・すいこう・せいひつ
はんろう

八

次の故事・成語・諺の**カタカナ**の部分を漢字で記せ。

20 2×10

1 **アブ**蜂取らず。
2 狂瀾を**キトウ**に廻らす。
3 考えと**ソクイ**は練る程良い。
4 珠玉の**ガレキ**に在るが如し。
5 人は闇を**イト**い光を愛す。
6 **ジンコウ**も焚かず屁もひらず。
7 **ブンボウ**も牛羊を走らす。
8 **ガイフウ**南よりして彼の棘心を吹く。
9 粟とも**ヒエ**とも知らず。
10 **ウショウ**を飛ばす。

（　　）（　　）（　　）（　　）（　　）（　　）（　　）（　　）（　　）（　　）

九

文章中の傍線（1～10）の**カタカナ**を**漢字**に直し、波線（ア～コ）の**漢字**の**読み**を**ひらがな**で記せ。

30 書き2×10 読み1×10

A

軍人は小児に近いものである。英雄らしい身振を喜んだり、(ア)所謂光栄を好んだりするのは今更此処に云う必要はない。機械的訓練を貴んだり、動物的勇気を重んじたりするのも小学校にのみ見得る現象である。[1]**サツリク**を何とも思わぬなどは一層小児と選ぶところはない。殊に小児と似ているのは(イ)喇叭や軍歌に皷舞されれば、何の為に戦うかも問わず、[2]**キンゼン**と敵に当ることである。

この故に軍人の誇りとするものは必ず小児の玩具に似ている。(ウ)緋縅の鎧や鍬形の兜は成人の趣味にかなった者ではない。（中略）

民衆は大義を信ずるものである。が、政治的天才は常に大義そのものには一文の銭をも(エ)抛たないものである。唯民衆を支配する為には大義の仮面を用いなければならぬ。しかし一度用いたが最後、大義の仮面は永久に脱することを得ないものである。もし又強いて脱そうとすれば、如何なる政治的天才も忽ち非命に(オ)仆れる外はない。（中略）

もし地獄に堕ちたとすれば、わたしは必ず[3]**トッサ**の間に餓鬼道の飯も(カ)掠め得るであろう。況や針の山や血の池などは二三年其処に住み慣れさえすれば格別[4]**バッショウ**の苦しみを感じないようになってしまう筈である。

（芥川龍之介　侏儒の言葉）

B

立ち上がる時に向うを見ると、路から左の方にバケツを伏せたような峰が[5]**ソビ**えている。杉か檜か分からないが根元から頂きまでことごとく蒼黒い中に、山桜が薄赤くだんだらに棚引いて、続ぎ目が確と見えぬくらい[6]**モヤ**が濃い。少し手前に(キ)禿山が一つ、群をぬきんでて眉に(ク)逼る。（中略）

(ケ)燦爛たる彩光は、(コ)炳乎として昔から現象世界に実在している。ただ一翳眼に在って空花乱墜するが故に、俗界の[7]**キセツ**牢として絶ちがたきが故に、栄辱得喪のわれに逼る事、念々切なるが故に、ターナーが汽車を写すまでは汽車の美を解せず、応挙が幽霊を描くまでは幽霊の美を知らずに打ち過ぎるのである。（中略）

今代芸術の一大[8]**ヘイトウ**は、いわゆる文明の潮流が、いたずらに芸術の士を駆って、拘々として随処に[9]**アクセク**たらしむるにある。裸体画はその好例であろう。都会に芸妓と云うものがある。色を売りて、人に媚びるを商売にしている。彼らは[10]**ヒョウカク**に対する時、わが容姿のいかに相手の瞳子に映ずるかを顧慮するのほか、何らの表情をも発揮し得ぬ。

（夏目漱石　草枕）

第3回 よく出る模擬試験問題

月　日

試験時間 60分

合格ライン 160点

得点　／200

一

次の傍線部分の読みを**ひらがな**で記せ。
1～20は**音読み**、21～30は**訓読み**である。

／30
1×30

1 前家に碓舂の音を聴き、後屋に捉績の響を聞く。
2 駸駸と兵馬が迫る。
3 博物館で数々の金罍を鑑賞する。
4 無辜の民が虐殺される。
5 鵝鴨起ち赤幟奔る。
6 鬩牆あって絶縁する。
7 粉齏せられて址だに留めなかった。
8 この困阨から逃れる術を思案する。
9 艱窘に耐えて節義を全うする。
10 楊貴妃は茘枝を好んだといわれる。

24 彼女の一言が彼の虚栄心を擽った。
25 抑えていた野望が再び熾んになる。
26 妻子が彼の絆しとなっていた。
27 茄子の蔕を料理に使う。
28 その場にへなへなと頽れた。
29 幼少の砌乳母に世話になった。
30 鶯鳴くや八角堂の朝ぼらけ

二

次の傍線部分の**カタカナ**を**漢字**で記せ。
19、20は国字で答えること。

／40
2×20

1 **セイチュウ**して独断専行を阻止する。
2 **ヨゼン**を保つ敵を壊滅させる。

11 俊彦を求めて後人を啓迪する。（　　）

12 二人の間に軒輊すべきところはない。（　　）

13 東京駐箚仏国大使に面会する。（　　）

14 陶土の赤土を用いて青瓷を焼く。（　　）

15 朗吟は邪穢を蕩滌するといわれる。（　　）

16 臥榻の側、他人の鼾睡を容れず。（　　）

17 真紅の朝暾瞠々として昇りそめたり。（　　）

18 師匠の言葉を終生服膺する。（　　）

19 犀箸は厭飫して未だ久しく下されず。（　　）

20 いまさら齷齪しても仕方がなかろう。（　　）

21 長靴と樺という姿で現れた。（　　）

22 政官の凭れ合いの関係を清算する。（　　）

23 囈のように同じ言葉を繰り返す。（　　）

---

3 泣き**ジャク**っている子に声をかける。（　　）

4 こよりを**ヨジ**って短冊を掛ける。（　　）

5 **キタン**なく意見を言う。（　　）

6 **ジンマシン**の原因は不明のままだ。（　　）

7 社会の荒波に**モ**まれて鍛えられる。（　　）

8 収集家**スイゼン**の品。（　　）

9 三国が**テイジ**して譲らない状況。（　　）

10 地面に這い**ツクバ**るように身を隠す。（　　）

11 **フテイ**の徒が政府顚覆を企む。（　　）

12 いくら考えても**フ**に落ちない。（　　）

13 世間を**シンカン**させる大事件。（　　）

14 **マチ**があるかばんは使いやすい。（　　）

15 ハクセキの人物が佇んでいる。（　　　）
16 国王をセンショウするのは許されない。（　　　）
17 独立国家をオコす。（　　　）
18 火吹き竹で火をオコす。（　　　）
19 上州からっ風を赤城オロシともいう。（　　　）
20 彼はいつもシャクに障る態度を取る。（　　　）

三

次の1～5の意味を的確に表す語を、後の□から選び、**漢字**で記せ。

／10　2×5

1 給料が僅かなこと。また、器量のないこと。（　　　）
2 欠点。過失。（　　　）
3 心中の考えを主君に隠さず申し上げること。（　　　）
4 縮むこと。縮めること。（　　　）

問2 次の1～5の**解説・意味**にあてはまる四字熟語を後の□から選び、その**傍線部分だけの読み**を**ひらがな**で記せ。

／10　2×5

1 動きが衰え活気がなくなること。（　　　）
2 物事は自然の本性に従うのがよい。（　　　）
3 男子が志を立てること。遠大な志。（　　　）
4 宴会などが贅沢をきわめていること。（　　　）
5 世の中の様々な苦労をすること。（　　　）

断鶴続鳧・規矩準縄・萎靡沈滞・肉山脯林
一瀉千里・燕頷虎頭・桑弧蓬矢・櫛風沐雨

五

次の**熟字訓・当て字**の**読み**を記せ。

／10　1×10

1 華盛頓（　　　）
2 乙甲（　　　）
6 仮漆（　　　）
7 九十九折（　　　）

5 つまずいて機会を逃すこと。（　　）

かし・けいよく・さだ・しゅうれん・しょうき
せんめい・ていそう・とそう

四 次の問1と問2の四字熟語について答えよ。

問1 次の四字熟語の（1～10）に入る適切な語を後の□から選び**漢字二字**で記せ。

/20 2×10

1（　　）尽瘁
2（　　）充数
3（　　）千里
4（　　）落月
5（　　）無欠

6 八面（　　）
7 陶犬（　　）
8 百折（　　）
9 牝牡（　　）
10 筆力（　　）

おくりょう・がけい・きっきゅう・きんおう・こうてい
じくろ・ふとう・らんう・りこう・れいろう

3 肉刺（　　）
4 木菟（　　）
5 大熊猫（　　）
8 応帝亜（　　）
9 衣魚（　　）
10 小火（　　）

六 次の**熟語の読み**（**音読み**）と、その**語義**にふさわしい**訓読み**を（送りがなに注意して）**ひらがな**で記せ。

/10 1×10

〈例〉健勝…勝れる → けんしょう／すぐ

ア 1 慴伏（　　）… 2 慴れる（　　）
イ 3 爨室（　　）… 4 爨ぐ（　　）
ウ 5 肄業（　　）… 6 肄う（　　）
エ 7 刪修（　　）… 8 刪る（　　）
オ 9 赧顔（　　）… 10 赧める（　　）

七

次の1〜5の**対義語**、6〜10の**類義語**を後の□の中から選び、**漢字**で記せ。□の中の語は一度だけ使うこと。

2×10 /20

対義語

1 肥沃（　　）
2 長生（　　）
3 披瀝（　　）
4 犀利（　　）
5 巨大（　　）

類義語

6 雁書（　　）
7 祝儀（　　）
8 腹心（　　）
9 民草（　　）
10 激浪（　　）

こうぶ・ここう・せきとく・そうぼう・てんとう
とうかい・どとう・どどん・ようせつ・わいしょう

八

次の故事・成語・諺の**カタカナ**の部分を漢字で記せ。

2×10 /20

1 尺蚓堤を穿てば能く**イチユウ**を漂わす。（　　）
2 機嫌**キヅマ**を取る。（　　）
3 **ムツ**まじき仲に垣をせよ。（　　）
4 別れては**シンショウ**の闊かなる有り。（　　）
5 **カコウ**ありといえども食らわずんば其の旨きを知らず。（　　）
6 **イモン**の望。（　　）
7 山の芋**ウナギ**とならず。（　　）
8 諍いと**カットウ**の歴史を終わらせる。（　　）
9 まず**キビ**をくらい、後に桃をくらう。（　　）
10 身体髪膚之を父母に受く、敢えて**キショウ**せざるは孝の始めなり。（　　）

九

文章中の傍線（1〜10）の**カタカナ**を**漢字**に直し、波線（ア〜コ）の**漢字**の**読み**を**ひらがな**で記せ。

書き2×10 読み1×10 /30

A

番茶を[1]**ホウ**じるらしい、いゝ香気が、真夜中とも思ふ頃[ア]芬としたので、うとうととしたやうだつた沢は、はつきりと目が覚めた。(中略)

尤も村里を遠く離れた峠の宿で、鐘の声など聞えやうが無い。こつこつと石を載せた、[2]**イタブ**き屋根も、松高き裏の峰も、今は、渓河の流れの音も寂として、何も聞えず、時々[イ]颯と音を立てて、枕に響くのは[3]**ヤマオロシ**である。(中略)

其の余波が、カラカラと乾びた木の葉を[ウ]捲きながら、旅籠屋の[4]**カマチ**へ吹込んで、大な炉に、[エ]一簇の黒雲の濃く舞下つたやうに[オ]漾ふ、松を焼く煙を弗と吹くと、煙は[5]**ムシロ**の上を階子段の下へ潜んで、向うに真暗な納戸へ逃げて、而して炉べりに居る二人ばかりの人の顔が、はじめて真赤に現れると一所に、自在に掛つた大鍋の底へ、ひらひらと炎が[カ]搦んで、真白な湯気のむくむくと立つのが見えた。(中略)

表二階の、狭い三畳ばかりの座敷に通されたが、案内したものの顔も、漸つと[6]**ホノ**めくばかり、目口も見えず、最う暗い。

(泉鏡花　貴婦人)

B

金堂安置の薬師如来像のような聖徳太子御在世中の造像にかかるものや、同金銅釈迦三尊像や、所謂百済観音像や、夢殿の救世観世音菩薩像、中宮寺の如意輪観音と称する[7]**ハンカ**像の如き一聯の神品は、[キ]悉く皆日本美の淵源としての性質を備えている。殊に夢殿の秘仏救世観世音像に至っては、限りなき太子讃仰の念と、太子[8]**コウキョ**に対する万感をこめての痛惜やる方ない悲憤の余り、造顕せられた御像と拝察せられ、他の諸仏像とは全く違った精神雰囲気が御像を[9]**イジョウ**しているのを感ずる。(中略)

日本美術の精華を語るに当って、其例を天平期の諸仏像にとるのは世の常識である。(中略)[ク]雄渾な構想に加えるに緻密な工匠的の美意識に富み、聡明な空間組成と鋭敏豊潤な色彩配置とを為し遂げたその純芸術力は世界にもこれに匹敵するもの甚だ稀である。僅にギリシャが之に対比し得るだけで、他には規模の[ケ]厖大とか[10]**ハンサ**な技術の目まぐるしい積みかさねとか、偏った末梢美の誇示とかいう類のものはあっても、よく美の中正を行き芸術の微妙な機能の公道を捉えているものは甚だ少い。その点で日本とギリシャとは性質は全く異っても美の世界に於ける二つの大道[コ]康衢を成すものである。

(高村光太郎　美の日本的源泉)

第4回 よく出る模擬試験問題

月　日

試験時間 60分

合格ライン 160点

得点 ／200

一

次の傍線部分の読みを**ひらがな**で記せ。
1〜20は**音読み**、21〜30は**訓読み**である。

（／30　1×30）

1 鶉衣百結の修行僧に喜捨する。（　　）
2 太鼓が鼕鼕と打ち鳴らされた。（　　）
3 星稀にして烏鵲南に飛ぶ。（　　）
4 傀儡政権を操る黒幕。（　　）
5 極めて剴切な意見を述べる。（　　）
6 午睡を諳いて攤飯と為す。（　　）
7 堂内に甃甎を敷きつめる。（　　）
8 砌下に落ちる雨だれを見つめる。（　　）
9 作品は嚼蠟無味だと酷評された。（　　）
10 榛莽を拓き寺院を創建する。（　　）

24 菘の入った七草粥をいただく。（　　）
25 帰ってきた一行を犒う。（　　）
26 協力することに吝かではない。（　　）
27 赤い布を膝の上で綰ねて見せる。（　　）
28 四足に大きな蹼があった。（　　）
29 釉の流れと色の美しさが素晴らしい。（　　）
30 石は玉を韞みて山輝く。（　　）

二

次の傍線部分の**カタカナ**を**漢字**で記せ。
19、20は国字で答えること。

（／40　2×20）

1 川面に**アサモヤ**が立ちこめる。（　　）
2 世相を**ヤユ**した記事を読む。（　　）

11 この間には鬼の欷歔するを聞く。（　　　）
12 将軍に諫諍し、謝罪を求める。（　　　）
13 その男の性情は跌宕を極める。（　　　）
14 辛うじて余喘を保っている。（　　　）
15 蟪蛄は春秋を知らず。（　　　）
16 豺狼のような性情をもつ男である。（　　　）
17 詳細に縷説するまでもなく明白だ。（　　　）
18 日中に踆烏有り、月中に蟾蜍有り。（　　　）
19 躡足附耳して注意を促す。（　　　）
20 飄風に遭い行く手を遮られる。（　　　）

21 粢餅を作り神前に供える。（　　　）
22 砂丘よりかぶさつて来ぬ鶵のむれ（　　　）
23 相手力士の前褌を取って寄り切る。（　　　）

---

3 **シュクバク**を弁ぜぬ程の阿呆。（　　　）
4 色が**サ**めた上着を着てきた。（　　　）
5 両者の間に**アツレキ**が生じつつある。（　　　）
6 手作りの**モリ**で魚をしとめる。（　　　）
7 **アンミツ**は亡き祖母の好物であった。（　　　）
8 説教の効果は**テキメン**だった。（　　　）
9 **バラ**を育てることに熱中している。（　　　）
10 文献を**ヒモト**き、歴史の謎を解く。（　　　）
11 **ノウシントウ**を起こす。（　　　）
12 **ジクジ**たる思いで帰路につく。（　　　）
13 鮭が母川を**ソジョウ**する。（　　　）
14 多少は英語の**タシナ**みがある。（　　　）

15 着物の色がすっかりアせる。（　　）
16 江戸っ子が威勢よくタンカを切る。（　　）
17 大根をカツラ剝きにする。（　　）
18 カツラをつけて時代劇に出演する。（　　）
19 四トントラックを運転している。（　　）
20 次の世代にタスキをつなぐ。（　　）

三 次の1～5の意味を的確に表す語を、後の□から選び、漢字で記せ。 /10 2×5

1 しりぞけて、のけものにすること。（　　）
2 広く知れ渡っていること。（　　）
3 頑固で考えが古いこと。（　　）
4 他人を陥れるために事実を偽って言うこと。（　　）

問2 次の1～5の解説・意味にあてはまる四字熟語を後の□から選び、その傍線部分だけの読みをひらがなで記せ。 /10 2×5

1 故郷を懐かしく思う気持ち。（　　）
2 人や車で混雑している様子。（　　）
3 本質を見抜くのが大切だということ。（　　）
4 心から待ち望むこと。（　　）
5 調子はずれの聞き苦しい音。（　　）

肩摩轂撃・脣歯輔車・鶴立企佇・運斤成風
牝牡驪黄・嘔啞嘲哳・九鼎大呂・蓴羹鱸膾

五 次の熟字訓・当て字の読みを記せ。 /10 1×10

1 聒聒児（　　）
2 躑躅（　　）
6 聖林（　　）
7 瞿麦（　　）

5 不明瞭だったことを明らかにすること。（　　）

かいしゃ・けいぼく・ころう・しゅうし・しょうこう
せんめい・ひんせき・ぶこく

四 次の問1と問2の四字熟語について答えよ。

問1 次の四字熟語の（1～10）に入る適切な語を後の□から選び**漢字二字**で記せ。

20 (2×10)

（1）明珠　　泉石（6）
（2）災梨　　年災（7）
（3）激励　　瑣砕（8）
（4）取義　　被髪（9）
（5）秋月　　摩頂（10）

えいかん・かそう・げつおう・こうこう・さいじ
しった・だんしょう・ひょうこ・ほうしょう・よくい

3 仙人掌（　　）
4 矮鶏（　　）
5 只管（　　）
8 鳩尾（　　）
9 円座（　　）
10 牛津（　　）

六 次の**熟語の読み**（**音読み**）と、その**語義**にふさわしい**訓読み**を（送りがなに注意して）**ひらがな**で記せ。

10 (1×10)

〈例〉健勝……勝れる → けんしょう / すぐ

ア 1 懲戒（　　）…2 懲める（　　）
イ 3 薨去（　　）…4 薨る（　　）
ウ 5 嗤笑（　　）…6 嗤う（　　）
エ 7 祗役（　　）…8 祗む（　　）
オ 9 邀撃（　　）…10 邀える（　　）

七 次の1〜5の**対義語**、6〜10の**類義語**を後の□の中から選び、**漢字**で記せ。□の中の語は一度だけ使うこと。

20 2×10

対義語

1 黄昏（　　）
2 永劫（　　）
3 蘊藉（　　）
4 感謝（　　）
5 拡散（　　）

類義語

6 自儘（　　）
7 正鵠（　　）
8 震駭（　　）
9 師表（　　）
10 威嚇（　　）

えんさ・きかん・けんかい・こうけい・しゅうれん
せつな・せんりつ・どうかつ・ほうらつ・れいめい

八 次の故事・成語・諺の**カタカナ**の部分を漢字で記せ。

20 2×10

1 九仞の功を**イッキ**に虧く。（　　）
2 棺を**オオ**いて事定まる。（　　）
3 立てば**シャクヤク**座れば牡丹。（　　）
4 大功を天下に建つる者は必ず先ず**ケイモン**を内に修む。（　　）
5 その子　乃ち**カショク**の艱難を知らず。（　　）
6 天下に**キキ**多くして民弥貧し。（　　）
7 **カンカ**を交える。（　　）
8 **アザミ**の花も一盛り。（　　）
9 **インイツ**暴慢は飲酒より生ず。（　　）
10 一富士二鷹三**ナスビ**。（　　）

九 文章中の傍線（1〜10）の**カタカナ**を**漢字**に直し、波線（ア〜コ）の**漢字**の**読み**を**ひらがな**で記せ。

30 書き2×10 読み1×10

A

その麓に蝟族〔ア〕する輩は、標悍〔イ〕なる精神と、不紀律なる体力とを有して、獣力に誇り、軽微なる憤怒にもこれを試みんと欲する粗野漢、匹夫の徒なり。彼らはいわゆる「野猪武者」にして、戦時には軍隊の卒伍を成し、平時には社会の乱子たり。（中略）

最も彼れを憤懣〔ウ〕せしむるものは、その権力の侵害せらるること、即ち抑圧〔エ〕を蒙ることなり。（中略）

汝は峻険崎嶇たる山径を〔1〕**ヨ**じ、至高の地帯に登りて、武士の最高なる者を見んとする乎。此処に在りては、汝を迎うるに、頗る柔和なる民族の毫も軍人的ならず、その容貌態度殆ど〔オ〕婦人に類するものあり。汝は彼らを見て武夫なるや否やを疑わんとす。汝は一見以て彼らを凡人視することもあらん。彼らは尊大ならず。汝は容易に彼らに近づくを得べく、彼らの親み易きが故に、狎れ〔カ〕易しとなさん。されど汝は近づかざらんとするも能わざるが故に、彼らに接し来ることとなるを知らん。彼らは〔2〕**キセン**、大小、老幼、賢愚と等しく交わり、その態度は〔3〕**カンガ**優美なりというもおろか、愛情はその目より輝き、その唇に震う。彼らの来るや、爽然たる薫風吹き渡り、彼らの去るや、吾人が心裡の暖気なお存す。学を〔4〕**テラ**わずして教え、恩を加えずして保護し、説かずして化し、助けずして補い、施さずして救い、薬餌を与えずして癒し、論破せずして信服せしむ。

（新渡戸稲造　武士道の山）

B

われ浮世の旅の首途してよりここに二十五年、東都の仮住居を見すてしよりここに十年、身は今旅の旅に在りながら風雲の念〔キ〕いなお已み〔ク〕難く頻りに道祖神にさわがされて〔5〕**リンウ**の晴間をうかがい草鞋よ脚半よと身をつくろいつつ一個の〔6〕**フクサ**包を浮世のかたみに担うて飄然〔ケ〕と大磯の客舎を出でたる後は天下は股の下杖一本が命なり。（中略）

あまりの絶景に恍惚として立ちも得さらず木のくいぜに坐してつくづくと見れば山更にしんしんとして風吹かねども冷気冬の如く足もとよりのぼりて脳巓〔コ〕にしみ渡るここちなり。波の上に飛びかう〔7〕**セキレイ**は忽ち来り忽ち去る。秋風に吹きなやまされて力なく水にすれつゝあがりつ胡蝶のひらひらと舞い出でたる箱根のいただきとも知らずてやいと心づよし。遥かの空に白雲とのみ見つるが上に兀然として現われ出でたる富士ここからもなお三千仭はあるべしと思うに更にその影を幾許の深さに沈めてささ波にちぢめよせられたるまたなくおかし。箱根駅にて〔8〕**ヒルゲ**したたむるに皿の上に尺にも近かるべき魚一尾あり。（中略）

橋あり長さ数十間その尽くる処〔9〕**ザンガン**屹立し玉筍地を〔10〕**ツンザ**きて出ずるの勢あり。橋守に問えば水晶巌なりと答う。

（正岡子規　旅の旅の旅）

第5回 よく出る模擬試験問題

月　日

試験時間 60分

合格ライン 160点

得点　／200

一

次の傍線部分の読みをひらがなで記せ。1～20は音読み、21～30は訓読みである。

／30　1×30

1 信仰心により欲望を禁遏する。（　）

2 須臾もその名を忘れたことはない。（　）

3 敵の兵站基地の動静を探る。（　）

4 朝覲行幸の行列に加わる。（　）

5 蚊蝄山を負う。（　）

6 ならず者に指嗾され悪事を行う。（　）

7 成年に達し婚娶に至った。（　）

8 幸いに案牘無し、何ぞ酔うを妨げん。（　）

9 知己と酒盞を傾け談笑する。（　）

10 杜鵑の行衛は問うことを止めよ。（　）

24 神域を獣の血で衊してしまう。（　）

25 祭りと聞くと血が滾る。（　）

26 古雑誌を麻紐で紮げる。（　）

27 朮は古くから生薬として利用された。（　）

28 靁は三途の川。（　）

29 病気のことは噯にも出さなかった。（　）

30 母の作る饅料理は父の大好物だ。（　）

二

次の傍線部分のカタカナを漢字で記せ。19、20は国字で答えること。

／40　2×20

1 敷地内のホコラを残す。（　）

2 セキ止めのシロップを服用する。（　）

11 王には夭殤した王子があった。（　　）
12 両国は干戈を交えることになった。（　　）
13 その行為は人々の顰蹙をかった。（　　）
14 野外活動で飯盒炊爨が行われる。（　　）
15 現実から乖離した考えを指摘する。（　　）
16 象嵌細工の施された手鏡を求める。（　　）
17 厳冬に皴裂の痛みは極まった。（　　）
18 数の多少を分かつに、錙銖も失うなし。（　　）
19 扈従の兵馬は一万を超えた。（　　）
20 法隆寺は日本国民の宝匣である。（　　）

21 それは人倫に悖る行為であった。（　　）
22 衵姿の童女が笑う。（　　）
23 何か腥い臭いがしている。（　　）

---

3 会議は彼のドクセンジョウだった。（　　）
4 建物全体にクンジョウ剤を用いる。（　　）
5 ギマンに満ちた言動。（　　）
6 製造部門のテコ入れをする。（　　）
7 我儘言う子をセッカンする。（　　）
8 作品からホトバシる情熱を感じる。（　　）
9 昨冬は悪性の感冒がショウケツした。（　　）
10 ゾウヒンと知らずに買ってしまった。（　　）
11 大和はチョウドキュウ戦艦である。（　　）
12 港のシュンセツ工事を行う。（　　）
13 エンザイを晴らすために尽力する。（　　）
14 ブリョウを託つ私に転機が訪れる。（　　）

15 イチルの望みに賭けて挑む。（　　）
16 酒をアオり不遇を嘆いて暮らした。（　　）
17 創業時からのイシュウを廃する。（　　）
18 全国から好事家がイシュウしてきた。（　　）
19 ササラで愛用の鍋を洗う。（　　）
20 母の墓前にシキミを供える。（　　）

三
次の1〜5の意味を的確に表す語を、後の□から選び、**漢字**で記せ。
10 2×5

1 鋭くにらみつけて威圧すること。（　　）
2 釣り合い。均衡。（　　）
3 助けとなり、役立つこと。利益を与えること。（　　）
4 はにかむこと。恥じらうこと。（　　）

問2 次の1〜5の**解説・意味**にあてはまる四字熟語を後の□から選び、その**傍線部分だけの読み**を**ひらがな**で記せ。
10 2×5

1 批評態度が公正で厳しいこと。（　　）
2 心身を捧げて骨を折ること。（　　）
3 苦しんでいる者に恵みをあたえること。（　　）
4 清明で執着のない心ばえの形容。（　　）
5 世の中の転変が甚だしいこと。（　　）

霖雨蒼生・井渫不食・光風霽月・鞠躬尽瘁
桃李成蹊・桑田滄海・霹靂閃電・筆削褒貶

五
次の**熟字訓・当て字**の**読み**を記せ。
10 1×10

1 早莢（　　）
2 白地（　　）
6 殺陣（　　）
7 雲脂（　　）

5 物事の成り行きを見通すこと。（　　）

かくりょ・がんしゅう・けんこう・しゅくあ
たんげい・どうもう・ひえき・へいげい

四

次の問1と問2の四字熟語について答えよ。

問1 次の四字熟語の（1〜10）に入る適切な語を後の□から選び**漢字二字**で記せ。

20 / 2×10

（1）乖隔（　　）
（2）浅掲（　　）
（3）素餐（　　）
（4）一番（　　）
（5）長目（　　）

杯盤（6）
左提（7）
因循（8）
面折（9）
豪放（10）

きんこん・けんれん・こうしょ・しい・しんれい
ていそう・ひじ・ゆうけつ・らいらく・ろうぜき

3 捏巴爾（　　）
4 交喙（　　）
5 蛞蝓（　　）

8 雪洞（　　）
9 翌檜（　　）
10 百舌（　　）

六

次の**熟語の読み（音読み）**と、その**語義**にふさわしい**訓読み**を（送りがなに注意して）**ひらがな**で記せ。

10 / 1×10

〈例〉 健勝……勝れる → けんしょう すぐ

ア 1 儁傑（　　）…2 儁れる（　　）
イ 3 粥獄（　　）…4 粥ぐ（　　）
ウ 5 虧盈（　　）…6 虧ける（　　）
エ 7 淬礪（　　）…8 淬ぐ（　　）
オ 9 戡定（　　）…10 戡つ（　　）

七

次の1～5の**対義語**、6～10の**類義語**を後の□の中から選び、**漢字**で記せ。□の中の語は一度だけ使うこと。

20 / 2×10

対義語

1 僥倖（　　）
2 過疎（　　）
3 醇朴（　　）
4 剴切（　　）
5 懶惰（　　）

類義語

6 碧空（　　）
7 悔悛（　　）
8 蹣跚（　　）
9 天河（　　）
10 点竄（　　）

かっきん・きか・ぎんかん・ざんげ・しっとう
そうきゅう・そうろう・ちゅうみつ・ふえつ
ろうかい

八

次の故事・成語・諺の**カタカナ**の部分を漢字で記せ。

20 / 2×10

1 **カン**を蓋いて事定まる。
2 朝菌は**カイサク**を知らず。
3 神明に**オウドウ**なし。
4 大風が吹けば**オケ**屋が喜ぶ。
5 **イッチュウ**を輸する。
6 天網は**カイカイ**として疎にして失わず。
7 **キケン**を被って稚児を威す。
8 **タイカ**の材は一丘の木に非ず。
9 大は棟梁と為し、小は**スイカク**と為す。
10 **アザミ**の花も一盛り。

（　　）（　　）（　　）（　　）（　　）（　　）（　　）（　　）（　　）（　　）

九

文章中の傍線（1～10）の**カタカナ**を**漢字**に直し、波線（ア～コ）の**漢字**の**読み**を**ひらがな**で記せ。

30 / 書き2×10 読み1×10

A

隴西の李徴は博学[1]サイエイ、天宝の末年、若くして名を虎榜[ア]に連ね、ついで江南尉に補せられたが、性、[2]ケンカイ、自ら恃むところ頗る厚く、賤吏に甘んずるを潔しとしなかった。いくばくもなく官を退いた後は、故山に[3]キガし、人と交を絶って、ひたすら詩作に耽った。(中略)しかし、文名は容易に揚らず、生活は日を逐うて苦しくなる。李徴は漸く焦躁に駆られて来た。この頃からその容貌も峭刻[イ]となり、肉落ち骨秀で、眼光のみ徒らに炯々[ウ]として、曽て進士に登第した頃の豊頬の美少年の俤は、何処に求めようもない。数年の後、貧窮に堪えず、妻子の衣食のために遂に節を屈して、再び東へ赴き、一地方官吏の職を奉ずることになった。一方、これは、己の詩業に半ば絶望したためでもある。曽ての同輩は既に遥か高位に進み、彼が昔、鈍物として歯牙にもかけなかったその連中の下命を拝さねばならぬことが、往年の儁才[エ]李徴の自尊心を如何に傷けたかは、想像に難くない。彼は快々[オ]として楽しまず、[4]キョウハイの性は愈々抑え難くなった。

(中島敦　山月記)

B

水茶屋の[5]ヨシズは幾軒となく見渡すかぎり半円形をなしたる海岸に連り、その沖合遥なる波の上には正月の松飾りしたる親船、[6]ギゼンとして晴れたる空の富士と共にその檣[カ]を聳[キ]やかしたり。第二図は頭巾冠りし裃[ク]の侍、町人、棟梁、子供つれし女房、振袖の娘、物担ふ下男など渡舟に乗合たるを、船頭二人大きなる煙草入をぶらさげ舳と[7]トモに立ち[8]サオさしゐる佃の渡しなり。(中略)

北斎は初め勝川春章につきて浮世絵の描法を修むるの傍堤等琳の門に入りて狩野の古法を窺ひ[ケ]、後自ら歌麿の画風を迎へてよくこれを[9]ソシャクし、更に一転して支那画の筆法を味ひまた西洋画の法式を研究せり。しかもその[10]テンピンの傾向たる写生の精神に至つては終始変ずる事なく、老年に及びてその観察はいよいよ鋭敏にその意気はいよいよ旺盛となり、凡そ眼に映ずる宇宙の万象一つとして写生せずんば止まざらんとするの気概を示したり。これ北斎をして自ら一派一流の法式を墨守するの遑[コ]なからしめたる所以ならずや。

(永井荷風　江戸芸術論)

第6回 よく出る模擬試験問題

月　日

試験時間 60分

合格ライン 160点

得点 /200

一

次の傍線部分の読みを**ひらがな**で記せ。1～20は**音読み**、21～30は**訓読み**である。

/30 1×30

1 旅行客の駃舌で店内が騒がしい。（　）

2 犂牛の子のたとえ通りに出世した。（　）

3 茴香の実は漢方薬に用いられる。（　）

4 京都駐紮仏国総領事に面会する。（　）

5 籬垣越しに中の様子を窺う。（　）

6 人家の稠密する地域に住む。（　）

7 菩薩像の美しい瓔珞を鑑賞する。（　）

8 溽暑恰も温室に在るがごとし。（　）

9 敵の邀撃に遇う。（　）

10 縞衣綦巾いささか我を楽しましめん。（　）

24 藜の若葉は食用とされる。（　）

25 鶯の囀りに耳を傾ける。（　）

26 餒えて何もする気になれない。（　）

27 糵をフライパンで炒める。（　）

28 霾る中で子どもたちが遊ぶ。（　）

29 秋も酣になった。（　）

30 霍かには信じられない話で呆然とする。（　）

二

次の傍線部分の**カタカナ**を**漢字**で記せ。19、20は国字で答えること。

/40 2×20

1 **スバル**は六連星とも言う。（　）

2 ひどい**セキリョウ**感に涙がこぼれる。（　）

11 異香冉冉として春風に薫ず。（　　）
12 谷川岳の崔嵬たる山容を間近にする。（　　）
13 中納言の捐館の事を録した。（　　）
14 久しく大兵を屯し供費殫竭す。（　　）
15 雨に煙る遠巒を望む。（　　）
16 古今に匹儔なき名文であった。（　　）
17 広く信じられているがそれは譌言だ。（　　）
18 嚠喨たる楽の音何所より来るぞ。（　　）
19 茄子を漬けるとき明礬を入れる。（　　）
20 天資、彫鐫の術に巧みであった。（　　）
21 不運を喞つ毎日であった。（　　）
22 善賈を求めてこれを沽らんか。（　　）
23 馬の鬣を筆に加工する。（　　）

3 二人の力はキッコウしている。（　　）
4 両国親善のクサビとなる人物だ。（　　）
5 削ったあとのカスを始末する。（　　）
6 幼年期より孝養心をカンヨウする。（　　）
7 カクシャクとした老人に出会う。（　　）
8 ボタン穴を丁寧にカガる。（　　）
9 岸の杭に船をモヤう。（　　）
10 イグサの生産高が日本一の県。（　　）
11 コワク的な微笑のとりことなった。（　　）
12 卑怯者のラクインを押される。（　　）
13 全会一致で代表にスイバンされた。（　　）
14 内出血してアザができてしまった。（　　）

15 祖父の家は**サワラ**を庭木にしている。（　　）

16 相手の仕掛けた**カンセイ**にはまる。（　　）

17 大金を投じて稀覯本を**アガナ**う。（　　）

18 一生をかけて罪を**アガナ**う。（　　）

19 やっとこれで胸の**ツカ**えがおりた。（　　）

20 成分の含有量を**ミリグラム**で示す。（　　）

三 次の1～5の意味を的確に表す語を、後の□から選び、**漢字**で記せ。 /10 2×5

1 親密に交際すること。（　　）

2 先人の足跡。前の時代の事例。（　　）

3 きらびやかで華やかなこと。（　　）

4 いたましくなげかわしい様子。（　　）

問2 次の1～5の**解説・意味**にあてはまる四字熟語を後の□から選び、その**傍線部分だけの読み**を**ひらがな**で記せ。 /10 2×5

1 無実の罪を負わされること。（　　）

2 両親を気遣い親孝行をすること。（　　）

3 現実性に乏しい考え。（　　）

4 豪華で贅沢な食事。（　　）

5 どこからみても美しくかげりのない様子。（　　）

炊金**饌**玉・**瑣**砕細膩・温凊**定**省・規**矩**準縄
八面玲瓏・薏苡明珠・図南鵬翼・海市蜃楼

五 次の**熟字訓・当て字**の読みを記せ。 /10 1×10

1 飛白（　　）

2 甘蕉（　　）

6 膃肭臍（　　）

7 東蒲塞（　　）

5 長い距離を飛びきること。（　　）

かくりょ・けんらん・こうじゅん・さんたん
しゅくあ・しょうは・せんしょう・ちょうちゅう

四

次の問1と問2の四字熟語について答えよ。

問1 次の四字熟語の（1～10）に入る適切な語を後の□から選び漢字二字で記せ。

20
2×10

（1）反正　　鶴立（6）
（2）蒿里　　博引（7）
（3）投筆　　拳拳（8）
（4）舜木　　海底（9）
（5）琢磨　　車載（10）

えんがん・かいろ・きちょ・ぎょうこ・せっさ
とりょう・はつらん・ふくよう・ぼうしょう・ろうげつ

3 俄羅斯（　　）　　8 四阿（　　）
4 掏摸（　　）　　9 滷汁（　　）
5 大角豆（　　）　　10 海胆（　　）

六

次の熟語の読み（音読み）と、その語義にふさわしい訓読みを（送りがなに注意して）ひらがなで記せ。

10
1×10

〈例〉健勝……勝れる → けんしょう　すぐ

ア 1 摶飯（　　）……2 摶める（　　）
イ 3 鐫勒（　　）……4 鐫る（　　）
ウ 5 剪定（　　）……6 剪る（　　）
エ 7 指嗾（　　）……8 嗾す（　　）
オ 9 噬臍（　　）……10 噬む（　　）

七

次の1～5の**対義語**、6～10の**類義語**を後の□の中から選び、**漢字**で記せ。□の中の語は一度だけ使うこと。

20 (2×10)

対義語

1 投錨（　　）
2 庸愚（　　）
3 盈満（　　）
4 劈頭（　　）
5 緒言（　　）

類義語

6 斧鉞（　　）
7 愚弄（　　）
8 恐惶（　　）
9 輔弼（　　）
10 聳動（　　）

いたん・かいらん・きけつ・さんじょう・しゅんぼう
しんがい・すいこう・ちょうび・ばつご・やゆ

八

次の故事・成語・諺の**カタカナ**の部分を漢字で記せ。

20 (2×10)

1 **サカネ**じを食わせる。（　　）
2 口で**ケナ**して心で褒める。（　　）
3 **ラッキョウ**食うて口を拭う。（　　）
4 **ヒョウフウ**朝を終えず　驟雨　日を終えず。（　　）
5 木に付く虫は木を**カジ**り、萱に付く虫は萱を啄む。（　　）
6 切羽**ハバキ**する。（　　）
7 麒麟も老いては**ドバ**に劣る。（　　）
8 **リョウチュウ**葵菜に従るを知らず。（　　）
9 **シラミ**の皮を槍で剝ぐ。（　　）
10 **ハクケイ**のかけたるは尚磨くべし。（　　）

九

文章中の傍線（1～10）の**カタカナ**を**漢字**に直し、波線（ア～コ）の**漢字**の**読み**を**ひらがな**で記せ。

30 (書き2×10 読み1×10)

A

　レモンの花の咲く南方の暖国はここであります。黄昏[ア]は薔薇色の光を長く西の空に保ち、海には濃き藍の面を鷗が群れ飛び、鷗を驚かして滑り行く帆船は遥かの沖をめがけます。日は音なく昇り、音なく沈み、星と露とは常に白く冷やかにちょうど蛋白石[イ]のように輝きます。湖水の岸には橄欖[ウ]の林あり、瑠璃鳥はその枝にサエズ[1]る。林の奥に森あり、香り強き樟脳は群れて繁り、繁みの陰には国の人々珍しき祭を執り行う。ああその祭たるや筆にも言葉には尽くせません。螺鈿[エ]の箱に入れた土耳古石を捧げて歩む少女の一群、緑玉髄を冠に着けたる年若き騎士の一団。司祭の頭には黄金の冠あり。（中略）

　この脚本には短ホ調の音楽と、短嬰ヘ調の音楽とが入ります。尚その他いろいろの楽器、例えば死せる人を弔う鐘、遂げられざる恋の憂いをモ[2]らす憐のバイオリン、悪魔の誘惑を意味する銀の竪琴、騎士の吹く角の笛、楯につけたる鉄とシンチュウ[3]のラッパ[4]、そして波も松風もイナナ[5]く駒も、白き柩[オ]と共に歌う小供等も、楽器と云えば云えましょう。（中略）

　たれこめた自分の室で、つれない女子に物を思わせようと、又血汐のような罌粟[カ]畑で、銀のジュソ[6]をのがれんと、競技の前の夜の半ばに、歌ったのでござります。噫[キ]！　その「死に行く人魚」の歌は、世にも悲しい弔いの歌となりました。

（国枝史郎　レモンの花の咲く丘へ）

B

　家族そろって朝ごはんの食卓についた時にも、自分だけは、特に、パンと牛乳だけで軽くすませた。家族のひとたちの様にミソシル[7]、お沢庵などの現実的なるものを摂取するならば胃腑[ク]も濁って、空想もイビ[8]するに違いないという思惑からでもあろうか。食事をすませてから応接室に行き、つッ立ったまま、ピアノのキイを矢鱈にたたいた。（中略）

　次女はもったい振り、足の下の小さい瀬戸の火鉢に、「梅花」という香を一つ焚べて、すうと深く呼吸して眼を細めた。古代の閨秀[ケ]作家、紫式部の心境がわかるような気がした。（中略）

　どうも長兄は、真面目すぎて、それゆえ空想力も甚だ貧弱のようである。物語の才能というものは、出鱈目[コ]のコウカツ[9]な人間ほど豊富に持っているようだ。長兄は、謂わば立派な人格者なのであって、胸には高潔の理想の火が燃えて、愛情も深く、そこに何の駈引も打算も無いのであるから、どうも物語を虚構する事に於いては不得手なのである。（中略）その顔は輝くばかりに美しかった、と書いて、おごそかに眼をつぶり暫く考えてから、こんどは、ゆっくり次のように書きつづけた。物語にも、なんにもなっていないが、長兄の誠実と愛情だけは、さすがに行間にニジ[10]み出ている。

（太宰治　ろまん灯籠）

第7回 よく出る模擬試験問題

月　日

試験時間 60分

合格ライン 160点

得点 /200

一

次の傍線部分の読みをひらがなで記せ。
1～20は音読み、21～30は訓読みである。

/30
1×30

1 冠は早絹を以てこれをつくる。（　）
2 庭上雨潦河をなす。（　）
3 華夷の疆界を厳重に限定する。（　）
4 他人に羈束せらるべきの理なし。（　）
5 荏苒として月日を過ごす。（　）
6 譬類を多用し自説を展開する。（　）
7 忸怩たる思いで会場を後にする。（　）
8 風俗質樸にして人心誠愨なり。（　）
9 泯滅寧ぞ欽むに足らんや。（　）
10 一斉に吶喊して馬を駭かせり。（　）

24 啻ならぬ波瀾の最中に立っている。（　）
25 蘚に覆われた石像を眺める。（　）
26 歸來　頭白　還た邊を戍る。（　）
27 寒風吹きすさぶ街を踽って歩く。（　）
28 謾いて子爵を名乗る。（　）
29 譫の言葉を贈る。（　）
30 饕るように飯を食う。（　）

二

次の傍線部分のカタカナを漢字で記せ。
19、20は国字で答えること。

/40
2×20

1 国家のイヤサカを祈念する。（　）
2 心身ともにコンパイし数日伏せった。（　）

11 伝統が桎梏となっているのは否めない。（　　）
12 昆孫の次の代を仍孫という。（　　）
13 關雎楽しみて淫せず、哀しみて傷らず。（　　）
14 令尹は現代の宰相に相当する。（　　）
15 謀反の首謀者に掣肘を加える。（　　）
16 大纛に扈従して大本営に赴く。（　　）
17 所詮苟且の恋に過ぎなかった。（　　）
18 聡明特達、今古を籠罩す。（　　）
19 謹飭なる有様を以て対す。（　　）
20 自由平等の大旆を掲げて闘う。（　　）

21 荷を紐を使って縢げる。（　　）
22 車の輻が轂に輳まる。（　　）
23 倩と考えるに原因はあの一言だった。（　　）

3 景気がハコウ的な局面に移行した。（　　）
4 マニア垂涎のキコウボンを入手する。（　　）
5 ウだるような暑さが連日続く。（　　）
6 かじかんだ手をストーブにカザす。（　　）
7 陛下御幼少のミギリの御写真を拝見する。（　　）
8 両者の間のシコりは消えない。（　　）
9 ミナギる闘志が伝わってくる。（　　）
10 いきなりの怒声に肩をスボめた。（　　）
11 何千人ものムコの民が虐殺された。（　　）
12 雪の重みで枝が大きくタワむ。（　　）
13 膝小僧にバンソウコウを貼ってもらう。（　　）
14 財産を山賊にネコソぎ奪われる。（　　）

15 **ケイチツ**を過ぎて暖かい日が続く。

16 寝具として**フスマ**が使われた。

17 **ヨウチョウ**たる山路を一人上っていく。

18 **ヨウチョウ**たる美人に心を奪われる。

19 **スイ**臓に異状が見つかる。

20 幼い頃の**オモカゲ**がある。

三

次の1～5の意味を的確に表す語を、後の□から選び、**漢字**で記せ。

/10 2×5

1 目をかけ、特別にかわいがること。

2 困っている人を助け、恵みを施すこと。

3 視野が狭く、見識がないこと。

4 月の満ち欠け。物事が栄えたり衰えたりすること。

問2 次の1～5の**解説・意味**にあてはまる四字熟語を後の□から選び、その**傍線部分だけ**の**読み**を**ひらがな**で記せ。

/10 2×5

1 文字を書き誤ること。

2 有用な人材を熱心に求める様子。

3 教わった言葉などを心に留めて忘れないこと。

4 どんな苦労や困難に対しても決してくじけないこと。

5 細かい技巧にこだわっただけの内容のない詩文。

拳拳服膺・烏焉魯魚・槃根錯節・不撓不屈
鳧趨雀躍・吐哺握髪・藜杖韋帯・彫虫篆刻

五

次の**熟字訓・当て字**の**読み**を記せ。

/10 1×10

1 月代

2 蘇格蘭

6 馨水

7 山葵

5 指示して悪事をさせるように仕向けること。（　　）

えいき・かくりょ・かんき・きゅうじゅつ・けんこ
しそう・どうじゃく・ようかい

四 次の問1と問2の四字熟語について答えよ。

問1 次の四字熟語の（1～10）に入る適切な語を後の□から選び**漢字二字**で記せ。

20
2×10

（1）非宝　　寸草（6）
（2）五竜　　横行（7）
（3）鳩居　　茅屋（8）
（4）剔抉　　金声（9）
（5）諫言　　星火（10）

かっぽ・ぎょくしん・さいてん・じゃくそう・しゅんき
せきへき・せっかん・とんこう・はら・りょうげん

3 鳳梨（　　）
4 文身（　　）
5 海鷂魚（　　）
8 木乃伊（　　）
9 巴勒斯旦（　　）
10 蝙蝠（　　）

六 次の**熟語の読み（音読み）**と、その**語義**にふさわしい**訓読み**を（送りがなに注意して）**ひらがな**で記せ。

10
1×10

〈例〉健勝……勝れる → けんしょう / すぐ

ア 1 盪滌（　　）……2 盪う（　　）
イ 3 浹洽（　　）……4 浹し（　　）
ウ 5 秉燭（　　）……6 秉る（　　）
エ 7 燻蒸（　　）……8 燻す（　　）
オ 9 勁草（　　）……10 勁い（　　）

七 次の1～5の**対義語**、6～10の**類義語**を後の［　］の中から選び、**漢字**で記せ。［　］の中の語は一度だけ使うこと。

/20 2×10

対義語

1 天神（　　）
2 剛毅（　　）
3 奔騰（　　）
4 荼毒（　　）
5 四散（　　）

類義語

6 専占（　　）
7 脱稿（　　）
8 鉛槧（　　）
9 蟬髪（　　）
10 瀰漫（　　）

いしゅう・うんびん・かくひつ・きょうだ・さんらく
しょうけつ・そうこ・ちぎ・ひえき・ろうだん

八 次の故事・成語・諺の**カタカナ**の部分を漢字で記せ。

/20 2×10

1 大は棟梁と為し、小は**スイカク**と為す。（　　）
2 **モッコウ**にして冠す。（　　）
3 命を知るものは**ガンショウ**の下に立たず。（　　）
4 **トショウ**の人、何ぞ算うるに足らんや。（　　）
5 兄弟牆に**セメ**げども外其務りを禦ぐ。（　　）
6 **ケ**にも晴れにも歌一首。（　　）
7 **ホウロク**千に槌一つ。（　　）
8 **ネイゲン**は忠に似たり、姦言は信に似たり。（　　）
9 **セキレキ**になれて玉淵をうかがわず。（　　）
10 千金の裘は一狐の**エキ**に非ず。（　　）

九 文章中の傍線（1～10）の**カタカナ**を**漢字**に直し、波線（ア～コ）の**漢字**の**読み**を**ひらがな**で記せ。

/30 書き2×10 読み1×10

A

[ア]蹇児何ぞ実に建文の為に兵を挙げんや。たゞ一婦人の身を以て兵を起し城を[1]ホフり、安遠侯柳升をして征戦に労し、都指揮衛青をして[2]ゲキジョウに力めしめ、都指揮劉忠をして戦歿せしめ、山東の地をして一時騒擾せしむるに至りたるもの、真に是れ[イ]稗史の好題目たり。（中略）女仙外史の人の愛読[ウ]耽翫を惹く所以のもの、決して[エ]尠少にあらずして、而して又実に一篇の[3]リンリたる筆墨、巍峨たる結構を得る所以のもの、決して偶然にあらざるを見る。（中略）

これを視るに[オ]石匣なりければ、就いて窺いて遂に異書と宝剣とを得たり。蹇児これより妖術に通じ、紙を剪って人馬となし、剣を揮って咒祝を為し、髪を削って尼となり、教を[4]リリョに布く。禱には効あり、言には験ありければ、民[5]キュウゼンとして之に従いけるに、蹇児また饑者には食を与え、凍者には衣を給し、賑済すること多かりしより、終に追随する者数万に及び、尊びて仏母と称し、其勢甚洪大となれり。

（幸田露伴　運命）

B

「そんなことを言ッてなさッちゃア困りますよ。ちょいとおいでなすッて下さい。[6]オイラン、困りますよ」と、吉里の後から追い[7]スガったのはお熊という新造。

吉里は二十二三にもなろうか、今が稼ぎ盛りの年輩である。美人質ではないが男好きのする丸顔で、しかもどこかに剣が見える。[8]ニラまれると凄いような、にッこりされると戦いつきたいような、清しい可愛らしい重縁眼が少し催涙で、一の字眉を[カ]癪だというあんばいに釣り上げている。額り[キ]腮をわざと突き出したほど上を仰き、左の牙歯が上唇を噛んでいるので、高い美しい鼻は高慢らしくも見える。懐手をして肩を揺すッて、昨日あたりの島田[9]マゲを[ク]がくりがくりとうなずかせ、今月一日に更衣をしたばかりの裲襠の裾に廊下を拭わせ、[ケ]大跨にしかも急いで上草履を引き摺ッている。（中略）

「はははは。門迷いをしちゃア困るぜ。何だ、さッきから二階の[10]レンジから覗いたり、店の格子に[コ]蟋蟀をきめたりしていたくせに」と、西宮は吉里の顔を見て笑ッている。

（広津柳浪　今戸心中）

第8回 よく出る模擬試験問題

月　日

試験時間 60分

合格ライン 160点

得点 ／200

一

次の傍線部分の読みをひらがなで記せ。
1～20は音読み、21～30は訓読みである。

／30 1×30

1 嫋娜たる女官が皇帝の目に留まる。（　　）
2 建国の祖は汗駕の馬とも喩えられた。（　　）
3 師の葬祭に誄詞を読み上げる。（　　）
4 旅先でしばらく淹留する。（　　）
5 教授に中世文学論考の瀏覧を請う。（　　）
6 聖堂に梵唄の声が響く。（　　）
7 仲見世に廛肆を構える。（　　）
8 切ない哽噎に耳を塞ぐ。（　　）
9 孱弱な足取りで後を追う。（　　）
10 農民が租税の減免を嗷訴する。（　　）

24 絳の帳を垂れて弟子と問答をかわす。（　　）
25 一族郎党が慶祝に萃まる。（　　）
26 分を踰えた振る舞いを窘める。（　　）
27 螺鈿を鏤めた小箱を献上する。（　　）
28 灰心喪意した朋友を厲ます。（　　）
29 自ら作せる孼いは活くべからず。（　　）
30 莫大な恩賞を賷して凱旋する。（　　）

二

次の傍線部分のカタカナを漢字で記せ。
19、20は国字で答えること。

／40 2×20

1 枇杷の実がウむ。（　　）
2 レッパクの気合とともに振り下ろす。（　　）

11 饑饉した民百姓を流行り病が襲う。（　　　）
12 和煦なる門出を寿ぐ。（　　　）
13 嬉怡微笑するも心中妬心渦巻く。（　　　）
14 斃仆した兵士に黙禱する。（　　　）
15 第二皇子が儲位に就いた。（　　　）
16 殷王朝時代の簪珥が発掘された。（　　　）
17 糧餉が底を突いてしまった。（　　　）
18 羸痩の身でありながら人民を鼓舞する。（　　　）
19 書肆にて故実叢書を求める。（　　　）
20 国家乂安を祈請する。（　　　）
21 己がなすべきことを醇らにするべし。（　　　）
22 諜報を挈げて陣営に戻る。（　　　）
23 名月や門の欅も武蔵ぶり（　　　）

3 百合の香にムセぶ。（　　　）
4 郭公がネグラに戻ってくる。（　　　）
5 芸妓のタオやかな舞を嘆賞する。（　　　）
6 遺族の心情をソンタクする。（　　　）
7 桃花流水ヨウゼンとして去る。（　　　）
8 手の甲をツネって眠気を覚ます。（　　　）
9 無法者に道徳をジュウリンされる。（　　　）
10 ジンタイを損傷して試合を断念する。（　　　）
11 惑星はダエンの軌道を公転する。（　　　）
12 相手の威嚇にヒルむ。（　　　）
13 ソウマイの世は各地で争乱が絶えなかった。（　　　）
14 人質が反対勢力にラチされる。（　　　）

15 ザンカン趣意書から事変の本質を読み解く。（　　）

16 カンカ不遇の身を嘆く。（　　）

17 コルセットで胴部をクビる。（　　）

18 下手人はのどをクビられて息絶えた。（　　）

19 制服のユキを調整する。（　　）

20 古代、元旦にハラカの奏が執り行われた。（　　）

三

次の1～5の意味を的確に表す語を、後の□から選び、**漢字**で記せ。

/10 2×5

1 文章を削ったり補ったりして整える。（　　）

2 気儘で生活がだらしないこと。（　　）

3 人として常に守るべき道。（　　）

4 片意地なこと。（　　）

問2 次の1～5の**解説・意味**にあてはまる四字熟語を後の□から選び、その**傍線部分だけの読みをひらがな**で記せ。

/10 2×5

1 戦に明け暮れること。（　　）

2 一生が夢のようにはかないこと。（　　）

3 夫婦仲が非常に良いこと。（　　）

4 自由を奪われたもののたとえ。（　　）

5 こじつけること。（　　）

檻猿籠鳥・黄粱一炊・危言覈論・載籍浩瀚
旌旗巻舒・郢書燕説・関関雎鳩・不羈奔放

五

次の**熟字訓・当て字**の**読み**を記せ。

/10 1×10

1 燭魚（　　）

2 雪花菜（　　）

6 香蕈（　　）

7 軍鶏（　　）

5 だましいつわること。（　　）

いりん・かいこう・けんかい・さんじゅん
ひょうびょう・へんさ・ほうらつ・りょうかく

四

次の問1と問2の四字熟語について答えよ。

問1 次の四字熟語の（1～10）に入る適切な語を後の□から選び**漢字二字**で記せ。

/20 2×10

（1）濫觴	蹇蹇（6）
（2）潰堤	閉月（7）
（3）閃電	乾坤（8）
（4）不振	因果（9）
（5）舜趨	協心（10）

いっけつ・いってき・うこう・こうし・しゅうか
てきめん・ひきゅう・へきれき・りくりょく・ろうぎ

---

3 行器（　　）

4 望潮（　　）

5 芬蘭（　　）

8 鳶尾（　　）

9 雀鷂（　　）

10 維也納（　　）

六

次の**熟語の読み（音読み）**と、その**語義**にふさわしい**訓読み**を（送りがなに注意して）**ひらがな**で記せ。

/10 1×10

〈例〉健勝…勝れる → けんしょう／すぐ

ア 1 瑩徹（　　）…2 瑩らか（　　）

イ 3 扑悦（　　）…4 扑つ（　　）

ウ 5 恬熙（　　）…6 恬らか（　　）

エ 7 麤笨（　　）…8 笨い（　　）

オ 9 呵譴（　　）…10 譴める（　　）

七

次の1～5の**対義語**、6～10の**類義語**を後の□の中から選び、**漢字**で記せ。□の中の語は一度だけ使うこと。

20 2×10

対義語

1 直截（　）
2 無礼（　）
3 仕官（　）
4 受禅（　）
5 駿馬（　）

類義語

6 民草（　）
7 激浪（　）
8 寰宇（　）
9 泰斗（　）
10 牢記（　）

いんぎん・えんきょく・けいかん・さんだつ・せきじゅ
そうぼう・どたい・どとう・ふくよう・よち

八

次の故事・成語・諺の**カタカナ**の部分を漢字で記せ。

20 2×10

1 **シュヒ**終に外に向かって曲げず。（　）
2 **ヌカ**の中で米粒探す。（　）
3 亭主の好きな赤**エボシ**。（　）
4 **オンザ**の秋茄子。（　）
5 命を知るものは**ガンショウ**の下に立たず。（　）
6 病**コウコウ**に入る。（　）
7 兄弟牆に**セメ**げども外其務りを禦ぐ。（　）
8 **サイロウ**路に当たる、安んぞ狐狸を問わん。（　）
9 一髪**センキン**を引く。（　）
10 両葉去らずんば**フカ**を用いるに至る。（　）

九

文章中の傍線（1～10）の**カタカナ**を**漢字**に直し、波線（ア～コ）の**漢字**の**読み**を**ひらがな**で記せ。

30 書き2×10 読み1×10

A

「あれ、」という声、旅籠町の角から、白いキャハン、素足にワラジ穿の裾を端折った、中形の浴衣に繻子の帯の幅狭なのを、引懸けに結んで、結んだ上へ、桃色の帯揚をして、胸高に乳の下へしっかと〆めた、これへ女扇をぐいと差して、膝の下の隠れるばかり、甲斐々々しく、水色唐チリメンの腰巻で、手拭を肩に当て、縄からげにして巻いたゴザを軽げに荷った、商帰り。（中略）

「どこも怪我はしませんか。」と人目も構わず、紅絹を持った男の手に縋らぬばかりに、ひたと寄って顔を覗く。「やあい、やあい。」「盲目やあい、按摩針。」とハヤしたので、娘は心着いて、屹と見て、立直った。（中略）

滝太郎がその挙動を、鋭い目で角の屑屋の物置みたような二階の格子窓に、世を憚る監視中の顔をあてて、匍匐になって見ていた、窃盗、万引、詐偽もその時二十までに数を知らず、ちょうど先月までくらい込んでいた、巣鴨が十たび目だという凄い女、渾名を白魚のお兼といって、日向では消えそうな華奢姿。島田が黒いばかり、透通るような雪の肌の、骨も見え透いた美しいのに、可恐しい悪党。

（泉鏡花　黒百合）

B

唯だ何れも未開の国で野法図に育ったお庇に歴史に功蹟を遺すだけに進歩しなかったが其性質の勝れてレイリで勇気のあるのは学者に認められておる。「エスキモー」犬が雪中ソリを牽いて数日の道を行っても少しも疲労しない事や、西比利亜犬が旅人を護衛して狼や其他の猛獣を追散らす勇気は実に素晴らしいもんだ。（中略）

それから我々は何しろ二千五百年の歴史ある国に生まれたのだからエスキモーや西比利亜の徒輩と違って立派な来歴がある。桓武天皇九代のコウインと列べ立てゝはドンチョウの台詞染みて笑止しくないが、御歴代の天皇様から御鍾愛を蒙むつて恐れ多くも九重に咫尺し奉つた例は君達も忠君無二の日本人だから御存じだらう。勿論翁丸のやうな悪戯をして君の勅勘を蒙むつた者もあるが、我々は先づ君の御寵愛をカタジケナふした方だ。（中略）

威張るとも、我々大和犬族は敢て毛唐種に譲らない力量勇気があるから子。元来君達からして甚だ不心得だ。といふは自分達は失敬ながら世界を知らないで蚊の臑のやうな痩腕を叩いて日本主義の国粋主義のと慷慨振る癖に、純粋日本種の加之も神州の産たるを辱かしめざる勇猛活溌なる我々を地犬々々と軽蔑しおる。怪しからぬ撞着な咄だ。

（内田魯庵　犬物語）

第9回 よく出る模擬試験問題

月　日

試験時間 60分

合格ライン 160点

得点 /200

一

次の傍線部分の読みを**ひらがな**で記せ。
1〜20は**音読み**、21〜30は**訓読み**である。

/30
1×30

1 奕葉伝来の器物を丁重に扱う。
2 爵禄なる者は人臣の轡銜なり。
3 明日は灑涙雨になるらしい。
4 牙籌を執って会社を再建する。
5 嫩緑が目にまぶしい季節になった。
6 雰囲気が藹然として和んだ。
7 異様な姿に悚然として立ち竦む。
8 夢に胡蝶と為る、栩栩然として胡蝶なり。
9 丱角より絵画に造詣が深い。
10 住める方は人に譲り、杉風が別墅に移る。

24 同郷の儔と国政について語り合う。
25 帝の冑としての地位を確立する。
26 持てる財産を咸投げうつ。
27 都を奈良の地に奠む。
28 肥沃な大地が高度な文明を孕んだ。
29 時勢に找し要職を得る。
30 残りの船は風に怕るるか。

二

次の傍線部分の**カタカナ**を**漢字**で記せ。
19、20は国字で答えること。

/40
2×20

1 **ツイナ**の行事で厄を祓い清める。
2 険しい岩壁を**ヨ**じ登る。

11 岩間を流れる涓滴で渇きを凌いだ。（　　）

12 奸黠の門弟を破門に処す。（　　）

13 兀立する山の姿。（　　）

14 大量の土砂が水路を淤塞した。（　　）

15 昇汞水で消毒する。（　　）

16 膏腴なる土壌の恩恵に報謝する。（　　）

17 家鶏を厭い、野鶩を愛す。（　　）

18 広袤十町あまりの原野を開墾する。（　　）

19 志士は溝壑に在るを忘れず。（　　）

20 山々に囲繞された村落で育った。（　　）

21 髻を切って俗世を捨てる。（　　）

22 鶏の高鳴きに秋を感じる。（　　）

23 果てしない霄を仰ぐ。（　　）

3 リョウゲンの火の如く広まる。（　　）

4 アンタンたる思いが胸を塞ぐ。（　　）

5 多くの人とキビスを接して進む。（　　）

6 着物にビャクダンの香を焚き染める。（　　）

7 カンバツで農業が打撃を受ける。（　　）

8 異郷のリゲンに戸惑う。（　　）

9 川に小石をトウテキする。（　　）

10 ツツガ無く式典が終わる。（　　）

11 患者のカタワらにそっと寄り添う。（　　）

12 将軍がケンゾクを率いて出陣する。（　　）

13 彼の言葉はシンピョウセイに欠ける。（　　）

14 コウヒョウで窓ガラスが割れた。（　　）

15 心配事は全てキユウに終わった。
16 コウケイに中った意見に感服する。
17 法律の定めるところにヨる。
18 糖度の高い実をヨって贈答品にする。
19 敵襲に備えてオオヅツを据える。
20 イリを調節して田に水を引き入れる。

三 次の1～5の意味を的確に表す語を、後の□から選び、**漢字**で記せ。 /10 2×5

1 欲深いこと。けちなさま。
2 猛獣などがたけりほえること。
3 才能のすぐれた人物。
4 貪欲で残酷無慈悲な人。

問2 次の1～5の**解説・意味**にあてはまる四字熟語を後の□から選び、その**傍線部分だけの読み**を**ひらがな**で記せ。 /10 2×5

1 乱れた世を治め、正しい状態に戻す。
2 賢者を得ることに熱心なこと。
3 ひどく残念がったり怒ったりする。
4 声が美しいことのたとえ。
5 芸術作品のきわめてすぐれたさま。

迦陵頻伽・撥乱反正・神韻縹緲・鵬程万里
握髪吐哺・枉法徇私・切歯扼腕・鏤塵吹影

五 次の**熟字訓・当て字**の**読み**を記せ。 /10 1×10

1 紅絹
2 螻蛄
6 金雀枝
7 木賊

5 天然に発する音。または絶妙の詩文。（　　）

かいこう・きそく・けんりん・さいろう・てんらい ひょうびょう・ほうこう・りょうかく

四 次の問1と問2の四字熟語について答えよ。

問1 次の四字熟語の（1～10）に入る適切な語を後の□から選び漢字二字で記せ。

/20 2×10

1（　　）成風　　妖姿（　　）6

2（　　）微笑　　優游（　　）7

3（　　）魯魚　　夙夜（　　）8

4（　　）万鈞　　人心（　　）9

5（　　）籠鳥　　必求（　　）10

うえん・うんきん・かんえい・かんえん・しゅうらん ねんげ・びたい・むび・らいてい・ろうだん

3 縕袍（　　）

4 忍冬（　　）

5 天牛（　　）

8 鳶尾（　　）

9 蟒蛇（　　）

10 吃逆（　　）

六 次の熟語の読み（音読み）と、その語義にふさわしい訓読みを（送りがなに注意して）ひらがなで記せ。

/10 1×10

〈例〉健勝……勝れる → けんしょう｜すぐ

ア 1 糜爛（　　）…2 糜れる（　　）

イ 3 霾翳（　　）…4 霾る（　　）

ウ 5 簒逆（　　）…6 簒う（　　）

エ 7 賚賜（　　）…8 賚う（　　）

オ 9 裹革（　　）…10 裹む（　　）

七 次の1～5の**対義語**、6～10の**類義語**を後の□の中から選び、**漢字**で記せ。□の中の語は一度だけ使うこと。

2×10 /20

対義語

1 進捗（　　）
2 醇厚（　　）
3 都邑（　　）
4 倹素（　　）
5 大廈（　　）

類義語

6 退屈（　　）
7 天性（　　）
8 倥偬（　　）
9 孺嬰（　　）
10 挺身（　　）

がいてい・ぎょうはく・こうちゃく・しゃし
じんすい・はんげき・ひんしつ・ぶりょう
へんすう・ろうきょ

八 次の故事・成語・諺の**カタカナ**の部分を漢字で記せ。

2×10 /20

1 **キケン**を被って稚児を威す。（　　）
2 **オンザ**の初物。（　　）
3 **アウン**の呼吸。（　　）
4 医者の薬も**サジ**加減。（　　）
5 **スウジョウ**に詢る。（　　）
6 **ナマリ**は国の手形。（　　）
7 仏に方便、聖人に**ケンドウ**。（　　）
8 善言は**フハク**よりも暖かなり。（　　）
9 **ケイリン**の一枝、崑山の片玉。（　　）
10 噂をされると**クシャミ**が出る。（　　）

九 文章中の傍線（1～10）の**カタカナ**を**漢字**に直し、波線（ア～コ）の**漢字**の**読み**を**ひらがな**で記せ。

書き2×10
読み1×10 /30

A

[ア]嗟吁人生の短期なる、昨日の紅顔今日の白頭。忙々促々として眼前の事に営々たるもの、悠々[1]**シャクシャク**として千載の事を慮るもの、同じく之れ大暮の同寝。霜は香菊を厭はず、風は幽蘭を容さず。（中略）

墳墓何の権かある。宇内を[2]**ヘイゲイ**し、日月を[3]**シッタ**せし、古来の英雄何すれぞ墳墓の前に弱兎の如くなる。誰か不朽といふ字を字書の中に置きて、[イ]而して世の俗眼者流をして縦に流用せしめたる。嗚呼墳墓、汝の冷々たる舌、汝の常に餓ゑたる口、何者をか[ウ]噬まざらん、何物をか呑まざらん、而して墳墓よ、汝も亦た遂に空々漠々たり、水流[4]**トウトウ**として洋海に趣けど、洋海は終に溢れて大地を包まず、[エ]冉々として行暮する人世、遂に新なるを知らず、又た故なるを知らず。（中略）

富嶽駿河の国に[5]**クッキ**せしといふ朝、彼は幾億万里の天涯よりその[オ]山巓に急げり、而して富嶽の威容を愛するが故に、その殿居に駐まり棲みて、遂に復た去らず。是より風流の道大に開け、人麿赤人より降つて、西行芭蕉の徒、この詩神と[6]**ショウヨウ**するが為に、富嶽の周辺を往返して、形なく像なき紀念碑を空中に構設しはじめたり。詩神去らず、この国なほ愛すべし。詩神去らず、人間なほ味あり。

（北村透谷　富嶽の詩神を思ふ）

B

年中借金取が出はいりした。節季はむろんまるで毎日のことで、[7]**ショウユ**屋、油屋、八百屋、鰯屋、乾物屋、炭屋、米屋、家主その他、いずれも厳しい催促だった。路地の入り口で牛蒡、蓮根、芋、三ツ葉、[8]**コンニャク**、紅生姜、[カ]鯣、鰯など一銭天婦羅を揚げて商っている種吉は借金取の姿が見えると、下向いてにわかに[9]**ウドンコ**をこねる真似した。近所の小供たちも、「おっさん、はよ牛蒡揚げてんかいナ」と待てしばしがなく、「よっしゃ、今揚げたアるぜ」というものの[キ]擂鉢の底をごしごしやるだけで、[ク]水洟の落ちたのも気付かなかった。（中略）

種吉の留守にはお辰が天婦羅を揚げた。お辰は存分に材料を節約したから、祭の日通り掛りに見て、種吉は肩身の狭い想いをし、鎧の下を汗が走った。

よくよく貧乏したので、蝶子が小学校を[ケ]卒えると、あわてて女中奉公に出した。俗に、河童横町の材木屋の主人から随分と良い条件で話があったので、お辰の頭に思いがけぬ血色が出たが、ゆくゆくは[10]**メカケ**にしろとの[コ]肚が読めて父親はうんと言わず、日本橋三丁目の古着屋へばかに悪い条件で女中奉公させた。

（織田作之助　夫婦善哉）

第10回

よく出る模擬試験問題

月　日

試験時間 60分

合格ライン 160点

得点　　/200

一 次の傍線部分の読みを**ひらがな**で記せ。
1～20は**音読み**、21～30は**訓読み**である。

/30　1×30

1 好評嘖嘖にして安堵する。

2 幺麼を斥けて政を立て直す。

3 雲無心にして岫を出ず。

4 盥沐して新年を迎える。

5 日々黽勉して身を立てる。

6 塋域に佇み古に思いを馳せる。

7 杲乎として空に吸い込まれるようだ。

8 嶷然たる態度に威圧される。

9 饔天に満足し道を究めず。

10 権力闘争に敗れ貶謫の身となる。

24 饐えた臭気が鼻を打つ。

25 争いに鼂をつける。

26 春一番に霾る。

27 酒を鋺に盛って献上する。

28 草木を分け入って追手から逋れる。

29 女御の御前に躪り寄る。

30 霤は三途の川。

二 次の傍線部分の**カタカナ**を**漢字**で記せ。
19、20は国字で答えること。

/40　2×20

1 スカートに**ヒダ**飾りを付ける。

2 宗匠の**ケイガイ**に接する。

11 謀反人の一族に磔罪を申し渡す。（　　）
12 正岡子規の獺祭忌に句会を催す。（　　）
13 雕琢して朴に復る。（　　）
14 俊髦との誉れ高き人物。（　　）
15 水面に浮萍が漂う。（　　）
16 夜番の撃柝の音が寒空に響く。（　　）
17 窓櫺から射す曙光に目が覚める。（　　）
18 澎湃として革命の気運が高まる。（　　）
19 尠少な症例の治療に尽力する。（　　）
20 僂指すればあれから二十日になる。（　　）
21 大理石で胸像を鐫る。（　　）
22 若い頃から安逸遊冶を餮る。（　　）
23 一兵卒から大尉に躋る。（　　）

3 ヌナワとる小舟にうたはなかりけり。（　　）
4 大根にスが入る。（　　）
5 試験勉強にレイセイする。（　　）
6 ソウソウたる選手が出揃う。（　　）
7 音楽を聴いて気持ちがホグれる。（　　）
8 ワザワザ休みを取って旅行する。（　　）
9 死者の亡骸をダビに付す。（　　）
10 競技に小動物がチンニュウしてきた。（　　）
11 イナセな若者衆が神輿を担ぐ。（　　）
12 雨戸がキシんで開け閉めしづらい。（　　）
13 経済界のヌエと恐れられる。（　　）
14 薫香の煙がアイタイと棚引く。（　　）

15 自国の利権を巡り**カンカ**に訴える。（　　）

16 自分の短慮に**ザンカン**が背を流れる。（　　）

17 **カジカ**鳴いて石ころ多き小川かな。（　　）

18 **カジカ**を釣って食す。（　　）

19 真珠の取引に**モンメ**単位を用いる。（　　）

20 **ムロ**の木を庭に植える。（　　）

三 次の1～5の意味を的確に表す語を、後の□から選び、**漢字**で記せ。 /10 2×5

1 物事がくいちがうこと。（　　）

2 過去のある日。昔。昨日。（　　）

3 強いという評判。武勇のきこえ。（　　）

4 物事の区別がはっきりしているさま。（　　）

問2 次の1～5の**解説・意味**にあてはまる四字熟語を後の□から選び、その**傍線部分だけの読み**を**ひらがな**で記せ。 /10 2×5

1 夫婦仲がずっと良好であること。（　　）

2 ひどくやつれてやせ細った様子。（　　）

3 人には運不運があることのたとえ。（　　）

4 多方面から多くの意見が出ること。（　　）

5 慌ただしい時。ごく短い時間。（　　）

七嘴八舌・樽俎折衝・槁項黄馘・兎起鶻落 造次顚沛・偕老同穴・墜茵落溷・啐啄同時

五 次の**熟字訓**・**当て字**の**読み**を記せ。 /10 1×10

1 沙蚕（　　）

2 老海鼠（　　）

6 山茶（　　）

7 水蕓（　　）

5 涙がとめどなく流れるさま。（　　）

いんぎゃく・ぎょうめい・すいぜん・せつぜん
ちゅうせき・ていご・ふすう・ぼうだ

四

次の問1と問2の四字熟語について答えよ。

問1 次の四字熟語の（1～10）に入る適切な語を後の□から選び**漢字二字**で記せ。

/20（2×10）

（1）失路　　衆口（6）
（2）鼓腹　　鬼哭（7）
（3）相和　　三世（8）
（4）趺坐　　疾風（9）
（5）倒易　　珠聯（10）

いっさん・かんり・がんぽ・きんしつ・けっか
しゃくきん・しゅうしゅう・たくらく・どとう・へきごう

3 朱欒（　　）
4 四阿（　　）
5 皁莢（　　）
8 牛膝（　　）
9 牛尾魚（　　）
10 肌理（　　）

六

次の**熟語の読み**（**音読み**）と、その**語義**にふさわしい**訓読み**を（送りがなに注意して）**ひらがな**で記せ。

/10（1×10）

〈例〉健勝……勝れる → けんしょう／すぐ

ア 1 羸輸（　　）… 2 羸つ（　　）
イ 3 壅遏（　　）… 4 壅ぐ（　　）
ウ 5 胎孕（　　）… 6 孕る（　　）
エ 7 螫齧（　　）… 8 螫す（　　）
オ 9 靠天（　　）… 10 靠る（　　）

七

次の1～5の**対義語**、6～10の**類義語**を後の□の中から選び、**漢字**で記せ。□の中の語は一度だけ使うこと。

20 2×10

対義語

1 狷狭（　　）
2 斬新（　　）
3 曩祖（　　）
4 顕達（　　）
5 剛毅（　　）

類義語

6 愚弄（　　）
7 乱丁（　　）
8 曠古（　　）
9 僧俗（　　）
10 庶民（　　）

きょうだ・さっかん・しそ・ちんとう・はてんこう
まつえい・やゆ・らいらく・りんらく・れいげん

八

次の故事・成語・諺の**カタカナ**の部分を漢字で記せ。

20 2×10

1 花を賞するに慎みて**リヒ**に至る勿れ。（　　）
2 明珠**ロウボウ**に出ず。（　　）
3 **スイキョウ**して天下治まる。（　　）
4 五寸の鍵**カイコウ**を制す。（　　）
5 **アコギ**が浦に引く網。（　　）
6 **アバタ**もえくぼ。（　　）
7 性は猶**キリュウ**のごとし。（　　）
8 **イガグリ**も内から割れる。（　　）
9 **キビ**に付す。（　　）
10 **テットウ**水を漏らさず。（　　）

九

文章中の傍線（1～10）の**カタカナ**を**漢字**に直し、波線（ア～コ）の**漢字**の**読み**を**ひらがな**で記せ。

30 書き2×10 読み1×10

A

恩ある人は二年目に亡せて今の主も内儀様も息子の半次も気に喰はぬ者のみなれど、此処を死場と定めたるなれば厭やとて更に何方に行くべき、身は**カンシャク**[1]に筋骨つまつてか人よりは一寸法師一寸法師と誹[ア]らるるも口惜しきに、吉や手前は親の日に腥[イ]を喰たであらう、（中略）どうかお為か、案じていたにと手を取つて引入れられる者が他に有らうか、お気の毒様なこつたが独活の大木は役にたたない、**サンショ**[2]は小粒で珍重されると高い事をいふに、この野郎めと脊を酷く打たれて、有がたう御座いますと済まして行く顔つき背さへあれば人串談とて免すまじけれど、一寸法師の生意気と爪はぢきして好い**ナブ**[3]りものに烟草[ウ]休みの話しの種成き。

十二月三十日の夜、吉は坂上の得意場へ誂へ[エ]の日限の後れしを**ワ**[4]びに行きて、帰りは懐手の急ぎ足、草履下駄の先にかかる物は面白づくに蹴かへして、ころころと転げると右に左に追ひかけては大溝の中へ蹴落して一人からからの高笑ひ、聞く者なくて天上のお月さまさも皓々[オ]と照し給ふを寒いと言ふ事知らぬ身なれば只ここちよく爽にて、帰りは例の窓を**タタ**[5]いてと目算ながら横町を曲れば、

（樋口一葉　わかれ道）

B

積むべき**ショクザイ**[6]のあまりに小さかった彼は、自分が精進勇猛の気を試すべき難業にあうことを祈っていた。今目前に行人が**カンナン**[7]し、一年に十に近い人の命を奪う難所を見た時、彼は、自分の身命を捨ててこの難所を除こうという思いつきが旺然として起ったのも無理ではなかった。（中略）

こう決心すると、彼は、一途に実行に着手した。その日から、羅漢寺の宿坊に宿りながら、山国川に添うた村々を勧化して、**ズイドウ**[8]開鑿[カ]の大業の寄進を求めた。（中略）

それに応じて、ただ二、三片の砕片が、飛び散ったばかりであった。が、再び力を籠めて第二の槌[キ]を下した。更に二、三片の小塊が、巨大なる無限大の大塊から、分離したばかりであった。第三、第四、第五と、市九郎は懸命に槌を下した。空腹を感ずれば、近郷を托鉢し、腹満つれば絶壁に向って槌を下した。懈怠[ク]の心を生ずれば、只真言を唱えて、勇猛の心を振い起した。一日、二日、三日、市九郎の努力は間断なく続いた。旅人は、そのそばを通るたびに、嘲笑の声を送った。が、市九郎の心は、そのために**シュユ**[9]も撓[ケ]むことはなかった。**シショウ**[10]の声を聞けば、彼はさらに槌を持つ手に力を籠めた。やがて、市九郎は、雨露を凌[コ]ぐために、絶壁に近く木小屋を立てた。

（菊池寛　恩讐の彼方に）

第11回 よく出る模擬試験問題

月　日

試験時間 60分
合格ライン 160点
得点 ／200

一

次の傍線部分の読みをひらがなで記せ。1～20は音読み、21～30は訓読みである。

／30　1×30

1 追剝に献上品を鹵掠された。（　　）
2 時を告げる鐘の音が鏗鏗と響く。（　　）
3 国境問題をめぐって釁端を啓いた。（　　）
4 人世の繫縛を斫断する。（　　）
5 杙を以て楹と為す。（　　）
6 佞臣が跳梁し国が衰退の途を辿る。（　　）
7 陪冢から古墳の被葬者を特定する。（　　）
8 古代中国では日本を東瀛と呼んだ。（　　）
9 孳孳として伝染病撲滅に貢献した。（　　）
10 棕櫚皮を箒に加工する。（　　）

24 家庭で醬を手作りする。（　　）
25 鸛と鶴を混同する。（　　）
26 懐剣を錦の布に韜む。（　　）
27 憲法の条項を鈔す。（　　）
28 鮍で装飾を施した刀を賜る。（　　）
29 逌に真品の絵画は人を魅了する。（　　）
30 聽て今までの努力が実るだろう。（　　）

二

次の傍線部分のカタカナを漢字で記せ。19、20は国字で答えること。

／40　2×20

1 長期間の闘病でジョクソウができた。（　　）
2 ワビしい田舎に居を移す。（　　）

11 王の擅恣に民が憤る。（　　）

12 大臣の子息が嫁娶する。（　　）

13 村媼の昔話に耳を傾ける。（　　）

14 巷での噂が耳朶に触れる。（　　）

15 産業革命の弊竇を憂懼する。（　　）

16 入札状況に検覈を加える。（　　）

17 支出から贅肬を削ぎ落す。（　　）

18 式典の準備に怱忙を極める。（　　）

19 川岸遠ざかり欸乃侘しく聞こえる。（　　）

20 帷幄にて下命を配する。（　　）

21 髫を切って俗世を捨てる。（　　）

22 代々伝えるよう家訓を貽す。（　　）

23 太陽の周囲を惑星が輾る。（　　）

---

3 馬が声高く**イナナ**き駆け去っていく。（　　）

4 敵の襲撃に備えて**ホウサイ**を築く。（　　）

5 **ケンドン**な口調で訪問者を追い返す。（　　）

6 時化で船舶が**カクザ**した。（　　）

7 孤児に**バンコク**の同情を寄せる。（　　）

8 **ホダギ**に椎茸の菌床をつける。（　　）

9 慈悲の瞑想を深めて**シンイ**を消す。（　　）

10 僧に身を**ヤツ**して諸国を行脚する。（　　）

11 完成した書画に雅号を**シル**す。（　　）

12 悲願の優勝の報に**ハシャ**ぐ。（　　）

13 彼への疑惑が**ヒョウシャク**する。（　　）

14 皇后が**ケンペイ**を執る。（　　）

15 サゾ苦労したであろう。（　　）

16 オリーブ油を**カンラン**油とも書く。（　　）

17 椿を手折って髪に**カザ**す。（　　）

18 眩しい陽射しに手を**カザ**す。（　　）

19 **キス**は釣り人に人気が高い。（　　）

20 足袋を履いて**コハゼ**を留める。（　　）

三

次の1～5の意味を的確に表す語を、後の□から選び、**漢字**で記せ。 /10 2×5

1 水が流れるさま。また、その音。（　　）

2 悪賢いこと。（　　）

3 恋い焦がれること。（　　）

4 広々として大きく、空虚なさま。（　　）

問2 次の1～5の**解説・意味**にあてはまる四字熟語を後の□から選び、その**傍線部分だけの読み**を**ひらがな**で記せ。 /10 2×5

1 事情が複雑で解決が困難なこと。（　　）

2 残忍で凶悪な人相のたとえ。（　　）

3 隠れた人材を遍く求めて用いる。（　　）

4 膨大な財産のこと。または大富豪。（　　）

5 意志と行動が相反している。（　　）

南轅北轍・槃根錯節・沈魚落雁・陶朱猗頓
並駕斉駆・鴟目虎吻・爬羅剔抉・燃犀之明

五

次の**熟字訓・当て字**の**読み**を記せ。 /10 1×10

1 梅花皮（　　）

2 儒艮（　　）

6 魚狗（　　）

7 狼煙（　　）

5 戒めや教訓の意味を持つ短い言葉。（　　）

けんれん・こうかい・さんたん・しんげん
せんかん・りゅうしょう・りょうかく・ろっぴ

四

次の問1と問2の四字熟語について答えよ。

問1 次の四字熟語の（1〜10）に入る適切な語を後の□から選び**漢字二字**で記せ。

2×10 /20

1（　　）渉河
2（　　）名人
3（　　）雷鳴
4（　　）附熱
5（　　）面命
6 煮豆（　　）
7 豪華（　　）
8 茅屋（　　）
9 牛驥（　　）
10 刺字（　　）

がふ・けんらん・さいてん・さんし・すうえん・せきし
ていじ・どうそう・ねんき・まんめつ

3 蕃椒（　　）
4 枳殻（　　）
5 洋墨（　　）
8 天糸瓜（　　）
9 蝲蛄（　　）
10 埃及（　　）

六

次の**熟語の読み**（**音読み**）と、その**語義**にふさわしい**訓読み**を（送りがなに注意して）**ひらがな**で記せ。

1×10 /10

〈例〉健勝……勝れる → けんしょう / すぐ

ア 1 躡蹤（　　）…2 躡む（　　）
イ 3 鑿井（　　）…4 鑿つ（　　）
ウ 5 英雋（　　）…6 雋れる（　　）
エ 7 憑依（　　）…8 憑く（　　）
オ 9 婀娜（　　）…10 婀やか（　　）

七 次の1～5の**対義語**、6～10の**類義語**を後の□の中から選び、**漢字**で記せ。□の中の語は一度だけ使うこと。

/20 2×10

対義語

1 恢復（　　）
2 吻合（　　）
3 雅語（　　）
4 嘉尚（　　）
5 緻密（　　）

類義語

6 号泣（　　）
7 供物（　　）
8 腹心（　　）
9 邁往（　　）
10 瀑布（　　）

ここう・しんせん・そご・そほん・ていき・どうこく
ばくしん・ひせん・りかん・りご

八 次の故事・成語・諺の**カタカナ**の部分を漢字で記せ。

/20 2×10

1 ソウヨウ驥尾に附して千里を致す。（　　）
2 臍の緒引きズる。（　　）
3 師の拠る所ケイキョク生ず。（　　）
4 サギを烏と言いくるめる。（　　）
5 湯のジギは水になる。（　　）
6 ショウチ本来定主無し。（　　）
7 秋の日はツルベ落とし。（　　）
8 テンキ洩漏すべからず。（　　）
9 ハンカン苦肉の策。（　　）
10 泥棒を捕らえて縄をナう。（　　）

九 文章中の傍線（1～10）の**カタカナ**を**漢字**に直し、波線（ア～コ）の**漢字**の**読み**を**ひらがな**で記せ。

/30 書き2×10 読み1×10

A　然し店[1]**ガラス**にうつる乃公の風采を見てあれば、例令[ア]其れが背広や紋付羽織袴であろうとも、着こなしの不意気さ、薄ぎたない髯顔[イ]の間抜け加減、如何に[2]**ヒイキ**眼に見ても——いや此では田舎者扱いさるゝが当然だと、苦笑いして帰って来る始末。此程村の巡査が遊びに来た。（中略）如何して分かるかときいたら、眼で知れますと云ったと云って、大笑した。成程[ウ]眼で分かる——さもありそうなことだ。鵜の目、鷹の目、掏摸の眼、新聞記者の眼、其様な眼から見たら、鈍如した田舎者の眼は、[3]**サゾ**馬鹿らしく見えることであろう。実際馬鹿でなければ田舎住居は出来ぬ。人にすれずに悧巧[エ]になる道はないから。（中略）

二十五六人も寄った。これで人数は揃ったのである。煙草の烟[オ]。話声。彼真新しい[4]**タスキ**の根株の火鉢を頻に撫でて色々に評価する手合もある。米の値段の話から、六十近い矮い真黒な[5]**ヒョウキン**な爺さんが、若かった頃米が廉かったことを話して、「俺と卿は六合の米よ、早くイッショ（一緒、一升）になれば好い」なんか歌ったもンだ、と中音に節をつけて歌い且話して居る。

（徳冨蘆花　みみずのたはこと）

B　すると、市民達は同じ[6]**タイマイ**に鼈甲[カ]という名をつけて用いた。室子の家の店はその前からあったが、鼈長という名で呼ばれ始めたのはこの頃からであった。明治初期に、鹿鳴館時代という洋化時代があった。上流の夫人令嬢は、洋髪洋装で舞踏会に出た。庶民もこれに倣った。日本髪用の鼈甲を扱って来た室子の店は、このとき多大の影響を受けた。明治中期の末から洋髪が一般化されるにつけ、鼈甲類はいよいよ思わしくない。室子の父はこれに代る道を海外貿易に求めた。近頃になっては、昭和五年に世界各国は金禁止に伴って関税障壁を競い出した。鼈長の拓きかけた鼈甲製品の販路もほとんど閉された。支那事変の影響は、一方、日本趣味の復活に結婚式の櫛[キ][7]**コウガイ**等に鼈甲の需要をまた呼び起したと共に、一方大陸への捌け[ク]口はとまった。商売は、痛し[8]**カユ**しの状態であった。（中略）

艇の惰力で、青柳の影の濃い千住大橋の袂[ケ]へ近づく。彼女は松浦とそこから岸へ上って、[9]**フナ**の雀焼を焼く店でお茶を貰って、雀焼を食べたことを覚えている。（中略）

水飴色のうららかな春の日の中に両岸の桜は、貝殻細工のように、公園の両側に掻[コ]き付いて、漂白の白さで咲いている。今戸橋の橋梁の下を通して「隅田川十大橋」中の二つ三つが下流に[10]**エンジ**色に霞んで見える。

（岡本かの子　娘）

第12回 よく出る模擬試験問題

月　日

試験時間 60分

合格ライン 160点

得点 /200

一

次の傍線部分の読みをひらがなで記せ。1～20は音読み、21～30は訓読みである。

/30 1×30

1 夜な夜な独酌しては一甕を尽くした。（　　）
2 棗脩を携えて書家の門戸を叩く。（　　）
3 病気平癒を巫覡に祈らせる。（　　）
4 芸帙を繙き熟読玩味する。（　　）
5 古代建造物の秘鑰に迫る。（　　）
6 政敵を冤枉に陥れる。（　　）
7 床に氈を敷き暖を取る。（　　）
8 軍功により主君より偏諱を賜る。（　　）
9 思わず赧然として俯いた。（　　）
10 権力に諂諛して人道を外れる。（　　）

24 善戦虚しく惜敗し僉落胆する。（　　）
25 見た目は孱そうだが、意志は強い。（　　）
26 慵い心地で友人宅を後にした。（　　）
27 真直ぐな楹で櫓を支える。（　　）
28 湖沼に筌を仕掛ける。（　　）
29 耜を使って開墾する。（　　）
30 天の暦数は爾の躬に在り。（　　）

二

次の傍線部分のカタカナを漢字で記せ。19、20は国字で答えること。

/40 2×20

1 デイネイに足を取られる。（　　）
2 自らを卑下してビンショウを買う。（　　）

11 蜂蠆が螫を致す。（　　　）

12 小高い丘に瀟洒な洋館を建てる。（　　　）

13 羈軛を脱して別に一世界を拓く。（　　　）

14 貂裘を纏って身分を誇示する。（　　　）

15 官位の黜陟に一喜一憂する。（　　　）

16 齢七十、溘焉として逝く。（　　　）

17 汨羅の鬼に黙禱を捧げる。（　　　）

18 暴政に瞋恚の焔を燃やす。（　　　）

19 首筋にできた癰疽を切除する。（　　　）

20 春の山野が嘉卉で埋め尽くされる。（　　　）

21 漢詩を諷んじる。（　　　）

22 蜷を生物環境改変に利用する。（　　　）

23 倩考えるに事の発端は己にあった。（　　　）

3 笹でススボコリを払う。（　　　）

4 大河でセツゼンと区切られた国境。（　　　）

5 コンボウで殴られ意識を失う。（　　　）

6 涙で手紙の字がニジむ。（　　　）

7 ドウモウな虎に芸を覚えさせる。（　　　）

8 馬鹿にされては男のコケンに関わる。（　　　）

9 人口にカイシャしている逸話だ。（　　　）

10 週刊誌で謂れなきヒボウをされる。（　　　）

11 ヒョウイツな作風が万人受けした。（　　　）

12 青春のヒトコマを写真に収める。（　　　）

13 キョッコウの楽しみを人生訓とする。（　　　）

14 大関が横綱をホフった。（　　　）

15 迷いを脱して**センゼイ**の境に入る。（　　）

16 **キュウカツ**を易える。（　　）

17 **モミ**殻の再利用を図る。（　　）

18 **モミ**の木を建材に加工する。（　　）

19 **カズノコ**料理に子孫繁栄を願う。（　　）

20 **テ**爾乎波が合わない議論。（　　）

三 次の1～5の意味を的確に表す語を、後の□から選び、**漢字**で記せ。

/10 2×5

1 遠い子孫。末孫。（　　）

2 身持ちの悪い男。放蕩者。道楽者。（　　）

3 声を詰まらせて泣くこと。（　　）

4 人情が極めて衰えた末の世。（　　）

問2 次の1～5の**解説・意味**にあてはまる四字熟語を後の□から選び、その**傍線部分だけ**の読みを**ひらがな**で記せ。

/10 2×5

1 愚者に道理を説くことの無益さをいう。（　　）

2 政界の最高幹部をいう。（　　）

3 非常に優れた技術のたとえ。（　　）

4 相手を大切に想う心の表現。（　　）

5 貴人が風流を楽しむ豪華な船。（　　）

蜿蜒長蛇・和羹塩梅・三釁三浴・法界悋気
対驢撫琴・槐門棘路・運斤成風・竜頭鷁首

五 次の**熟字訓・当て字**の読みを記せ。

/10 1×10

1 胡頽子（　　）

2 鹿尾菜（　　）

6 金糸雀（　　）

7 羊歯（　　）

5 めまい。（　　）

おえつ・ぎょうまつ・げんうん・ひはい・びょうえい
もぎどう・ゆうやろう・れんべい

四 次の問1と問2の四字熟語について答えよ。

問1 次の四字熟語の（1〜10）に入る適切な語を後の□から選び**漢字二字**で記せ。

/20 2×10

（1）高楼　　狂言（6）

（2）爛額　　万目（7）

（3）自大　　朱脣（8）

（4）巻舒　　舞文（9）

（5）大呂　　融通（10）

がいさい・きご・きゅうてい・こうし・しょうとう
せいき・たいか・むげ・やろう・ろうほう

---

3 珠鶏（　　）

4 沢瀉（　　）

5 松魚（　　）

8 吾木香（　　）

9 虎落（　　）

10 赤棟蛇（　　）

六 次の**熟語の読み**（**音読み**）と、その**語義**にふさわしい**訓読み**を（送りがなに注意して）**ひらがな**で記せ。

/10 1×10

〈例〉健勝……勝れる → けんしょう　すぐ

ア 1 惆悵（　　）……2 惆む（　　）

イ 3 堙塞（　　）……4 堙ぐ（　　）

ウ 5 詛詈（　　）……6 詛う（　　）

エ 7 舂炊（　　）……8 舂く（　　）

オ 9 炷香（　　）……10 炷く（　　）

七

次の1～5の**対義語**、6～10の**類義語**を後の□の中から選び、**漢字**で記せ。□の中の語は一度だけ使うこと。

20 / 2×10

対義語

1 少壮（　　）
2 恪勤（　　）
3 裨益（　　）
4 淡水（　　）
5 直諫（　　）

類義語

6 撩乱（　　）
7 駿逸（　　）
8 簡牘（　　）
9 鉛槧（　　）
10 表掲（　　）

かんすい・ぎょうそ・しょそ・そうこ・てんねい
とがい・ひょうぼう・ひんぷん・らんだ・ろうもう

八

次の故事・成語・諺の**カタカナ**の部分を漢字で記せ。

20 / 2×10

1 親父の夜歩き、息子の**カンキン**。（　　）
2 **チクハク**に著す。（　　）
3 百舌の**ハヤニエ**。（　　）
4 商いは牛の**ヨダレ**。（　　）
5 空谷の**キョウオン**。（　　）
6 **シュクバク**を弁ぜず。（　　）
7 **クドウ**を行く者は至らず。（　　）
8 煽てと**モッコ**には乗り易い。（　　）
9 **シュウレン**の臣あらんよりは寧ろ盗臣あれ。（　　）
10 **キシ**連抱にして数尺の朽あるも良工は棄てず。（　　）

九

文章中の傍線（1～10）の**カタカナ**を**漢字**に直し、波線（ア～コ）の**漢字**の**読み**を**ひらがな**で記せ。

30 / 書き2×10 / 読み1×10

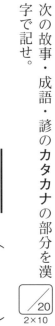

A

雑巾を掴んで突っ立った、ませた、おちゃっぴいな小女の目に映じたのは、色の白い、卵から[1]カエったばかりの雛のような目をしている青年である。薩摩[2]ガスリの[ア]袷に小倉の袴を穿いて、同じカスリの袷羽織を着ている。被物は柔かい茶褐の帽子で、足には紺足袋に薩摩下駄を引っ掛けている。

（中略）

花崗岩を敷いてある道を根津神社の方へ行く。下駄の[イ]磬のように鳴るのが、好い心持である。剝げた木像の据えてある随身門から内を、古風な[ウ]瑞籬で囲んである。故郷の家で、お祖母様のお部屋に、錦絵の[3]ビョウブがあった。（中略）社殿の縁には、ねんねこ[4]ハンテンの中へ赤ん坊を負って、手拭の鉢巻をした小娘が腰を掛けて、寒そうに体を[5]スクめている。（中略）

干からびた老人の癖に、みずみずしい青年の中にはいってまごついている人、そして愚痴と厭味とを言っている人、竿と紐尺とを持って測地師が土地を測るような小説や脚本を書いている人の事だから、今時分は苦虫を[エ]咬み潰したような顔をして起きて出て、台所で炭薪の小言でも言っているだろうと思って、純一は[オ]身顫いをして門前を立ち去った。

（森鷗外　青年）

B

彼は海岸へ出た。[6]ショウジョウたる十一月の浜辺には人影一つなく、黒い上げ汐の上をペラペラと撫で来る冷風のみが灯りを点けた幾十の苫舟を玩具のやうに[カ]飜弄してゐた。岸に沿つて[キ]彎曲してゐる防波堤の石に腰かけて[7]ツエを垂らせばその先きの一二寸は楽に海水にひたる。[8]ヒシヒシと上げくる秋の汐は楣のない屋根舟を木の葉のやうに軽くあふつて往来と同じ水準にまで[ク]擡げてゐる――彼はそこに腰をかけた。

海に突き出して一つの城廓のやうに館が右手に見える。点々たる星の空の下にクッキリと四角に浮き出すその家の広間の中は、煌々としてどの位明るいのかと想はれる。たしかに白昼よりも明るいにちがひない。しかも何と云ふ物々しい、無気味な明るさであらう。そこには人の家らしい落ちつきや、幸福は[9]ミジンもない。島を囲む黒い[ケ]漣がぴたぴたとその礎を洗ふ如くに、夜よりも闇い無数の房々がその明るい大広間を取り巻いてゐる。そこからは[コ]落寞たる歓楽の絃歌が聞こえ、干乾びた寂しい笑ひ声が賑やかに洩れて来る。（中略）

裕佐はその異様な家の方に向つて歩き出した。そして歩き乍ら彼はキヨロキヨロと四辺を物色した。孫四郎を彼は探してゐたのである。出島へ渡る為めには[10]ハシケに乗らなければならない。

（長與善郎　青銅の基督）

第13回 よく出る模擬試験問題

月　日

試験時間 60分

合格ライン 160点

得点　／200

一 次の傍線部分の読みを**ひらがな**で記せ。1～20は**音読み**、21～30は**訓読み**である。

／30（1×30）

1 街の熱鬧に年の瀬を実感した。（　　）
2 倏忽として風雨が強くなる。（　　）
3 著名人の邸宅が羅羅売買される。（　　）
4 救済者に翕然たる敬意が集まる。（　　）
5 商い黠にして欺かれ悲憤慷慨する。（　　）
6 城郭の甍瓦が陽に輝く。（　　）
7 祖父は赭髯を蓄えていた。（　　）
8 虜囚救出の籌策を廻らす。（　　）
9 仏龕に燈明を点す。（　　）
10 蠱惑されて堕落の途を辿る。（　　）

24 柿の嫩葉を揚げて食す。（　　）
25 祭りには神社の参道に幟が翻る。（　　）
26 悴む手を懐に入れる。（　　）
27 消息知れぬ家族の身を案じ憔れる。（　　）
28 誰が家の思婦か秋に帛を擣つ。（　　）
29 祖母の遺品を束んで孫に与える。（　　）
30 檣が折れて難破する。（　　）

二 次の傍線部分の**カタカナ**を**漢字**で記せ。19、20は国字で答えること。

／40（2×20）

1 リンレツな寒気が骨に沁みる。（　　）
2 タンカを切ったものの後悔する。（　　）

11 親不孝は必ず噬臍の悔となる。（　）
12 主力の部隊が敵を殄滅する。（　）
13 山肌の皺襞が影の濃淡を生み出す。（　）
14 上京するため幼馴染みと分袂した。（　）
15 齔齠より画才の片鱗を覗かせる。（　）
16 孔子に黔突なく、墨子に煖席なし。（　）
17 鷙悍の気漲る少年に期待をかける。（　）
18 羸痩の身ながら、人民を鼓舞する。（　）
19 倥偬の間に書簡を認める。（　）
20 遠乗りして暫し騁望を満喫する。（　）
21 匂袋と懐紙を手匣に入れる。（　）
22 窓辺に寄り添って燭を剪って語ろう。（　）
23 慾はなく決して瞋らず。（　）

---

3 彼は友人の腕を**ヤク**して止めた。（　）
4 世襲制が**シッコク**となり苦労する。（　）
5 **エンジ**や誤植が多くて読みづらい。（　）
6 **コンロ**の鍋を囲んで遊宴する。（　）
7 山間の傾斜地で**コウゾ**を栽培する。（　）
8 食中毒で**トシャ**に苦しむ。（　）
9 湧水を**カケヒ**で庭園に引く。（　）
10 昇進して肩を**ソビ**やかして帰宅した。（　）
11 規律違反で**ケンセキ**処分を受ける。（　）
12 **カンヌキ**を外して戸を開ける。（　）
13 息子を**カタ**る詐欺行為に注意する。（　）
14 **グハン**少年を送致する。（　）

15 **センゼイ**して進退を決する。（　　）（　　）
16 知人と再会し**キュウカツ**を詫びる。（　　）（　　）
17 積雪した**クレ**竹が趣を醸し出す。（　　）（　　）
18 父の手は頑丈で節**クレ**立っていた。（　　）（　　）
19 **コノシロ**は武士には忌み嫌われた。（　　）（　　）
20 太刀の**ハバキ**に布目象嵌を施す。（　　）（　　）

三 次の1〜5の意味を的確に表す語を、後の□から選び、**漢字**で記せ。

/10
2×5

1 世間に気兼ねしながら暮らすこと。（　　）（　　）
2 よろけること。（　　）（　　）
3 職権などを無理に取り上げること。（　　）（　　）
4 活気があってにぎやかなこと。（　　）（　　）

問2 次の1〜5の**解説・意味**にあてはまる四字熟語を後の□から選び、その**傍線部分だけの読み**を**ひらがな**で記せ。

/10
2×5

1 聞く価値のない話、つまらない文章。（　　）（　　）
2 苦学すること。（　　）（　　）
3 劣った者がすぐれた者の後に続く。（　　）（　　）
4 漢字の一書体とそれを作った人物。（　　）（　　）
5 心の底に一物ある人。裏表のある人。（　　）（　　）

狗尾続貂・牛驥同皁・笑面夜叉・鑿壁偸光
玩物喪志・驢鳴犬吠・史籀大篆・春蛙秋蟬

五 次の**熟字訓・当て字**の**読み**を記せ。

/10
1×10

1 日照雨（　　）
2 草石蚕（　　）
6 海蘿（　　）
7 型録（　　）

5 ぬれぎぬ。（　　）

いんしん・えんざい・きょくせき・しんしゃく
そうろう・ちだつ・りんしょく・ろうかい

四

次の問1と問2の四字熟語について答えよ。

問1 次の四字熟語の（1〜10）に入る適切な語を後の□から選び**漢字二字**で記せ。

2×10　／20

（1）晨省　尾大（6）
（2）低唱　面折（7）
（3）帖耳　毫毛（8）
（4）虚喝　鏃礪（9）
（5）相逢　簞食（10）

かつう・こしょう・こんてい・せんしゃく・ていそう
どうぎ・ふか・ふしゅ・ふとう・へいすい

3 西蔵（　　）
4 細魚（　　）
5 二合半（　　）
8 草烏頭（　　）
9 鱲子（　　）
10 木天蓼（　　）

六

次の**熟語の読み**（**音読み**）と、その**語義**にふさわしい**訓読み**を（送りがなに注意して）**ひらがな**で記せ。

1×10　／10

〈例〉健勝……勝れる → けんしょう　すぐ

ア 1 耘耕（　　）… 2 耘る（　　）
イ 3 燔書（　　）… 4 燔く（　　）
ウ 5 目睹（　　）… 6 睹る（　　）
エ 7 推覈（　　）… 8 覈べる（　　）
オ 9 攢仄（　　）… 10 攢まる（　　）

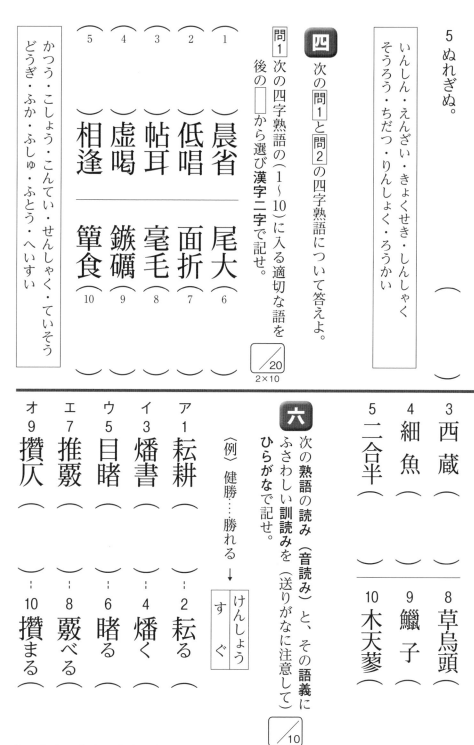

七

次の1～5の**対義語**、6～10の**類義語**を後の□の中から選び、**漢字**で記せ。□の中の語は一度だけ使うこと。

2×10 /20

対義語

1 信憑（　　）
2 契合（　　）
3 帰納（　　）
4 雇傭（　　）
5 貧寠（　　）

類義語

6 教唆（　　）
7 挂冠（　　）
8 貶竄（　　）
9 越権（　　）
10 未曾有（　　）

いんぷ・えんえき・かくしゅ・かんかく・こうこ
さいぎ・しそう・せんえつ・ちし・るたく

八

次の故事・成語・諺の**カタカナ**の部分を漢字で記せ。

2×10 /20

1 **オウム**よく言えども飛鳥を離れず。（　　）
2 **ソウユ**且に迫らんとす。（　　）
3 関関たる雎鳩は河の洲に在り、窈窕たる淑女は君子の**コウキュウ**。（　　）
4 画竜**テンセイ**を欠く。（　　）
5 爪で拾って**ミ**でこぼす。（　　）
6 積善の家には必ず余慶あり。積不善の家には必ず**ヨオウ**あり。（　　）
7 降らず照らさず油**コボ**さず。（　　）
8 **ケイショウ**は歳寒に彰れ、貞臣は国危に見る。（　　）
9 煦煦を以て仁となし、**ゲツゲツ**を義となす。（　　）
10 老牛**トク**を舐る。（　　）

九

文章中の傍線（1～10）の**カタカナ**を**漢字**に直し、波線（ア～コ）の**漢字**の**読み**を**ひらがな**で記せ。

書き2×10
読み1×10
/30

A　乃ち茲[ア]に暫らく閑天地を求めて、心頭に雲を放ち、胸底に清風を蔵し、高眠安臥、興を暮天の鐘にさぐり、思を緑蔭の流光に托し、風鈴に和して吟じ、雨声を友として語り、この夏中百日を暢心静居の界に遊ばんとす。我がなつかしき故山の読者よ、卿等若し胸に一点の閑境地ありて、忙中なほ且つ花を花と見、鳥を鳥と聴くの心あらば、来つてこの[1]ラチもなき閑天地に我みちのくの流人と語るの風流をいなむ勿れ。記してこの漫録百題のはしがきとす。（中略）

み空の花なる星、この世の星なる花、黙々として千古語らざれども、夜々綢繆[イ]の思ひ絶えざる彷彿一味の調は、やがて絶海の孤島に謫死したる大英雄を歌ふの壮調となり五丈原頭凄惨の秋を奏でゝは人をして[2]シュウシュウの[3]キコクに泣かしめ、時に[4]コウジたる暮天の鐘に和して、劫風ともにたえざる深沈の声を作し。長城万里に亘り荒蕪[ウ]落日に乱るゝの所、悵たる征驂[エ]をとゞめて遊子天地に[5]フギョウすれば、ために万巻の史書泣動し、満天の白雲凝つて大地を圧するの思あり。若し夫れ、銅絃[6]テツバチ、劈雲[オ]の調に激して黒竜江畔にひゞけば、大水忽ちに止まつて血涙の色をなせりき。

（石川啄木　閑天地）

B　[7]モチロン、主題はゲーテの「ファウスト」であるが、大体私の奇癖として、なにか一つでも視覚的（ヴィジュアル）な情景（シーン）があると、書き出しや結末が、労せずに泛[カ]かんで来るのだ。それが本篇では、第三篇中の山場――すなわち、吹雪の夜に墓窖[キ]を訪れる場面に当るのである。それ故、黒死館の着想を、「モッツァルトの埋葬」から得たと云っても、過言ではないと思う。

楽聖モッツァルトの埋葬は、[8]ミゾレを交えた北風の吹き荒む、十二月の空の下に行われた。しかし、その葬儀に列なったものは、宮廷合唱長のアントニオ・サリエリー、友人ジュスマイエルほか四人に過ぎなかったが、柩が墓地門に着いた頃は、それ等の人も一人去り二人去りして、残ったのは、僅かに柩車[ク]を駆る馭者[ケ]一人のみ。また、それを迎えたのも、穴掘ハルシュカ一人だったと云う、まさに、芸術史上空前の悲惨事なのであった。それ故、モッツァルトの死が、私に「黒死館」を[9]モタらしたとも云える訳である。なお終りに、本篇の[10]ジョウシに際し、江戸川・甲賀の両氏から序文を賜わったことと、更に、松野氏の装釘[コ]に対する苦心――探偵小説としては、恐らく空前の豪華版であろうが――以上の三氏には、衷心から感謝の意を表したいと思う。わけても、本篇の連載中、水谷準氏からうけた好意の数々は、まこと何にもまして、忘れ難いものなのである。

（小栗虫太郎「黒死館殺人事件」著者之序）

第14回

よく出る模擬試験問題

月　日

試験時間 60分

合格ライン 160点

得点 /200

一 次の傍線部分の読みを**ひらがな**で記せ。1～20は**音読み**、21～30は**訓読み**である。

/30 1×30

1 丘の向こうの墳塋に母は眠っている。（　　）
2 病で数日床上に偃臥した。（　　）
3 冪冪たる雲を貫き光が射した。（　　）
4 時代の風潮を哂笑する。（　　）
5 頭岑岑として意識が朦朧とする。（　　）
6 災害を免れたのは徼幸だった。（　　）
7 煩悩を擺脱せんと瞑想する。（　　）
8 複数の雑兵に梟雄が討ち取られる。（　　）
9 胙肉をありがたく頂く。（　　）
10 始祖の謨訓を代々遵守する。（　　）

24 蟀谷に拇を押し付ける。（　　）
25 救済してほしい意を表情で愬える。（　　）
26 腕を拱いて慨嘆に聴き入る。（　　）
27 意見が搗ち合い折衝案を模索する。（　　）
28 椽のような大筆を賜る夢を見た。（　　）
29 捜索が難航し翌朝に臻る。（　　）
30 榧の材を将棋盤に加工する。（　　）

二 次の傍線部分の**カタカナ**を**漢字**で記せ。19、20は国字で答えること。

/40 2×20

1 一気**カセイ**に仕事を終わらせた。（　　）
2 過剰な**オトリ**広告を取り締まる。（　　）

11 棣鄂の情をまっとうする。（　　）
12 奴隷を辺疆の戍卒に充てる。（　　）
13 近づくに慭慭然として相知るなし。（　　）
14 疇昔を悔いて節制に努める。（　　）
15 大風が吹いて牖戸を撲つ。（　　）
16 敗衄の恥辱を胸に刻み勝機を狙う。（　　）
17 禍乱を戡定し一国を統べる。（　　）
18 吾れ豈に匏瓜ならんや。（　　）
19 珠が床に零れ落ち戛然と響く。（　　）
20 蜑戸と哨舎が並ぶ浦が見えてきた。（　　）
21 僵れた選手の口に水を含ませる。（　　）
22 嘴太鴉が都市部にも分布を拡げる。（　　）
23 幼子が埞を崩して遊ぶ。（　　）

3 思想犯の亡命を**ホウジョ**する。（　　）
4 親方は酒を飲んでは**ラッパ**を吹いた。（　　）
5 加害者の心理を**シマ**憶測する。（　　）
6 **ナガビツ**から着物を取り出す。（　　）
7 住民総出で側溝の泥を**サラ**った。（　　）
8 自らの本心を**ヒレキ**する。（　　）
9 製品の**カシ**を修繕してもらう。（　　）
10 水仙を**キンサン**銀台に見立てる。（　　）
11 三味線との合奏で**ソウキョク**を弾く。（　　）
12 遺跡から**コハク**玉が出土した。（　　）
13 犯罪を**ジンメツ**する活動。（　　）
14 書道界の**キシュク**と崇められる。（　　）

15 青年は挙って改革派にサタンした。(　　)
16 峻峭コウカイにして倹しい人物だ。(　　)
17 ヒナ人形を飾る。(　　)
18 ヒナびた温泉旅館で寛ぐ。(　　)
19 エソは上質な蒲鉾の原料となる。(　　)
20 トテも幸せな気分だ。(　　)

三 次の1～5の意味を的確に表す語を、後の□から選び、**漢字**で記せ。 /10 2×5

1 干渉して自由にさせないこと。(　　)
2 導き助けること。(　　)
3 目先の安楽を貪ること。(　　)
4 なれしたしむ。なれなれしくする。(　　)

問2 次の1～5の**解説・意味**にあてはまる四字熟語を後の□から選び、その**傍線部分だけの読み**を**ひらがな**で記せ。 /10 2×5

1 書物を繰り返し熱心に読む。(　　)
2 人品が気高く衆にすぐれているさま。(　　)
3 正しいと思う主張を激しく論ずること。(　　)
4 高い身分・軍の本陣のしるし。(　　)
5 出会って間もない間に別れること。(　　)

瓦釜雷鳴・韋編三絶・危言覈論・高牙大纛
鵲巣鳩居・瑶林瓊樹・旗幟鮮明・社燕秋鴻

五 次の**熟字訓・当て字の読み**を記せ。 /10 1×10

1 山小菜(　　)
2 藺地(　　)
6 鳳尾松(　　)
7 大口魚(　　)

5 犯した罪や過失を償うこと。（　　）

かし・こうじつ・しょくざい・せいちゅう・ぜんどう
ちゅうりく・とうあん・ゆうえき

四 次の問1と問2の四字熟語について答えよ。

問1 次の四字熟語の（1～10）に入る適切な語を後の□から選び**漢字二字**で記せ。

/20 2×10

1 □蛇行（　　）
2 □同眠（　　）
3 □鏤骨（　　）
4 □斉駆（　　）
5 □同心（　　）
6 箪食□（　　）
7 南郭□（　　）
8 千射□（　　）
9 白衣□（　　）
10 竜吟□（　　）

こしょう・そうく・とせつ・ばんせん・ひょういん
びょうそ・へいが・めいき・らんすい・りくりょく

3 麺麭（　　）
4 羊駝（　　）
5 西蔵（　　）
8 鬼頭魚（　　）
9 罌粟（　　）
10 蜚蠊（　　）

六 次の**熟語の読み（音読み）**と、その**語義**にふさわしい**訓読み**を（送りがなに注意して）**ひらがな**で記せ。

/10 1×10

〈例〉健勝……勝れる → けんしょう／すぐ

ア 1 笞撻（　　）… 2 撻つ（　　）
イ 3 荐臻（　　）… 4 荐りに（　　）
ウ 5 殄滅（　　）… 6 殄きる（　　）
エ 7 韜光（　　）… 8 韜む（　　）
オ 9 謫徙（　　）… 10 徙す（　　）

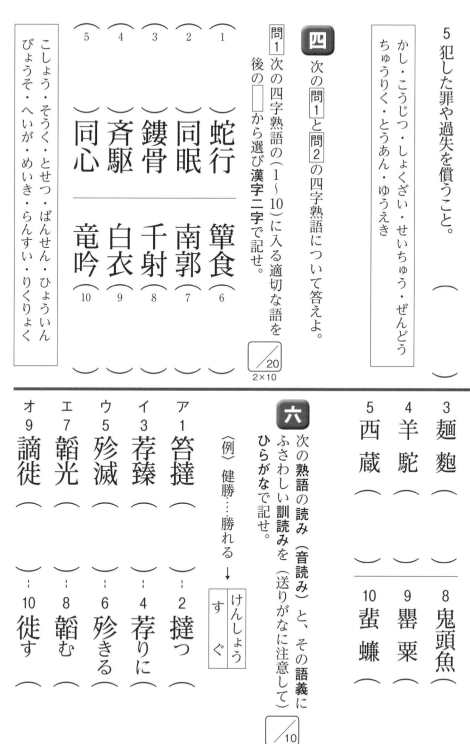

七

次の1〜5の**対義語**、6〜10の**類義語**を後の□の中から選び、**漢字**で記せ。□の中の語は一度だけ使うこと。

/20 2×10

対義語

1 奇禍（　　）
2 明瞭（　　）
3 重痾（　　）
4 頑健（　　）
5 微醺（　　）

類義語

6 末世（　　）
7 宇内（　　）
8 読経（　　）
9 頃者（　　）
10 来駕（　　）

あいまい・かんすい・かんちゅう・ぎょうき
ぎょうこう・ばんきん・びよう・ひりん・ふじゅ
るいじゃく

八

次の故事・成語・諺の**カタカナ**の部分を漢字で記せ。

/20 2×10

1 同じ穴の**ムジナ**。（　　）
2 丈夫は玉砕するも**センゼン**を恥ず。（　　）
3 白頭新の如く、**ケイガイ**故の如し。（　　）
4 **ケラ**腹立つれば鶫喜ぶ。（　　）
5 **スウロ**の学。（　　）
6 関関たる**ショキュウ**は河の洲に在り。（　　）
7 内**クルブシ**は蚊に食われても悪い。（　　）
8 九仞の功を**イッキ**に虧く。（　　）
9 世の中よかれと鳴く鳥は**シトギ**を貫うて食う。（　　）
10 一飯の徳も必ず償い、**ガイサイ**の怨みも必ず報ゆ。（　　）

九

文章中の傍線（1〜10）の**カタカナ**を**漢字**に直し、波線（ア〜コ）の**漢字**の**読み**を**ひらがな**で記せ。

/30 書き2×10 読み1×10

A

春も半ばとなつて菜の花もちりかかるころには街道のところどころに木蝋を平準して干す畑が[ア]蒼白く光り、さうして[1]キツネツきの女が他愛もなく狂ひ出し、野の隅には粗末な[イ]蓆張りの円天井が作られる。その芝居小屋のかげをゆく馬車のらっぱのなつかしさよ。

さはいへ大麦の花が咲き、からしの花も実となる晩春の名残惜しさは、青くさい芥子の[ウ]薹や新しい[エ]蚕豆の香ひにいつしかとまたまぎれてゆく。

まだ夏には早い五月の水路に杉の葉の飾りを取りつけ初めた大きな三神丸の一部をふと学校がへりに発見した沖の端の子供の喜びは何に[オ]譬へやう。（中略）

祭は町から町へ日を異にして準備される、さうして彼我の家庭を挙げて往来しては一夕の愉快なる団欒に美しい懇親の情を交すのである。加之、識る人も識らぬ人も酔うては無礼の風俗をかしく、[カ]朱欒の実のかげに幼児と独楽を廻はし、戸ごとに酒をたづねては浮かれ歩るく。祭のあとの寂しさはまた格別である。野は火のやうな[2]ハゼノキ紅葉に百舌がただ啼きしきるばかり、何処からともなく漂浪うて来た[3]クグツ師の肩の上に、生白い花魁の首が、カツクカツクと眉を振る物凄さも、何時の間にか人々の記憶から[4]カき消されるやうに消え失せて、寂しい寂しい冬が来る。

（北原白秋　水郷柳河）

B

此れは又何で[キ]拵えたもののか、二た廻り程とぐろを巻いて[ク]蕨のように頭を擡げた姿勢と云い、ぬらぬらした青大将の鱗の色と云い、如何にも真に迫った出来栄えである。見れば見る程つくづく感心して今にも動き出しそうな気がして来たが、突然私は「おや」と思って二三歩うしろへ退いた儘眼を見張った。気のせいか、どうやら蛇は本当に動いて居るようである。[5]ハチュウ動物の常として極めて緩慢に、注意しなければ殆ど判らないくらい悠長な態度で、確かに首を前後左右へ[6]ウゴメかしている。私は総身へ水をかけられたように寒くなり、真っ蒼な顔をして死んだように立ち竦んでしまった。すると[ケ]緞子の帷の[7]シワの間から、油絵に畫いてある通りの乙女の顔が、又一つヌッと現れた。

顔は暫くにやにやと笑って居たが、緞子の帷が二つに割れてするすると肩をすべって背後で一つになって了うと、女の子は全身を現わして其処に立って居る。（中略）

「さあ、あかりを付けて仙吉に会わせて上げようね」

ピシッと[コ]鑽火を打つように火花が散って、光子の手から蝋燐寸が燃え上ると、やがて部屋の中程にある燭台に火が移された。

西洋蝋燭の光は、朦朧と室内を照して、さまざまの器物や置物の黒い影が、[8]チミ[9]モウリョウの[10]バッコするような姿を、四方の壁へ長く大きく映して居る。

（谷崎潤一郎　少年）

第15回

よく出る模擬試験問題

月　日

試験時間 60分

合格ライン 160点

得点 ／200

一

次の傍線部分の読みをひらがなで記せ。1～20は音読み、21～30は訓読みである。

／30 1×30

1 月が太陽を蔽虧する。（　）

2 叱責を受け噎鬱とする。（　）

3 息子の出征のため恤兵金を募る。（　）

4 隣国を呑噬してその領民を使役する。（　）

5 経済成長期が終焉を迎える。（　）

6 神職が内陣で俛伏する。（　）

7 研究論文を刪修し学会で発表する。（　）

8 埃氛に満ちた俗世を憂える。（　）

9 静穏と怡楽を仏道修行に求める。（　）

10 己の無知に愧赧の念に駆られた。（　）

24 瓦礫を摸り手懸りを集める。（　）

25 小姓として主君に傅く。（　）

26 雪解け水に道が濘る。（　）

27 臣、弱才を以て叨に非拠を窃む。（　）

28 主から吩咐かった用を果たす。（　）

29 嚔る時に呪文を唱えて息災を祈る。（　）

30 嚮に上程された議案を審議する。（　）

二

次の傍線部分のカタカナを漢字で記せ。19、20は国字で答えること。

／40 2×20

1 掛け軸のシンガンを鑑定してもらう。（　）

2 兄は異国の女性とコウレイを完うした。（　）

11 教授に語学留学を慫慂される。（　　）
12 斂葬の儀が厳かに執り行われる。（　　）
13 枳棘は鸞鳳の棲む所に非ず。（　　）
14 水中の残滓を濾す。（　　）
15 智愚一視して畛畦を設けず。（　　）
16 獣乳と羶肉で空腹を満たした。（　　）
17 遠国の衙府に赴任する。（　　）
18 千人の諾諾は一士の諤諤に如かず。（　　）
19 豢養した家鴨を市場で売り捌く。（　　）
20 前線へ輜重を調達する。（　　）
21 学問する人は謙るを以て基とする。（　　）
22 人道に乖かず、後悔もしない。（　　）
23 塙の木立が風にそよいでいる。（　　）

3 シセキを弁ぜぬ霧に道に迷う。（　　）
4 数日ガイソウ止まず床に臥す。（　　）
5 船舶ダホのため海上を封鎖する。（　　）
6 書道家がキゴウした扇。（　　）
7 事故を思い出す度に心がウズく。（　　）
8 サンゼンと輝く首飾りが披露される。（　　）
9 着物の裾をカラげて田植えをする。（　　）
10 父にエンジ色のネクタイを贈る。（　　）
11 試合相手をナめてかかり惨敗した。（　　）
12 ガクが花弁に見える植物がある。（　　）
13 テラいのない素朴な作品に魅かれる。（　　）
14 親友はケゲンそうに私を見返した。（　　）

15 **ザル**に盛った蕎麦を口に運ぶ。

16 雇用契約不履行により**カクシュ**する。

17 飯を**ケ**に盛り殿の御前に置いた。

18 晴れと**ケ**は日本の伝統的な世界観。

19 雛は**ヤガ**て巣立ちするだろう。

20 **コマイ**を組んで壁の下地にする。

三

次の1～5の意味を的確に表す語を、後の□から選び、**漢字**で記せ。

/10 2×5

1 罪ある者を殺すこと。

2 物事がうまくいかず失敗すること。

3 村里。また、民間。

4 忙しく働いて暇がないこと。

問2 次の1～5の**解説・意味**にあてはまる四字熟語を後の□から選び、その**傍線部分だけ**の**読み**を**ひらがな**で記せ。

/10 2×5

1 前の失敗に懲りて無益な用心をする。

2 鳥や獣が子を産み育てること。

3 無駄な書籍を出版することへの批判。

4 意気消沈し恐怖で体がすくむ。

5 些細なことが大きな問題の原因になる。

螻蟻潰堤・嫗伏孕鬻・隔靴掻痒・懲羹吹膾
載籍浩瀚・禍棗災梨・鬼哭啾啾・銷鑠縮栗

五

次の**熟字訓・当て字**の**読み**を記せ。

/10 1×10

1 豆娘

2 紐育

6 豪猪

7 秋桜

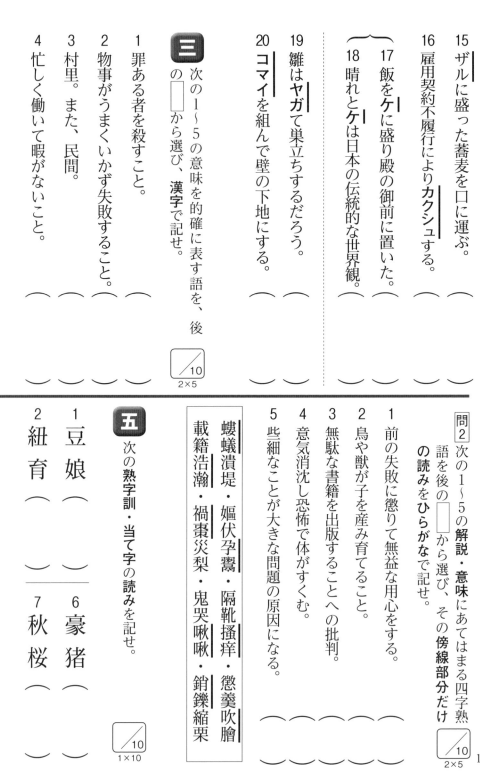

5 征伐してこらしめる。（　　）

おうしょう・かきん・さてつ・ちゅうりく
ちんりん・ひはい・ようちょう・りょこう

四 次の問1と問2の四字熟語について答えよ。

問1 次の四字熟語の（1～10）に入る適切な語を後の□から選び**漢字二字**で記せ。

/20（2×10）

（1）充数　―　兎起（6）
（2）塗足　―　朮羹（7）
（3）附耳　―　洒掃（8）
（4）虎搏　―　曠日（9）
（5）鳳集　―　旁時（10）

がいしゅ・こつらく・じょうそく・しんすい・せいちゅう
てんたい・びきゅう・らんう・らんしょう・りゅうじょう

3 羊栖菜（　　）
4 胡孫眼（　　）
5 蚯　蚓（　　）

8 海　扇（　　）
9 生　絹（　　）
10 柳葉魚（　　）

六 次の**熟語**の**読み**（**音読み**）と、その**語義**にふさわしい**訓読み**を（送りがなに注意して）**ひらがな**で記せ。

/10（1×10）

〈例〉健勝…勝れる → けんしょう　すぐ

ア 1 夥多（　　）…2 夥しい（　　）
イ 3 説懌（　　）…4 懌ぶ（　　）
ウ 5 泓量（　　）…6 泓い（　　）
エ 7 詬病（　　）…8 詬める（　　）
オ 9 遏密（　　）…10 遏める（　　）

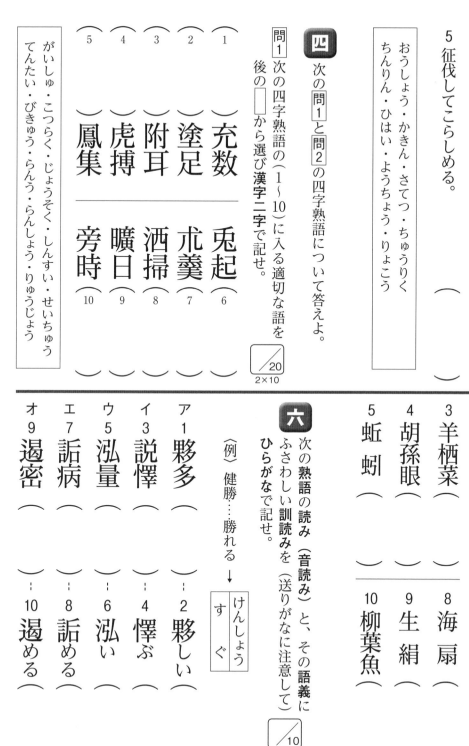

七 次の1〜5の**対義語**、6〜10の**類義語**を後の□の中から選び、**漢字**で記せ。□の中の語は一度だけ使うこと。

/20 2×10

対義語

1 大咎（　　）
2 愚直（　　）
3 哄笑（　　）
4 起筆（　　）
5 喧鬧（　　）

類義語

6 掌握（　　）
7 正鵠（　　）
8 鬱勃（　　）
9 瞬息（　　）
10 顛蹶（　　）

かくひつ・かんかつ・こうけい・げきせき・さち
しゅうらん・どうこく・とっさ・はつらつ・ひせき

八 次の故事・成語・諺の**カタカナ**の部分を漢字で記せ。

/20 2×10

1 レイコウを食らう者は大牢の滋味を知らず。（　　）
2 滄浪の水清まば以て吾がエイを濯うべし。（　　）
3 コウガイ死に赴くは易く、従容義に就くは難し。（　　）
4 リッスイの地無し。（　　）
5 海はスイロウを譲らず、以て其の大を成す。（　　）
6 トソウの人、何ぞ算うるに足らんや。（　　）
7 奔車の上に仲尼無く、フクシュウの下に伯夷無し。（　　）
8 倉廩実ちてレイギョ空し。（　　）
9 雪の果てはネハンまで。（　　）
10 心正しければ則ちボウシ瞭らかなり。（　　）

九 文章中の傍線（1〜10）の**カタカナ**を**漢字**に直し、波線（ア〜コ）の**漢字**の**読み**を**ひらがな**で記せ。

/30 書き2×10 読み1×10

A

蘆の向うには一面に、高い松の木が茂っていた。この松の枝が、むらむらと、互にセメぎ合った上には、ナツガスミに煙っている、陰鬱な山々の頂があった。そうしてそのまた山々の空には、時々鷺が両三羽、マバユく翼を閃かせながら、斜に渡って行く影が見えた。が、この鷺の影を除いては、川筋一帯どこを見ても、ほとんど人を脅すような、明い寂寞が支配していた。

彼は舷に身をモタせて、日に蒸された松脂のにおいを胸一ぱいに吸いこみながら、長い間独木舟を風の吹きやるのに任せていた。実際この寂しい川筋の景色も、幾多の冒険に慣れた素戔嗚には、まるで高天原の八衢のように、今では寸分の刺戟さえない、平凡な往来に過ぎないのであった。（中略）その内に舟は水脈を引いて、次第にそこへ近づいて来た。すると一枚岩の上にいるのも、いよいよ人間に紛れなくなった。のみならずほどなくその姿は、白衣の裾を長く引いた、女だと云う事まで明らかになった。彼は好奇心に眼を輝かせながら、思わず独木舟の舳に立ち上った。舟はその間も帆に微風をハラんで、小暗く空にハビコった松の下を、刻々一枚岩の方へ近づきつつあった。

（芥川龍之介　素戔嗚尊）

B

まことにこの利休居士、豊太閤に仕えてはじめて草畧の茶を開き、この時よりして茶道大いに本朝に行われ、名門豪戸競うて之を玩味し給うとは雖も、その趣旨たるや、みだりに重宝珍器を羅列して豪奢を誇るの顰に倣わず、（中略）主客応酬の式頗る簡易にしてしかもなお雅致を存し、富貴も驕奢に流れず貧賤もヒロウに陥らず、おのおの其分に応じて楽しみを尽すを以て極意となすが如きものなれば、この聖戦下に於いても最適の趣味ならんかと思量致し、近来いささかこの道に就きて修練仕り申候ところ、卒然としてその奥義を察知するにいたり、このよろこびをわれ一人の胸底に秘するも益なく惜しき事に御座候えば、明後日午後二時を期して老生日頃ジッコンの若き朋友二、三人を招待仕り、ささやかなる茶会を開催致したく、貴殿も万障繰合せ御出席然るべく無理にもおすすめ申上候。流水濁らず、ホンタン腐らず、御心境日々に新たなる事こそ、貴殿の如き芸術家志望の者には望ましく被存候。（中略）

黄村先生は、そのような不粋な私をお茶に招待して、私のぶざまな一挙手一投足をここぞとばかり嘲笑し、かつは叱咤し、かつは教訓する所存なのかも知れない。油断がならぬ。私は先生のお手紙をハイショウして、すぐさま外出し、近所の或る優雅な友人の宅を訪れた。

（太宰治　不審庵）

答案用紙（コピーして使用してください）

一 読み

14	13	12	11	10	9	8	7	6	5	4	3	2	1

（左へ続く）　1 × 30　／30

二 書き取り

10	9	8	7	6	5	4	3	2	1

（左へ続く）　2 × 20　／40

三 語選択書き取り

5	4	3	2	1

2 × 5　／10

四 四字熟語

問1 書き取り

4	3	2	1

（左へ続く）　2 × 10　／30

五 熟字訓・当て字

10	9	8	7	6	5	4	3	2	1

1 × 10　／10

七 対義語・類義語

10	9	8	7	6	5	4	3	2	1

2 × 10　／20

九 文章題

書き取り

9	8	7	6	5	4	3	2	1

（左へ続く）　2 × 10　／30

月　日

試験時間 60分

合格ライン 160点

得点 ／200

30	29	28	27	26	25	24	23	22	21	20	19	18	17	16	15

20	19	18	17	16	15	14	13	12	11

10	9	8	7	6	5

問2 意味と読み

5	4	3	2	1

2 × 5

六 熟語の読み 一字訓読み

オ		エ		ウ		イ		ア	
10	9	8	7	6	5	4	3	2	1

1 × 10 /10

八 故事・諺

10	9	8	7	6	5	4	3	2	1

2 × 10 /20

10

読み

コ	ケ	ク	キ	カ	オ	エ	ウ	イ	ア

1 × 10

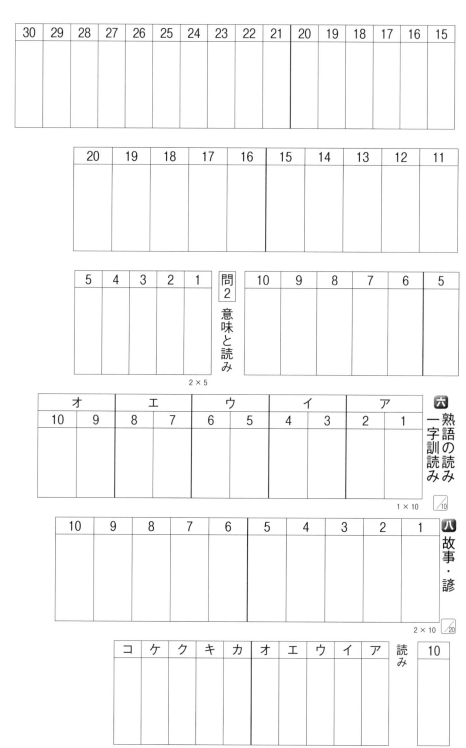

第1回 超よく出る模擬試験問題

解答・解説

問題 6～11ページ

一

1 そかん　2 こうしん
3 けんどう(けんとう)　4 びんえん
5 せきげつ　6 かとう　7 けんがく
8 しゅんぼう　9 ゆうあい　10 けいは
11 しゅうれん　12 ちょべん　13 せいせん
14 びょうぼ　15 きゅうぎょく　16 さし
17 きょくちょく　18 まんさん(はんさん)
19 かすう　20 けいかい　21 すみ
22 あば　23 なら　24 したが
25 まれ　26 すく　27 ほだ(ほた)
28 おさ　29 くさり　30 さわ

解説

1「梳盥」は、髪を梳いて手を洗うこと。
5「螫齧」は、刺すこと、食いつくこと。
7「謇諤」は、正しいことを直言すること。
12「佇眄」は、立ち止まって眺めること。
16「渣滓」は、液体の底に溜まるかす、おり。
20「醯醢」は、塩辛のこと。
30「醂す」は、水にさらして柿の渋みを抜くこと。

問2・4「井渫不食」は、きれいな井戸水があっても飲用されないということが原意。

五

1 くいな　2 ほととぎす　3 なまけもの
4 いりこ　5 こめかみ　6 たたき
7 てんとうむし　8 もんどり　9 やなぐい
10 あさつき

解説

8「翻筋斗（を）打つ」の形で用いる。
9「胡簶」は、矢を入れて携行する道具。

六

1 いとく　2 うるわ　3 しい(しえ)
4 くろ　5 さんじょ(せんじょ)　6 か
7 ふぎ　8 おく　9 ちゅんけん
10 なや

解説

3「緇衣」は、僧が着る黒い法衣のこと。
5「芟除」は、雑草などを刈り取って除くこと。
9「屯蹇」は、悩み苦しむこと。

七

対義語
1 静謐　2 馘首　3 演繹
4 怯懦　5 老耄

二

1 執拗　2 猥褻　3 薹　4 馥郁　5 剞
6 孵(孚)化　7 島嶼(嶋渚)　8 証憑　9 搗
10 擡　11 節榑　12 箍　13 縺　14 賺　15 暈
16 鬆　17 完遂　18 灌水　19 悋　20 杣

解説
3「薹」は、花をつける茎。成長して食用に適した時期が過ぎることを「薹が立つ」という。

7「島嶼」は、島々のこと。

9「搗」は、臼でつくこと。

12「箍」は、桶などの回りにはめる輪のこと。

20「杣」は、木材を切り出す山のこと。

三

1 諂(咨)詢　2 幽邃　3 容喙
4 獰猛　5 瞠若

解説
3「喙」は、くちばし、ことば、という意味。
5「瞠」の訓読みは「みは・る」「みつ・める」。

四

問1
1 偕老　2 袒裼　3 阿諛　4 苛斂
5 旗幟　6 掻痒(癢)　7 縟礼
8 掻痒　9 扼腕　10 成蹊

問2
1 てんぱい　2 えんぶ　3 しょうふう
4 せいせつ　5 しょうけい

解説
問1・4「苛斂誅求」は、税金などを厳しく取り立てること。
問1・9「切歯扼腕」は、非常に悔しがること。

類義語　6 端倪　7 濫觴　8 怪訝
9 獲麟　10 肯綮

解説
5「少壮」は若くて意気盛んなこと。「老耄」は老いぼれること。
10「正鵠」「肯綮」は、共に物事の急所のこと。

八

1 薫蕕　2 喇叭　3 抓　4 筌　5 綸言
6 蓼　7 華胥　8 海棠　9 柳絮　10 惻隠

解説
5「綸言汗のごとし」は、一度口から出た君主の言葉は取り消せないこと。

九

1 啜　2 賺　3 靡　4 拱
5 病痾　6 羈(覊)旅　7 賑　8 驟雨
9 絢爛　10 螺旋

ア がんじょう　イ うわごと　ウ あだな
エ た　オ くかん　カ おもかげ
キ はっきり(りょうぜん)　ク ひさし
ケ かぎや　コ まれ

解説
4「拱く」は、腕を組むこと、傍観すること。
5「病痾」は、長い間治らない病気のこと。
カ「俤」は、「面影」の意味。

第2回 超よく出る模擬試験問題 解答・解説

問題12~17ページ

一

1 あいたい　2 たいえん　3 とうてつ
4 きき　5 ほうか　6 きょうきょ
7 へいら　8 ちゅうびゅう　9 ひょうびょう
10 がいさい　11 せんしょく　12 ききょ
13 てんしょう　14 ふもう　15 きょくせき
16 あいだい・あいない　17 ふけい
18 あとう　19 ひちょう　20 りんしょく
21 か　22 あずち　23 まこと　24 あやま
25 ひか　26 ほしいまま　27 ぬす
28 およ　29 たえ　30 はびこ

解説

1「靉靆」は、暗く陰気な様子。
4「熙熙」は、ゆったりとして楽しそうな様子。
9「縹渺」は、はっきりしない様子。
10「睚眦」は、にらむこと。わずかなこと。
15「跼蹐」は、おそるおそる歩くこと。
18「丫頭」は、小間使いのこと。
22「堋」は、的を立てかけるための盛り土。

二

1 魘　2 鮸(鰾)膠　3 凭(靠)　4 剽軽

いこと。
問2・4「尺璧」は、非常に大きな宝玉のこと。

五

1 あほうどり　2 あみ　3 いちご
4 うちかけ　5 うんか　6 さざえ
7 しゃこ　8 とかげ　9 ところてん
10 トナカイ

解説

3「覆盆子」は、中国ではキイチゴのこと。
5「浮塵子」は、体長五ミリほどのイネの害虫。

六

1 しゅうけい　2 つよ　3 きんてん
4 うるお　5 そくじつ　6 かたむ
7 はいけん　8 お　9 けってき
10 えぐ

解説

1「遒勁」は、筆の運びが力強いこと。
3「均霑」は、利益や恩恵を等しく受けること。
9「抉剔」は、えぐり出すこと。

七

対義語
1 罹患　2 貪婪　3 汚穢
4 雅致　5 開闢

5 呻　6 唖　7 囃　8 幔幕
9 忝(辱)　10 敵愾心　11 腹拵　12 捏
13 擯斥　14 擽　15 瞑　16 拱
17 鋤　18 梳　19 竕　20 鞆

解説 4「剽軽」は、気軽でこっけいなこと。
8「幔幕」は、横に長く張りめぐらす幕。
13「擯斥」は、退けること。排斥。
17「鋤く」は、田畑の地を耕すこと。
20「鞆」は、射手が左手首につける、丸い革製の道具。

三
1 逆睹　2 軒輊　3 収攬
4 宿痾　5 親炙

解説 2「軒」は車の前が高いこと、「輊」は車の前が低いことから、高低や優劣をいう。

四
問1 1 蘭摧　2 偃武　3 嘯風　4 揣摩
5 井渫　6 憑(馮)河　7 伏櫪
8 尚絅　9 左眄　10 虎頸

問2 1 せいけい　2 たんせき　3 ししん
4 せきへき　5 たいとう

解説 問1・1「蘭摧玉折」は、賢人や美人の死をたとえていう言葉。
問1・8「衣錦尚絅」は、才能などを表に出さな

類義語 6 無聊　7 誘掖　8 儕輩
9 扞(捍)格　10 瞞着(著)

解説 2「恬澹」は無欲で物事に執着しないこと。「貪婪」はひどく欲が深いこと。
8「儔侶」「儕輩」は、同じ仲間ということ。

八
1 一饋　2 疝気(疝)　3 蛞蝓　4 鑢
5 霍(癨)乱　6 鷸蚌　7 鼈　8 一轂
9 槿花　10 雲霓

解説 8「三十輻一轂を共にす」は、有形のものが役に立つのは無形のものの支えによるということ。

九
1 林檎　2 覗　3 乾坤　4 蠅
5 蚯蚓　6 突兀　7 豪奢　8 碩学
9 婉宕　10 輓近
ア きもう(ぎもう)　イ はらいそ(ぱらいぞ)
ウ かいじゅう　エ きしょう　オ みだ　カ は
キ げじ　ク けんらん　ケ きっくつ
コ ふえん

解説 6「突兀」は、高くそびえる様子。
ア「欺罔」は、人を欺き、だますこと。
ケ「佶屈」は、文章が堅くてわかりにくいこと。

第3回 超よく出る模擬試験問題

解答・解説

問題18〜23ページ

一

1 ひはく　2 ごうり　3 きょうきょう
4 れんしゃ　5 じくろ　6 しとく
7 てきちょく　8 れんこく　9 はいがい
10 れいこう　11 がいさい　12 けいけい
13 きゅうこ　14 かいじょう　15 こうがん
16 びょうし　17 いっしゅう　18 ろれつ
19 へいこ　20 しょうえん　21 あたた
22 まぐさば　23 やつ　24 ちまき
25 わず　26 もぐさ　27 のぞ
28 つつ　29 おし　30 ながえ

解説

1「朏魄」は、三日月のこと。
4「臠炙」は、肉を切って炙ること。
7「躑躅」は、躊躇すること。また、ツツジの別名。
16「藐視」は、見くびること。軽視すること。
19「炳乎」は、非常に明るく、光り輝く様子。
30「轅」は、先端に軛をつけて牛や馬にひかせる二本の棒のこと。

二

1 団欒　2 緋毛氈　3 灰燼　4 蕓

しさにため息をつくこと。
問2・2「寸草」は子のわずかな気持ち、「春暉」は親の恩愛のたとえ。

五

1 ななかまど　2 のし　3 ヒヤシンス
4 ぶな　5 ほおずき　6 あしか
7 あせび・あしび　8 あわび
9 いかなご　10 いさき

解説

4「ぶな」は「橅」とも書く。

六

1 けいてき　2 つよ　3 せんそ
4 す　5 しゅっしゅう　6 う
7 さいかい　8 たか　9 そくだつ
10 いた

解説

3「吮疽」は、上司が部下に思いやりをもって接する意の故事「吮疽之仁」として用いる。
9「惻怛」は、いたみ悲しむ心のこと。

七

対義語
1 開闔　2 執拗　3 出廬
4 吻合　5 落魄

5 範疇 6 眇 7 窘 8 改竄
9 竹籤 10 腓 11 腱鞘 12 蛇蝎(蠍)
13 蟠(磐・盤) 14 齎 15 蔕 16 饐
17 嵩 18 瘡 19 銜 20 呎

解説
7「窘める」は、目下の者に軽く注意すること。

8「改竄」は、勝手に書き換えること。「竄」には、文字を書き換えるという意味がある。

16「饐える」は、食物が腐り酸っぱくなること。

20「呎」は、尺貫法の「尺」に基づいた漢字。

三

1 沈湎 2 纏繞 3 微恙
4 料峭 5 嚠喨(瀏亮)

解説
3「恙」は、「つつが」とも読み、病気や災難という意味。
4「峭」は、きびしいこと、またけわしいこと。

四

問1
1 跳梁 2 櫛風 3 蒼蠅 4 秉燭
5 銅駝 6 顚沛 7 旰食
8 瓊樹 9 咨嗟 10 徙薪

問2
1 しんれい 2 しゅんき 3 ひょうが
4 らんさい 5 じょくれい

解説
問1・3「蒼蠅驥尾」は、凡人でも賢者についていくことで功名を得られるということ。
問1・9「瞻望咨嗟」は、仰ぎ見て、そのすばら

類義語 6 苞苴 7 譴責 8 贅沢
9 阿堵物 10 膏腴

解説
3「隠逸」は俗世を逃れて隠れ住むこと。「出蘆(廬)」は引退した人が再び官職につくこと。
9「黄白」「阿堵物」は、金銭、お金のこと。

八

1 社稷 2 尺蠖 3 倉廩(稟)
4 反(返)哺 5 蘭麝 6 率土
7 刮目 8 勁草 9 嘴(觜)
10 噺

解説
9「鶍の嘴(觜)の食い違い」は、物事が食い違って思うようにならないこと。

九

1 薔薇 2 黴 3 涎 4 朧 5 丁亥
6 瑕瑾 7 嘯 8 轟 9 闊達 10 擡
ア のみ イ ちんぷんかん ウ お
エ ぼたもち オ びょうぶ カ なげう
キ なみ ク じょうじょう ケ なび
コ ぬ

解説
6「瑕瑾」は、きず。また、欠点、短所のこと。
イ「陳奮翰」は、儒者の用いた難解な漢語を模した語と言われる。

第4回 超よく出る模擬試験問題 解答・解説

問題24〜29ページ

一

1 すいぶ　2 しゅす　3 おうふ
4 ちょうぜん　5 きか　6 てんぜん
7 ひんしつ　8 けんべつ　9 きょはく
10 ざいきゅう　11 たいまい　12 きぜん
13 とどく　14 けっき　15 ようや
16 しゅうし　17 ていせい　18 るいせつ
19 うんしゃ　20 たくらく　21 かが
22 かざ　23 たの　24 く　25 あわただ
26 き　27 あまね　28 お　29 うるお
30 ほしいまま

解説
6「靦然」は、恥ずかしげなく厚かましいさま。
8「甄別」は、はっきりと見分けること。
17「提撕」は、後進の者や後輩を教え導くこと。
18「縲紲」は、罪人として捕らわれること。
19「蘊藉」は、態度などがゆったりしていること。
20「卓犖」は、他からぬきんでていること。

二

1 躱す　2 真鍮　3 髑髏　4 轆轤
5 震駭　6 鴟(鵄・蚩)尾　7 縋(攀)　8 荼毘

問1・9「狗尾続貂」は、優れた者のあとに劣った者が続くこと。

五

1 とりかぶと　2 すずむし　3 くわい
4 うとう　5 なまこ　6 おこぜ　7 たたら
8 ぼうふら・ぼうふり　9 いちじく
10 かいらぎ

解説
7「踏鞴を踏む」とは、向かっていった的が外れて、勢い余って空足を踏むこと。

六

1 しゅんき　2 さら　3 せんじゅつ
4 た　5 しゃくだん　6 き
7 きゆ　8 のぞ　9 かいご
10 さから

解説
1「濬機」は、水中の土砂をさらえ上げる機械。
7「覬覦」は、身分にふさわしくないことをうかがい望むこと。

七

対義語
1 夭逝　2 迂(紆)曲　3 鞅掌
4 不堪　5 苗裔

9 傅 10 酣(闌) 11 渾身 12 虚仮
13 紊乱 14 咀嚼 15 狡獪 16 尨毛(毳)
17 股掌 18 扈従 19 籡 20 簗

解説
5「震駭」は、驚いて震え上がること。

13「紊乱」は、秩序・風紀などを乱すこと。

17「股掌の上に弄ぶ」とは、人を自分の意のままにすること。「股掌」は、もともとてのひら。

18「扈従」は、貴人に供としてつき従うこと。

19「籡」は、染織の際、布幅を一定に保つ道具。

20「簗」は、魚を捕るため水をせきとめるしかけ。

三

1 痛哭 2 卵塔場 3 艤装
4 蘊奥 5 絮説

解説
4「蘊奥」は、「うんおう」の連声で「うんのう」。
5「絮」は「絮い」で「くどい」と読む。

四

問1
1 蘭摧 2 晨夜 3 霓裳 4 緇林
5 得隴 6 嘲哳 7 淋漓 8 傅翼
9 続貂 10 霽月

問2
1 けいきょく 2 ちゅうきゅう
3 ちんか 4 しょうい 5 ふくれき

解説
問1・2「晨夜兼道」は、急いで仕事をすること。
問1・4「緇林杏壇」は、学問を教える場所。講堂などのこと。

類義語 6 遅疑 7 提撕 8 庶幾
9 朶頤 10 昵懇

解説
3「安佚」は気楽に過ごすこと。「鞅掌」は忙しくて暇がないこと。
8「冀求」「庶幾」は、こいねがうこと。

八

1 旱(干)魃 2 臍 3 梲(卯建)
4 殷鑑 5 礫(飛礫) 6 鎬
7 艱難 8 蟪蛄 9 羝羊
10 葷酒

解説
4「殷鑑遠からず」は、戒めとなる例はごく身近なところにあるということ。

九

1 茫漠 2 恍惚 3 執拗 4 収斂
5 彷徨 6 嵌 7 囁 8 驢馬
9 甥 10 槐
ア くろ イ ぶふ ウ っ エ ぼうぎょ
オ ふくらはぎ(こむら) カ かはん(なかま)
キ りょう ク えんえん ケ かれ
コ へいたんぶ

解説
1「茫漠」は、広々としてとりとめのないさま。
オ「腓」は、「腓返り」などと用いられる。
ク「蜿蜒」は、うねうねと長く続く様子。

第5回 超よく出る模擬試験問題 解答・解説

問題 30〜35ページ

一
1 しんしん 2 いし 3 しんしょう
4 ようそく 5 さんぜん 6 ざんがん
7 しゅうしゅう 8 かんかく 9 ちてい
10 たいき 11 しんい 12 いし
13 しょうじょ 14 はいれい 15 へいせん
16 せんけん 17 きえい 18 しょくしょく
19 きんかく 20 けいけい 21 ぬぐ
22 たお 23 く 24 ひ 25 おく 26 つつし
27 ふく 28 ゆた 29 さだ 30 つか

解説
2 「懿旨」は、太皇太后・皇太后・皇后の命令。
9 「馳騁」は、走り回ること。馬を走らせること。
12 「頤使」は、人をあごで使うこと。
13 「庠序」は、学校のこと。
16 「嬋妍」は、あでやかで美しいさま。
20 「煢煢」は、孤独で頼るもののない様子。

二
1 輻輳(湊) 2 渙発 3 剔抉 4 夥
5 飯盒 6 祟 7 黴菌 8 琺瑯
9 畢竟 10 誂 11 鐚 12 警邏

問2・5「麻姑掻痒」は、かゆいところに手が届くことが原意。

五
1 ほろほろちょう 2 あさつき
3 ハイカラ 4 やすで 5 レモン
6 まんぼう(ざめ)・うき(ぎ) 7 きぬぎぬ
8 もっこく 9 ビロード 10 ゆきのした

解説
3 「高襟」は、「高襟」(ハイカラー)を好んで着るような西洋風の身なりや生活様式をする人のこと。

六
1 けっちょく 2 あば 3 ようびょう
4 はる 5 しょうぜん 6 おそ
7 さいしん 8 にら 9 ようあつ
10 ふさ

解説
1 「訐直」は、人の秘密や弱点をあばき出して、自分が正直者と自任すること。

七
対義語
1 陵遅 2 都雅 3 僥倖
4 宥免 5 貪婪

13 敬虔 14 懸河 15 槿（木槿） 16 嗟嘆（歎）
17 釜 18 窯 19 艀 20 轄（舝）

解説
2 「渙発」は、詔勅を国の内外に発布すること。
3 「剔抉」は、欠点や悪事を、あばきだすこと。
9 「畢竟」は、結局、要するに、の意。
16 「嗟嘆（歎）」とは、嘆くこと。嘆賞すること。

三

1 赫奕 2 雄勁 3 惆悵
4 翩翻 5 根蔕

解説
1 「赫奕」は、「かくやく」とも読む。
2 「雄勁」は、詩文・書画の形容以外にも男性的で力強い様子を表すのに用いられる。

四

問1
1 不撓 2 南洽 3 軽佻（窕）
4 豺狼 5 銅牆 6 贔屓
7 虎踞 8 覈論 9 七擒
10 蜃楼

問2
1 りゅうじょう 2 る（ろう）こつ
3 きょしょう 4 ぎょうこ
5 そうよう

解説
問1・2「南洽北暢」は、善政がしかれて国が安定している様子。
問1・7「竜蟠虎踞」は、ある場所に拠点をおき、権勢をふるうこと。

類義語 6 賛襄 7 殲滅 8 翹望
9 沈淪 10 熾烈

解説
3 「奇禍」は思いがけない災難。「僥倖」は、思いも寄らなかった幸運。
6 「輔弼」「賛襄」は、君主を助けて政治を行うこと。

八

1 榱桷 2 膏肓 3 積毀
4 綯 5 靨（笑窪） 6 鶉
7 舐犢 8 水潦 9 鸞鳳
10 舐

解説
10 「飴を舐らせて口をむしる」は、口先でうまいことを言い、相手の本心を聞き出すこと。

九

1 痰 2 珈琲 3 袴 4 匕首
5 夕餉 6 睫毛（睫） 7 鬢 8 精悍
9 凄（悽）愴 10 嗄
ア とぎばなし イ バター
ウ ながしめ（りゅうべん） エ むくげ
オ わき カ あんどん キ あだ
ク いっちょう ケ かご コ にら

解説
4 「匕首」は、鍔の無い短刀のこと。
9 「凄愴」は、非常にいたましいさま。

第1回 よく出る模擬試験問題

解答・解説

問題 36～41ページ

一

1 くぜん　2 きょうてい　3 えんてき
4 あぼう　5 きゅうきょう　6 ちょうさい
7 とうか　8 かげき　9 そうこ
10 せんえん・せんかん　11 らいし
12 がいあん　13 ほうしょ　14 ちだつ
15 こうば　16 しごう　17 きくじん　18 し
19 しんゆう　20 れい　21 あらた
22 ひうち　23 ひこばえ　24 すすりな
25 たばこ　26 まぶし　27 あきた
28 ははそ　29 たま　30 くびき

解説

1「瞿然」は、目をみはって驚く様子。
3「簷滴」は、軒から落ちる雨だれのこと。
9「操觚」は、文筆活動に従事すること。
13「苞苴」は、ここでは賄賂のこと。
17「鞫訊」は、罪を調べて問いただすこと。
19「軫憂」は、いたみ、憂えること。
26「蔟」は、蚕に繭を作らせるための仕掛け。

二

1 吝嗇　2 扁桃腺　3 乖離　4 儀仗

して仲良くすること。
問1・8「蓴羹鱸膾」は、蓴菜の吸い物と鱸のなます。故郷を懐かしく思うこと。

五

1 マカオ　2 のうし　3 サボテン
4 よしきり　5 はさ・はざ　6 ちりめん
7 さば　8 あじさい　9 オルゴール
10 たがめ

解説

5「稲架」は、刈り取った稲をかけて干すための木組みのこと。

六

1 しんじゅつ　2 めぐ　3 りむ
4 おさ　5 きゅ　6 のぞ
7 しょうり　8 やわら　9 しょうじょ
10 のぼ

解説

1「賑恤」は、貧困者などに金品を与えること。
7「燮理」は、やわらげ治めること。

七

対義語
1 劈頭　2 悪辣　3 懊悩
4 英邁　5 放伐

5 健啖　6 咄嗟　7 坩堝　8 斟酌
9 熱燗　10 簀　11 対蹠　12 蟄居
13 迂闊　14 篝火　15 鼾声　16 鰆
17 巷間　18 浩瀚　19 椚　20 鎊

解説 4「儀仗」は、儀礼用の装飾的な武器のこと。
7「坩堝」は、物質を加熱して溶融・合成するのに使う耐熱性の容器。
18「浩瀚」は、書物の分量が多いこと。
20「鎊」は、金属板をたたき、打ち出して作る建築装飾のこと。

三 1 没義道　2 蟬蛻　3 隘路
4 余沢　5 矜持(恃)

解説 2「蟬蛻」は、「蟬の抜け殻」が元の意味。
4「余沢」は、「余沢にあずかる」の形で用いられる。

四 問1 1 豁然　2 影駭　3 懸崖　4 在邇
5 笙磬　6 擺尾　7 鑠石　8 鱸膾
9 淋漓　10 敗子
問2 1 てんたい　2 まいしん　3 ふか
4 れいじょう　5 かいそく

解説 問1・2「影駭響震」は、ほんの少しのことで驚き、非常に恐れて震え上がること。
問1・5「笙磬同音」は、多くの人が心を一つに

類義語　6 垂涎　7 老獪　8 躑躅
9 収攬　10 標榜

解説 1「掉尾」は最後、「劈頭」は最初。
10「表掲」「標榜」は、掲げて示すこと。

八 1 端倪　2 呱呱(呱々)　3 遏雲
4 軆　5 屋漏　6 管鮑
7 一飽　8 鴻毛　9 回(廻)瀾
10 一嚢

解説 3「遏雲の曲」は、空の雲までおしとどめるほどの上手な音楽のこと。

九 1 伽藍　2 旧棲　3 劫火　4 涅槃
5 飄逸　6 放肆(恣)　7 跼蹐　8 驚愕
9 輻輳(湊)　10 髣髴(彷彿)
ア どてした　イ おうばく　ウ せんざい
エ ただよ　オ しょうさん　カ ふき
キ しゃはん　ク しゅうしゅう　ケ がすとう
コ しょっこう

解説 5「飄逸」は、世間を気にせずのんきなこと。
7「跼蹐」は、おそれつつしみ歩くこと。
カ「不羈」は、物事に束縛されないこと。

第2回 よく出る模擬試験問題 解答・解説

問題 42～47ページ

一

1 かじょう　2 そんじょう　3 げき
4 そ　5 きょきん　6 りせい　7 こうこく
8 びろく　9 あいきょう　10 がいく
11 しれい　12 りゅうべん・りゅうめん
13 しょうじ　14 しゅび　15 ほうし
16 きょくべん　17 ようげつ　18 へきすう
19 めいちょう　20 そうじゅつ　21 たお
22 なまじ・なまじい　23 いみな　24 ほろ
25 あらたま　26 か　27 ただよ
28 こそ　29 のぼ　30 ぬえ

解説

5「醵金」は、ある目的で金を出し合うこと。

8「麋鹿」は、大きな鹿の意で、品のないことのたとえ。「麋鹿の姿」は自分を謙遜した表現。

12「流眄」は、瞳だけを横に動かして見る。

17「妖孼」は、災いをもたらす不吉な前触れ。

25「璞」は、掘り出したままで磨いていない玉。

30「鵺」は、日本に伝わる伝説上の妖怪。

二

1 贅肉　2 濾過　3 賽銭　4 螺鈿

しいこと。『春秋筆法』を評した言葉。

問1・9「桑田滄海」は、世の中の移り変わりが激しいこと。

五

1 かなへび　2 アルゼンチン　3 あおみどろ
4 こぶし　5 スフィンクス
6 おたまじゃくし　7 てぐす(てぐすいと)
8 らっこ　9 ひばり　10 にきび

解説

7「天蚕糸」は、透明で釣り糸などに用いる糸。元はヤママユの繭から取った天然繊維。

六

1 けんれい　2 あやま　3 がんかい
4 むさぼ(あなど)　5 べきさく　6 もと
7 はいだつ　8 ひら　9 とっかん
10 さけ

解説

1「愆戻」は、法にそむき、罪を犯すこと。

9「吶喊」は、ときの声をあげること。

七

対義語
1 酣酔　2 静謐　3 危殆
4 懈怠　5 高邁

5 絨毯(緞) 6 髑髏 7 夥 8 目睫
9 蠕動 10 齲歯 11 呱呱(呱々) 12 蛹
13 欷歔(唏嘘) 14 硼酸 15 先蹤 16 衍字
17 鞘 18 莢 19 聢 20 袰

解説
8「目睫」は、距離や時間が極めて短いこと。
11「呱呱」は、生まれてすぐの泣き声のこと。
13「欷歔」は、すすり泣きのこと。
17「遠邇」は、遠いところと近いところ。
18「衍字」は、文章中に誤って入った不要な字。
20「袰」は、矢や石を防ぐ甲冑の補助武具。

三
1 峭峻 2 衒気 3 忌憚
4 鶏肋 5 荏苒

解説
2「衒」は、てらう、みせびらかす、の意。
4「鶏肋」は、鶏の肋骨のこと。

四
問1
1 韋編 2 堆金 3 竜驤 4 枕戈
5 郢書 6 蟬噪 7 褒貶 8 蹣跚
9 滄海 10 呵成

問2
1 そうよう 2 えんがん 3 えいかん
4 ゆうけつ 5 こうし

解説
問1・4「枕戈待旦」は、いつでも戦いができるように準備を怠らないこと。
問1・7「筆削褒貶」は、批評の態度が公平で厳

類義語 6 樊籠 7 震駭 8 莞爾
9 霄壌 10 推敲

解説
1「微醺」はほんのりと酒に酔うこと。「酣酔」は大いに酒に酔うこと。
6「桎梏」「樊籠」は、自由を束縛するもの。

八
1 虻(蝱) 2 既倒 3 続飯 4 瓦礫
5 厭 6 沈香 7 蚊虻 8 凱風
9 稗 10 羽觴

解説
2「殷鑑遠からず」は、戒めとなる例はごく身近なところにあるということ。

九
1 殺戮 2 欣然 3 咄嗟 4 跋渉
5 聳 6 靄 7 羈絏(紲) 8 弊竇
9 齷齪 10 嫖(飄)客
ア いわゆる イ らっぱ ウ ひおどし
エ なげう オ たお
カ かす キ はげやま ク せま
ケ さんらん コ へいこ

解説
4「跋渉」は、山を越え、川を渡ること。
8「弊竇」は、弊害となる点、欠陥のこと。
10「嫖客」は、花柳界で遊ぶ客のこと。

第3回 よく出る模擬試験問題

解答・解説

問題 48～53ページ

一

1 たいしょう　2 しんしん　3 きんらい
4 むこ　5 がおう　6 げきしょう
7 ふんせい　8 こんやく　9 かんきん
10 れいし　11 けいてき　12 けんち
13 ちゅうさつ　14 せいじ(せいし)
15 とうでき　16 がとう　17 ちょうとん
18 ふくよう　19 えんよ
20 あくせく(あくさく)　21 かんじき　22 もた
23 うわごと　24 くすぐ　25 さか　26 ほだ
27 うてな　28 くず　29 みぎり　30 うそ

解説
2「駸駸」は、馬が速く走る様子。
4「無辜」は、罪のないこと。罪のない人。
5「鵝鴨」は、ガチョウやカモなどの水鳥。
7「粉齏」は、こなごなになること。
16「臥榻」は、寝台、寝床のこと。
18「服膺」は、心にとめて忘れないこと。
26「絆し」は、自由を妨げるもののこと。

二

1 掣肘　2 余喘　3 噦　4 捩

て進む様子。

問1・9「牝牡驪黄」は、物事の外見に惑わされず、本質を見抜くことが重要であること。

五

1 ワシントン　2 めりかり　3 まめ
4 みみずく・このはずく　5 パンダ
6 ニス(ワニス)　7 つづらおり　8 インド
9 しみ　10 ぼや

解説
2「乙甲」は、音の高低や抑揚のこと。

六

1 しょうふく　2 おそ　3 さんしつ
4 かし　5 いぎょう　6 なら
7 さんしゅう　8 けず　9 たんがん
10 あから

解説
1「慴伏」は、勢いをおそれてひれ伏すこと。
7「删修」は、不要な字句をけずって文章を整えること。

七

対義語
1 荒蕪　2 夭折　3 韜晦
4 駑鈍　5 矮小

5 忌憚　6 蕁麻疹　7 揉(搓)　8 垂涎
9 鼎峙　10 蹲　11 不逞　12 腑
13 震撼　14 襠　15 白皙　16 僭称
17 興　18 熾(煽)　19 颪　20 癪

解説
2「余喘」は、今にも絶えそうな息のこと。
5「忌憚」は、いみはばかること。
9「鼎峙」は、勢力のあるものが、鼎の足のように三方に対立すること。
16「僭称」は、自分の身分を超えた称号を勝手に名乗ること。

三

1 斗筲　2 瑕疵　3 啓沃
4 収斂　5 蹉跎

解説
1「斗筲」は、小さな器を表す。
5「蹉跎」とは、つまずいて転ぶこと。

四

問1
1 鞠躬　2 濫竽　3 舳艫　4 屋梁
5 金甌　6 玲瓏　7 瓦鶏　8 不撓
9 驪黄　10 扛鼎

問2
1 いび　2 ぞくふ　3 ほうし
4 ほりん　5 しっぷう

解説
問1・1「鞠躬尽瘁」は、心を尽くして力の限りつとめ励むこと。
問1・3「舳艫千里」は、多くの船が長く連なっ

類義語
6 尺牘　7 纏頭　8 股肱
9 蒼氓　10 怒濤

解説
3「披瀝」は考えをすべて打ち明けること。「韜晦」は、本心などを隠し人の目をくらますこと。
9「民草」「蒼氓」は、人民、民衆のこと。

八

1 一邑　2 気褄　3 睦　4 参商
5 佳(嘉)肴　6 倚門　7 鰻　8 葛藤
9 黍(稷・粢)　10 毀傷

解説
7「倚門の望」は、子の帰りを待ちわびる母親の情のたとえ。

九

1 焙じる　2 板葺　3 山颪　4 框
5 筵(莚・蓆)　6 仄　7 半跏　8 薨去
9 囲繞　10 煩瑣
ア ぷん　イ さっ　ウ ま
エ ひとむら　オ ただよ
カ から　キ ことごと　ク ゆうこん
ケ ぼうだい　コ こうく

解説
9「囲繞」は、まわりを取り囲むこと。
10「煩瑣」は、細かくて煩わしいこと。
コ「康衢」は、にぎやかな大通りのこと。

第4回 よく出る模擬試験問題

解答・解説

問題54〜59ページ

一

1 じゅんい　2 とうとう　3 うじゃく
4 かいらい　5 がいせつ　6 たんぱん
7 しゅうせん　8 せいか　9 しゃくろう
10 しんぼう・しんもう　11 ききょ
12 かんそう　13 てっとう　14 よぜん
15 けいこ　16 さいろう　17 るせつ
18 せんじょ　19 じょうそく　20 ひょうふう
21 うるお　22 ひわ　23 まえみつ　24 すずな
25 ねぎら　26 やぶさ　27 たが
28 みずかき　29 うわぐすり　30 つつ

解説

4 「傀儡」は、操り人形のこと。「傀儡政権」とは、実権が外部の政権・国家にある政権のこと。
10 「榛莽」は、草木が群がり茂っている場所。
13 「跌宕」は、おおらかで自由気ままなこと。
19 「躡足附耳」は、他人に注意する際の心得。
20 「飆風」は、急に激しく吹く風。つむじ風。
27 「綰ねる」は、集めて一つにまとめること。

二

1 朝靄　2 揶揄　3 蕎麦　4 褪

五

問1・8「瑣砕細膩」は、情の細やかなこと。

1 くつわむし　2 つつじ
3 しゃぼてん・サボテン　4 チャボ
5 ひたすら　6 ハリウッド　7 なでしこ
8 みぞおち・みずおち　9 わろうだ
10 オックスフォード

解説

5 「只管打坐」の形では「しかん」と読む。
9 「円座」は、藁などで編んだ丸い敷物で、現在では社寺や茶席で用いられる。夏の季語。

六

1 ぼうかい　2 つと　3 こうきょ　4 みまか
5 ししょう　6 わら　7 しえき
8 つつし　9 ようげき　10 むか

解説

1 「懋戒」は、つとめて身をつつしむこと。
4 「薨る」は、身分の高い者が死ぬこと。
9 「邀撃」は、敵を迎え撃つこと。

七

対義語

1 黎明　2 刹那　3 狷介
4 怨嗟　5 収斂

5 軋轢 6 銛 7 餡蜜 8 覿面
9 薔薇(薔) 10 繙 11 脳震盪 12 忸怩
13 遡(溯)上 14 嗜(耆) 15 褪 16 啖呵
17 桂 18 鬘 19 瓲(噸) 20 襷

解説
3「菽麦」は、豆と麦。「菽麦を弁ぜず」は、物事の区別もつかないほど非常に愚かなこと。

5「軋轢」は、争いが生じて仲が悪くなること。

12「忸怩」は、深く恥じ入る様子。

16「啖呵」は、歯切れのよい口調の言葉。

18「鬘」は、古くは「かづら」と言った。

三
1 擯斥 2 膾炙 3 固陋
4 誣告 5 闡明

解説
3「頑迷固陋」「狷介固陋」などと用いる。
4「誣告」は、故意に事実を偽って告げること。

四
問1
1 薏苡 2 禍棗 3 叱咤 4 断章
5 氷壺 6 膏肓 7 月殃 8 細膩
9 纓冠 10 放踵

問2
1 じゅんこう 2 こくげき 3 ひんぼ
4 きちょ 5 ちょうたつ

解説
問1・1「薏苡明珠」は、無実の嫌疑をかけられること。
問1・4「断章取義」は、抜きだして用いること。

類義語
6 放埒 7 肯綮 8 戦慄
9 亀鑑 10 恫喝(愒)

解説
3「蘊藉」は気持ちがゆったりして穏やかなこと。「狷介」は心が狭く頑固なこと。
9「師表」「亀鑑」は、行いの手本。模範。

八
1 一簣 2 蓋 3 芍薬 4 閨門
5 稼穡 6 忌諱 7 干戈 8 薊
9 淫佚(逸) 10 茄子

解説
7「干戈を交える」は、「干」は盾、「戈」は矛の意味であることから、戦争をすること。

九
1 攀 2 貴賤 3 嫻(閑)雅 4 衒
5 霖雨 6 袱(袱紗・服紗・帛紗) 7 鶺鴒
8 午(昼)餉 9 嶄(巉)巌 10 劈(擘)
ア いぞく イ ひょうかん ウ ふんまん
エ きく オ ほとん カ な
キ おも ク や ケ ひょうぜん
コ のうてん

解説
3「嫻雅」は、上品で優美な様子。
5「霖雨」は、何日も降り続く雨のこと。長雨。
イ「慓悍」は、気性がきつく、敏捷で強いこと。

第5回 よく出る模擬試験問題 解答・解説

問題 60〜65ページ

一

1 きんあつ 2 しゅゆ 3 へいたん
4 ちょうきん 5 ぶんぜい 6 しそう
7 こんしゅ 8 あんとく 9 しゅさん
10 とけん 11 ようしょう 12 かんか
13 ひんしゅく 14 すいさん 15 かいり
16 ぞうがん・ぞうかん 17 しゅんれつ
18 ししゅ 19 こしょう・こじゅう
20 ほうこう 21 もと 22 あこめ 23 なまぐさ
24 けが 25 たぎ 26 から 27 おけら・うけら
28 あまだれ 29 おくび 30 ぬた

解説

2 「須臾」わずかな間。また、しばらくの間。
17 「皸裂」は、寒さでひびや皹ができること。
18 「錙銖」は、わずかなこと。ごく小さいこと。
22 「衵」は、装束に用いられた下着の一種。
26 「紮げる」は、縄やひもでくくること。
29 「噯」は、げっぷのこと。

二

1 祠(叢祠) 2 喘(咳) 3 独擅場

職責を果たさずに報酬を得ていること。
問1・8「因循苟且」は、古いやりかたにこだわり、なかなか決断できない様子。

五

1 さいかち 2 あからさま 3 ネパール
4 いすか 5 なめくじ 6 たて
7 ふけ 8 ぼんぼり
9 あすなろ・あすなろう 10 もず

解説

1 「皁莢」は、マメ科の高木。カブトムシの別称。
8 「雪洞」は、柄と台座をつけた小型の行灯。

六

1 しゅんけつ 2 すぐ 3 いくごく
4 ひさ 5 きえい 6 か 7 さいれい
8 にら 9 かんてい 10 か

解説

3 「粥獄」は、金を取り裁判を手加減すること。
5 「虧盈」は、欠けることと満ちること。
8 「淬ぐ」は、鉄に焼きを入れること。

七

対義語
1 奇禍 2 稠(綢)密 3 老獪
4 失当 5 恪勤

4 燻烝（薫蒸） 5 欺瞞 6 梃（梃子） 7 折檻
8 迸 9 猖獗（蹶） 10 贓品 11 超弩級
12 浚渫 13 冤罪 14 無聊 15 一縷 16 呷
17 遺習 18 蝟集 19 鯱 20 桛

解説
9「猖獗」は、悪い物事の勢いが盛んなさま。
10「贓品」は、盗品等、不当に手に入れた品物。
11「超弩級」は、桁違いに大きいこと。
12「浚渫」は、水底の土砂などを取り除くこと。
14「無聊」は、退屈なこと。心が晴れないこと。
18「蝟集」は、一箇所に多くが集まること。

三
1 睥睨（俾倪） 2 権衡 3 裨（俾）益
4 含羞 5 端倪

解説
5「端」は始め、「倪」は終わりの意で、事の始終をあらかじめ予想することをいう。

四
問1
1 牽攣 2 深厲 3 尸位 4 緊褌
5 飛耳 6 狼藉 7 右挈 8 苟且
9 廷諍（争） 10 磊落

問2
1 ほうへん 2 きっきゅう
3 そうせい 4 せいげつ 5 そうでん

解説
問1・1「牽攣乖隔」は、互いに惹かれあいながらも遠く離れていること。
問1・3「尸位素餐」は、高い地位にありながら

類義語
6 蒼穹 7 懺悔 8 蹌踉
9 銀漢 10 斧鉞

解説
4「剴切」は、非常によく当てはまること。「失当」は、的を得ていないこと。
8「蹣跚」「蹌踉」は、ふらふらよろけること。

八
1 棺 2 晦朔 3 横道 4 桶
5 一籌 6 恢恢 7 鬼臉 8 大廈
9 榱桷 10 薊

解説
2「朝菌は晦朔を知らず」は、短命であることのたとえ。「朝菌」は、朝生え晩に枯れるキノコ。

九
1 才穎 2 狷介 3 帰臥 4 狂悖
5 葭（葦）簣 6 巍然 7 艫
8 棹（竿） 9 咀嚼 10 天稟
ア こぼう イ しょうこく ウ けいいけい
エ しゅんさい オ おうおう カ ほばしら
キ そび ク かみしも
ケ うかが コ いとま

解説
4「狂悖」は、良心を失い道理に反すること。
10「天稟」は、生まれつきの才能。素質。
ウ「炯々」は、目が鋭く光る様子。

一

1 げきぜつ　2 りぎゅう　3 ういきょう
4 ちゅうさつ　5 りえん　6 ちゅうみつ
7 ようらく　8 じょくしょ　9 ようげき
10 ききん　11 ぜんぜん　12 さいかい
13 えんかん　14 たんけつ　15 えんらん
16 ひっちゅう　17 かげん　18 りゅうりょう
19 みょうばん　20 ちょうせん　21 かこ
22 う　23 たてがみ　24 あかざ　25 さえず
26 う　27 もやし　28 つちふ
29 たけなわ　30 にわ

解説
1「鴃舌」は、モズのさえずるようなわけのわからない言葉。外国語をさげすんでいう語。

4「駐紮」は、官吏が任地に滞在すること。

11「冉冉」は、次第に進んでいく様子。

13「捐館」は、高貴な方が死去すること。

14「殫竭」は、尽き果てること。なくなること。

17「譌言」は、誤った風評のこと。

28「霾る」は、黄砂が降ること。


捨てて武の道に進むこと。

問1・9「海底撈月」は、実現不可能なことに労力を費やして無駄に終わることのたとえ。

五

1 かすり　2 バナナ　3 ロシア
4 すり　5 ささげ(ささぎ)　6 オットセイ
7 カンボジア　8 あずまや　9 にがり
10 うに

解説
4「掏」は、すくう、「摸」は、まさぐるが原意。

六

1 たんぱん　2 まる　3 せんろく
4 ほ　5 せんてい　6 き
7 しそう　8 そのか　9 ぜいせい
10 か

解説
4「鐫る」は、彫刻すること。ほること。
9「噬臍」は、取り返しのつかないことを後悔すること。

七

対義語
1 解纜　2 俊髦　3 虧欠
4 掉尾　5 跋語

二
1 昴　2 寂寥　3 拮抗（頡頏）　4 楔
5 滓　6 涵養　7 矍鑠　8 縢
9 舫　10 藺草（藺）　11 蠱惑　12 烙印
13 推輓（挽）　14 痣　15 椹　16 陥穽
17 購　18 贖（貲）　19 閊　20 瓱

解説
9「舫う」は、杭などに船をつなぎとめること。
13「推輓（挽）」は、人を推挙すること。
16「陥穽」は、人を陥れる策略のこと。わな。

三
1 交詢　2 先蹤　3 絢爛
4 惨憺（澹）　5 翔破

解説
1「詢」は、「まこと」の読みもあり、「交詢」は、互いに誠意を尽くし親密に交際すること。
2「蹤」は、あと、あしあと、人の行いのあと、を意味する語。

四
問1
1 撥乱　2 薤露　3 燕頷　4 尭鼓
5 切磋（瑳）　6 企佇　7 旁証
8 服膺　9 撈月　10 斗量

問2
1 よくい　2 ていせい　3 かいし
4 せんぎょく　5 れいろう

解説
問1・2「薤露」も「蒿里」も葬送の際の挽歌であることから、人の命の短いことのたとえ。
問1・3「燕頷投筆」は、思い切って文筆の道を

類義語　6 推敲　7 揶揄　8 畏憚
9 賛襄　10 震駭

解説
1「投錨」は、船が停泊すること。「解纜」は、船が出航すること。
9「輔弼」「賛襄」は天子の政治を助けること。

八
1 逆捩（捻）　2 貶　3 辣韮（薤）　4 飄風
5 齧（嚙）　6 鋤　7 駑馬　8 蓼虫
9 蝨　10 白圭（珪）

解説
6「切羽鎺する」は、刀に手をかけて談判するところから、ひざづめ談判をすること。

九
1 囀　2 洩　3 真鍮　4 喇叭
5 嘶　6 呪詛　7 味噌汁　8 萎靡
9 狡猾　10 滲
ア たそかれ（たそがれ）　イ たんぱく
ウ かんらん　エ らでん　オ ひつぎ
カ けし　キ ああ　ク いふ　ケ けいしゅう
コ でたらめ

解説
8「萎靡」は、衰えて元気がなくなること。
ケ「閨秀」は、学問や芸術に優れた才能豊かな女性のこと。

第7回 よく出る模擬試験問題

解答・解説

問題 72～77ページ

一

1 そうけん　2 うろう　3 きょうかい
4 きそく　5 じんぜん　6 ひるい
7 じくじ　8 せいかく　9 びんめつ
10 とっかん　11 しっこく　12 じょうそん
13 かんしょ　14 れいいん　15 せいちゅう
16 たいとう・だいとう　17 こうしょ
18 ろうとう　19 きんちょく　20 たいはい
21 から　22 あつ　23 つらつら
24 ただ　25 こけ　26 まも
27 せぐくま・せくぐま　28 あざむ
29 はなむけ　30 むさぼ

解説

4「羈束」は、拘束し、自由にさせないこと。

5「荏苒」は、物事が進まずに月日が経つさま。

6「譬類」は、たとえ話のこと。

12「仍孫」は、自分より七代後の子孫の呼び名。

17「苟且」は、その場限りであること。

20「大旆」は、堂々たる旗印。昔中国で天子や将軍が用いた竜と日月を描いた旗が原意。


問1・4「爬羅剔抉」は、隠れた人材を発掘すること。また人の欠点や秘密をあばくこと。

問1・9「金声玉振」は、素晴らしい人格に大成すること。

五

1 さかやき　2 スコットランド
3 パイナップル　4 いれずみ　5 えい
6 どうさ　7 わさび　8 ミイラ
9 パレスチナ　10 こうもり

解説

6「礬水」は、膠と明礬を混合した水溶液。

六

1 とうでき　2 あら　3 しょうこう
4 あまね　5 へいしょく　6 と
7 くんじょう　8 いぶ　9 けいそう
10 つよ

解説

3「浹洽」は、広く全体に行き渡ること。

9「勁草」は、風雪に耐える強い草のこと。思想・節操の堅固なたとえ。

七

対義語　1 地祇　2 怯懦　3 惨落

二

1 弥栄 2 困憊 3 跛行 4 稀(希)覯本
5 茹 6 翳 7 砌 8 痼(凝)
9 漲 10 窄(歙) 11 無辜 12 撓(橈)
13 絆創膏 14 根刮 15 啓蟄 16 衾(被)
17 羊腸 18 窈窕 19 膵 20 俤

解説
3「跛行」は、つりあいがとれない状態のまま進むこと。原意は足を引きずって歩くこと。

7「御幼少の砌」は、高貴な人物の幼年時代を指していう言葉。「砌」は、その時、という意味。

17「羊腸」は、道が幾重にも折れているさま。

18「窈窕」は、美しくしとやかであるさま。

三

1 眷顧 2 救恤 3 管窺
4 盈虧 5 使(指)嗾

解説
3「管窺」は管を通して空を見ること。
4「盈」は満ちること、「虧」は欠けること。

四

問1
1 尺璧 2 敦煌 3 鵲巣 4 爬羅
5 折檻 6 春暉 7 闊歩
8 采(採)椽 9 玉振 10 燎原

問2
1 うえん 2 とほ 3 ふくよう
4 ふとう 5 てんこく

解説
問1・3「鵲巣鳩居」は、他人の地位や成功を横取りすること。

類義語
4 裨(俾)益 5 蝟集
6 壟断 7 擱筆 8 操觚
9 雲鬢 10 猖獗

解説
3「奔騰」は非常な勢いで上がること。「惨落」は相場が暴落すること。
9「蟬髪」「雲鬢」は、女性の美しい髪の毛、また美しい女性のこと。

八

1 榱桷 2 沐猴 3 巌牆 4 斗筲
5 鬩 6 褻 7 焙(炮)烙 8 佞言
9 磧礫 10 腋(掖)

解説
7「焙(炮)烙千に槌一つ」は、凡人が何人いても一人の優れた人物にはかなわないということ。

九

1 屠 2 撃攘 3 淋漓 4 里閭
5 翕然 6 花魁 7 縋(攀) 8 睨
9 髷 10 檽子(檽)
ア さいじ イ はいし ウ たんがん
エ せんしょう オ せきこう カ しゃく
キ あご ク うちかけ(りょうとう)
ケ おおまた コ きりぎりす

解説
3「淋漓」は、したたり落ちるさま。
イ「稗史」は、作り話のこと。小説。

第8回 よく出る模擬試験問題 解答・解説

問題 78～83ページ

一

1 じょうだ　2 ほうが　3 るいし
4 えんりゅう　5 りゅうらん　6 ぼんばい
7 てんし　8 こうえつ　9 せんじゃく
10 ごうそ　11 だいきん　12 わく
13 きい　14 へいふ
15 ちょい　16 しんじ
17 りょうしょう　18 るいそう　19 しょし
20 がいあん　21 もっぱ　22 ひっさ
23 けやき　24 あか　25 あつ　26 こ
27 ちりば　28 はげ　29 わざわ　30 もたら

解説

1 「婀娜」は、しなやかで、たおやかな様子。
3 「誄詞」は、死者の生前の功徳を称える言葉。
5 「瀏覧」は、くまなく目を通すこと。
7 「廛肆」は、商店、店舗のこと。肆廛も同じ。
12 「和煦」は、春の日の暖かく穏やかなこと。
14 「斃仆」は、たおれて死ぬこと。
18 「羸痩」は、非常にやせ衰えること。

二

1 熟　2 裂帛　3 噎(咽)　4 塒

問1・5「禹行舜趨」は、見た目を真似しているだけで中身が伴っていないこと。
問1・7「閉月羞花」は、月が隠れ、花も恥じらってしぼむほどの美人という意味。

五

1 はたはた　2 おから・きらず　3 ほかい
4 しおまねき　5 フィンランド　6 しいたけ
7 しゃも　8 いちはつ　9 つみ
10 ウィーン

解説

3 「行器」は、食物を入れて持ち運ぶ、木製でふた付きの容器のこと。

六

1 えいてつ　2 あき　3 べんえつ
4 う　5 てんき　6 やす　7 そほん
8 あら　9 かけん　10 せ

解説

3 「抃悦」は、手を打って喜ぶこと。
9 「呵譴」は、厳しく責めとがめること。

七

対義語
1 婉曲　2 慇懃・殷勤　3 挂冠
4 簒奪　5 駑駘

5 嫋 6 忖度 7 杳然 8 抓
9 蹂躪 10 靱帯 11 楕円 12 怯
13 草昧 14 拉致 15 斬奸 16 轗軻
17 括 18 縊 19 絎 20 鮨

解説

7「杳然」は、はるかに遠い様子。
13「草昧」は、国ができたばかりで、秩序などが発達していないこと。
15「斬奸」は、悪者を切り殺すこと。
16「轗軻」は、世間に認められないこと。

三

1 刪潤 2 放埒 3 彝倫
4 狷介 5 騙詐

解説

1「刪」は、「削る」という意味、「潤」は「飾る、つやを出す」という意味。
3「彝」には「常」という意味がある。

四

問1

1 嚆矢 2 螻蟻 3 霹靂 4 一蹶
5 禹行 6 匪躬 7 羞花 8 一擲
9 覿面 10 戮力

問2

1 せいき 2 こうりょう
3 しょきゅう 4 かんえん
5 えいしょ

解説

問1・2「螻蟻潰堤」は、ほんの小さなことが大きな問題の原因になるというたとえ。

類義語 6 蒼氓 7 怒濤 8 輿地
9 碩儒 10 服膺

解説

3「仕官」は官職に就くこと、「挂冠」は官職を辞すこと。
8「寰宇」「輿地」は、天下、全世界のこと。

八

1 手臂 2 糠(粳) 3 烏帽子 4 穏座
5 巌牆 6 膏肓 7 閲 8 豺狼
9 千鈞 10 斧柯

解説

9「一髪千鈞を引く」は、非常に危険なことや極めて難しいこと。

九

1 脚絆(半) 2 草鞋 3 縮緬 4 莫蓙(蓙)
5 囃 6 怜悧 7 橇(橇車) 8 皇胤
9 緞帳 10 忝(辱)
ア はしょ イ しゅす ウ もみ
エ くずや オ はばか カ はらばい
キ しせき ク すね ケ こうがい
コ はなし

解説

1「脚絆(半)」は、昔すねに当てたり巻きつけたりした布のこと。
3「縮緬」は、絹織物の一種のこと。
ケ「慷慨」は、悪い風潮などに憤ること。

第9回 よく出る模擬試験問題 解答・解説

問題 84～89ページ

一

1 えきよう　2 ひかん　3 さいるいう
4 がちゅう　5 どんりょく　6 あいぜん
7 しょうぜん　8 くくぜん　9 かんかく
10 べっしょ　11 けんてき　12 かんかつ
13 こつりつ・ごつりつ　14 おそく
15 しょうこう　16 こうゆ　17 やぼく
18 こうぼう　19 こうがく
20 いにょう・いじょう　21 もとどり
22 もず　23 そら　24 ともがら　25 よつぎ
26 みな　27 さだ　28 はぐく　29 さおさ
30 おそ

解説
4「牙籌」は、そろばん。「牙籌を執る」は、収支計算をすること。
9「丱角」は、幼い子供。また、幼いこと。
11「涓滴」は、水のしずくのこと。
16「膏腴」は、土地が肥えていること。
19「潸然」は、さめざめと涙を流すさま。
20「囲繞」は、周囲をぐるりと囲んでいること。

問1・4「雷霆万鈞」は、比類ないほどの激しい力や勢いがあること。
問1・10「必求壟断」は、利益や権利などを独占すること。

五

1 もみ　2 けら(おけら)　3 どてら
4 すいかずら　5 かみきりむし(かみきり)
6 エニシダ　7 とくさ　8 いちはつ
9 うわばみ　10 しゃっくり

解説
7「木賊」は、砥石になる草。「砥草」とも書く。
9「蟒蛇」は、大蛇。また、大酒飲みのこと。

六

1 びらん　2 ただ　3 ばいえい
4 つちふ　5 さんぎゃく　6 うば
7 らいし　8 たま　9 かかく　10 つつ

解説
1「糜爛」は、ただれくずれること。
3「霾翳」は、土砂で空がくもること。

七

対義語
1 膠着(著)　2 澆薄　3 辺陬
4 奢侈　5 陋居

二
1 追儺　2 攀　3 燎原　4 暗澹
5 踵　6 白檀　7 旱(干)魃　8 俚言
9 投擲　10 恙　11 旁(傍)　12 眷属(族)
13 信憑性　14 降雹　15 杞憂　16 肯綮
17 抛　18 選　19 煩　20 圦

解説
1「追儺」は、節分の元である鬼払いの儀式。
3「燎原」は、野原を焼くこと。「燎原の火」の形で、勢いが強くて止められないもののたとえ。
12「眷属」は、一族、親族。また、従者や家来。
16「肯綮に中る」は、ぴたりと要点をつくこと。
20「圦」は、水の出入りを調節する場所。水門。

三
1 慳(倹)吝　2 咆哮　3 驥足
4 豺(犲)狼　5 天籟

解説
3「驥」は、足の速い馬という意味がある。
4「豺狼」は、やまいぬとおおかみのこと。

四
問1
1 運斤　2 拈華(花)　3 烏焉
4 雷霆　5 檻猿　6 媚態　7 涵泳
8 夢寐　9 収攬　10 壟断

問2
1 はつらん　2 とほ　3 やくわん
4 かりょう　5 ひょうびょう

解説
問1・1「運斤成風」は、人間業とは思えないほどの素晴らしい技術のこと。

類義語　6 無聊　7 稟質　8 繁劇
9 孩提　10 尽瘁

解説
3「都邑」は都会。「辺陬」は田舎。
8「空偬」「繁劇」は、慌ただしく忙しいこと。
9「孺嬰」「孩提」は、乳飲み子、幼子のこと。

八
1 鬼瞼　2 穏座　3 阿吽　4 匙(匕)
5 芻蕘　6 訛(譌)　7 権道　8 布帛
9 桂林　10 噓

解説
2「穏座の初物」は、初物のように珍重される、時期に遅れて実った果物や野菜のこと。

九
1 綽綽(綽々)　2 睥睨(俾倪)　3 叱咤
4 滔々　5 崛起　6 逍遥　7 醬油
8 蒟蒻　9 饂飩粉　10 妾
ア ああ　イ しか　ウ か
エ ぜんぜん　オ さんてん　カ するめ
キ すりばち　ク みずばな　ケ お
コ はら

解説
2「睥睨」は、周りを睨みつけること。
5「崛起」は、高くそびえ立つこと。
オ「山巓」は、山の頂のこと。

第10回 よく出る模擬試験問題 解答・解説

問題 90～95ページ

一

1 さくさく　2 ようま　3 しゅう
4 かんもく　5 びんべん　6 えいいき
7 こうこ　8 ぎょくぜん　9 おうてん
10 へんたく　11 たくざい　12 だっさい
13 ちょうたく　14 しゅんぼう
15 ふへい　16 げきたく　17 そうれい
18 ほうはい　19 せんしょう
20 るし・ろうし　21 ほ・え　22 むさぼ
23 のぼ　24 す　25 けり　26 つちふ
27 かなまり・まり　28 のが　29 にじ
30 あまだれ

解説

3「岫」は、山の洞穴のこと。また山の峰。
6「塋域」は、墓地・墓場のこと。
9「甕天」は、狭い世間のこと。
10「貶謫」は、官位を下げ、遠地に流すこと。
15「浮萍」は、浮き草のこと。
18「澎湃」は、盛んな勢いで起こる様子。
20「僂指」は、指を折って数えること。

問1・6「衆口鑠金」は、人の噂や誹謗中傷の力の強さや恐ろしさをいうたとえ。
問1・10「珠聯璧合」は、才能のある多くの人物が一つの場所に集まること。

五

1 ごかい　2 ほや　3 ザボン　4 あずまや
5 さいかち　6 つばき　7 やご
8 いのこずち　9 こち　10 きめ

解説

8「牛膝」は、根が漢方薬用になる植物の名。

六

1 えいしゅ・えいゆ　2 か　3 ようあつ
4 ふさ　5 たいよう　6 みごも
7 せきげつ　8 さ　9 こうてん
10 よ

解説

1「贏輸」は、勝負、勝ち負け。輸贏とも言う。
7「螫齧」は、刺すこと。食いつくこと。
9「靠天」は、天や運命にまかせること。

七

対義語

1 磊落　2 陳套　3 末裔
4 淪落　5 怯懦

二

1 襞　2 謦咳　3 蓴　4 鬆
5 厲(励)精　6 錚錚(錚々)　7 解
8 態態(態々)　9 荼毘　10 闖入　11 鯔背
12 軋　13 鵜(鶚)　14 饕餮　15 干戈　16 慙汗
17 河鹿　18 鰍　19 匁　20 椌

解説
2「謦咳」は、咳払い。「謦咳に接する」は、目上の人物にお目にかかること。
3「蓴」は、じゅんさい（蓴菜）の別名。
10「懸河」は急な川の流れ。「懸河の弁」は、とどこおりなく弁舌をふるうこと。
16「慙汗」は、恥ずかしさで汗が出ること。

三

1 牴牾　2 疇昔　3 驍名
4 截然　5 滂沱

解説
1「牴牾」は、「もどき」と読むこともできる。
5「滂沱」は、雨のふりしきる様子も表す。

四

問1
1 拓落　2 含哺　3 琴瑟　4 結跏
5 冠履　6 鑠金　7 啾啾(啾々)
8 一虁　9 怒濤　10 璧合

問2
1 かいろう　2 こうこう　3 らくこん
4 しちし　5 てんぱい

解説
問1・2「含哺鼓腹」は、人々が豊かで天下太平の世の中を楽しむ様子。

類義語　6 揶揄　7 錯簡　8 破天荒
9 緇素　10 黎元

解説
5「剛毅」は意志が堅くて強いこと。「怯懦」は、臆病で気が弱いこと。
9「僧俗」「緇素」は、僧侶と俗人。

八

1 離披　2 老蚌　3 垂拱　4 開闔
5 阿漕　6 痘痕　7 杞柳　8 毬栗
9 驥尾　10 鉄桶

解説
9「驥尾に付す」は、優れた人に従っていけば何事かは成し遂げられるということ。

九

1 疳(癇)癪　2 山椒　3 鵬　4 詑
5 敲(叩)　6 贖罪　7 艱難　8 隧道
9 須臾　10 嗤笑
ア そし　イ なまぐさ　ウ たばこ
エ あつら　オ こうこう　カ かいさく
キ つち　ク けたい(けだい)　ケ たわ
コ しの

解説
9「須臾」は、一瞬のこと。
10「嗤笑」は、あざわらうこと。
オ「皓皓」は、白く光る様子。

第11回 よく出る模擬試験問題

解答・解説

問題 96~101ページ

一

1 ろりゃく　2 こうこう　3 きんたん
4 しゃくだん　5 よく　6 ねいしん
7 ばいちょう　8 とうえい　9 じじ・しし
10 しゅろ　11 せんし　12 かしゅ
13 そんおう　14 じだ
15 へいとう　16 けんかく　17 ぜいゆう
18 そうぼう　19 あいだい・あいない
20 いあく　21 もとどり　22 のこ　23 めぐ
24 ひしお　25 こうのとり　26 つつ
27 うつ　28 かいらぎ　29 さすが　30 やが

解説

3「釁端」は、争いの始まりのこと。
6「佞臣」は、主君にこびへつらう不実な家臣。
7「陪冢」は、大きな墓のそばにある小さな墓。
9「孳孳」は、たゆまず努力する様子。
15「弊竇」は、弊害となる点のこと。欠点。
18「怱忙」は、いそがしいこと。
20「帷幄」は、作戦をめぐらす場所。本営。

二

1 褥(蓐)瘡　2 侘　3 嘶　4 堡塞

問1・9「牛驥同皂」は、賢者と愚者が同じ待遇を受けること。賢者と凡人が混じること。

五

1 かいらぎ　2 ジュゴン　3 とうがらし
4 からたち・からたちばな
5 インク・インキ　6 かわせみ　7 のろし
8 へちま　9 ざりがに　10 エジプト

解説

1「梅花皮」は、刀剣の鞘や柄などの装飾に用いる、堅い粒状の梅花のような突起のある魚皮。
4「枳殻」は、生薬名では「キコク」。

六

1 じょうしょう　2 ふ　3 さくせい
4 うが　5 えいしゅん　6 すぐ
7 ひょうい　8 つ　9 あだ
10 たお

解説

3「鑿井」は、石油や地下水などの採取・探査のために井戸を掘ること。

七

対義語　1 罹患　2 齟齬　3 俚語
4 詆毀(譏)　5 麤(粗)笨

5 慳貪　6 擱坐(座)　7 万斛　8 榾木
9 瞋(嗔)恚　10 窶　11 款　12 燥
13 氷釈　14 権柄　15 嘸　16 橄欖
17 挿頭(簪)　18 翳　19 鰭　20 鞐

解説
4「堡塞」は、とりで、城塞のこと。
6「擱坐（座）」は、船舶が座礁して動けなくなること。
7「万斛」は、はかりきれないほど多い分量。
10「身を窶す」は、みすぼらしい姿をすること。
14「権柄」は、政治上の実権のこと。

三
1 潺湲　2 狡獪　3 眷恋
4 寥(廖)廓　5 箴言

解説
1「潺湲」は、涙がしきりに流れるさまも言う。
5「箴」の訓読みは「いまし・める」。

四
問1
1 三豕　2 碩師　3 瓦釜　4 趨炎
5 提耳　6 燃萁　7 絢爛
8 采(採)椽　9 同阜　10 漫滅

問2
1 さくせつ　2 しもく　3 はら
4 いとん　5 なんえん

解説
問1・1「三豕渉河」は、文字をまちがえること。「己亥」を「三豕」を読み間違えたことから。
問1・5「提耳面命」は、丁寧に教え諭すこと。

類義語　6 慟哭　7 神饌　8 股肱
9 驀進　10 飛泉

解説
4「嘉尚」は、ほめたたえること。「詆毀（譏）」は、けなすこと。悪口を言うこと。
10「瀑布」「飛泉」は、滝のこと。

八
1 蒼蠅　2 摺　3 荊棘　4 鷺
5 辞儀(宜)　6 勝地　7 釣瓶　8 天機
9 反間　10 絢

解説
5「湯の辞儀（宜）は水になる」は、遠慮も時と場合によるということ。

九
1 硝子　2 贔屓　3 嘸　4 襷
5 剽軽　6 瑇瑁　7 笄　8 痒
9 鮒　10 臙脂
ア たとえ　イ ひげがお　ウ すり
エ りこう　オ けむり　カ べっこう
キ くし　ク は　ケ たもと
コ か

解説
6「瑇瑁」は、海がめの一種。
7「笄」は、髪を整える道具。
カ「鼈甲」は、海がめの甲羅を加工したもの。

第12回 よく出る模擬試験問題 解答・解説

問題 102〜107ページ

一

1 いちおう　2 そうしゅう　3 ふげき
4 うんちつ　5 ひやく　6 えんおう
7 せん　8 へんき　9 たんぜん
10 てんゆ　11 ほうたい　12 しょうしゃ
13 きやく　14 ちょうきゅう
15 ちゅっちょく・ちっちょく　16 こうえん
17 べきら　18 しんい・しんに　19 ようそ
20 かき　21 そら　22 にな　23 つらつら
24 みな　25 よわ　26 ものう　27 はしら
28 うえ　29 すき　30 み

解説
2 「棗脩」は、土産。ナツメと干し肉のこと。
4 「芸帙」は、書物のこと。
6 「冤枉」は、無実の罪のこと。
10 「諂諛」は、こびへつらうこと。
15 「黜陟」は、官位を上げ下げすること。
17 「汨羅の鬼」は、水死した人のこと。
20 「嘉卉」は、美しい草木のこと。

二

1 泥濘　2 憫(愍)笑　3 煤埃　4 截然

問1・4「旌旗巻舒」は、戦いが続くこと。
問1・9「舞文弄法」は、法律の条文を自分たちの都合のいいように解釈すること。

五

1 ぐみ　2 ひじき　3 ほろほろちょう
4 おもだか　5 かつお　6 カナリア
7 しだ　8 われもこう　9 もがり
10 やまかがし

解説
9 「虎落」は、竹を筋違いに組んで、縄で結び固めた柵や垣根のこと。

六

1 ちゅうちょう　2 うら(いた)　3 いんそく
4 ふさ　5 そり　6 のろ　7 しょうすい
8 つ・うすず　9 しゅこう　10 た

解説
1 「惆悵」は、恨み嘆くこと。
8 「舂く」は、穀物などを臼に入れてつくこと。また、日が沈もうとすること。

七

対義語　1 老耄　2 懶(嬾)惰　3 蠹害
4 鹹水　5 諂佞

5 棍棒 6 滲 7 獰猛 8 沽(估)券
9 膾炙 10 誹謗 11 飄逸 12 一齣
13 曲肱 14 屠 15 蟬蛻 16 裘葛
17 籾 18 樅 19 鯑 20 弖

解説 8「沽券」は、品位や体面のこと。

13「曲肱の楽しみ」は、貧しい生活の中の楽しみ。「曲肱」は肘を枕代わりにする貧しい生活。

14「屠る」は、敵を打ち負かすこと。

15「蟬蛻」は、俗世間から超然としていること。

16「裘葛を易える」とは、冬と夏を過ごして一年が経つこと。

三

1 苗裔 2 遊(游)冶郎 3 嗚咽
4 澆末 5 眩暈

解説 4「澆末」は、「澆季末世」と同義。「澆」は薄いという意味。

四

問1
1 大廈 2 焦頭 3 夜郎 4 旌旗
5 九鼎 6 綺語 7 睚眥 8 皓歯
9 弄法 10 無礙(碍)

問2
1 たいろ 2 きょくろ 3 うんきん
4 さんきん 5 げきしゅ

解説 問1・2「焦頭爛額」は、肝心なことをおろそかにし、枝葉末節ばかりを重要視すること。

類義語 6 繽紛 7 翹楚 8 書疏
9 操觚 10 標榜

解説 7「駿逸」「翹楚」は、大勢の中でとびぬけて優れていること。

八

1 看経 2 竹帛 3 速(早)贄 4 涎
5 跫音 6 蕎麦 7 衢道 8 畚
9 聚斂 10 杞梓

解説 5「空谷の跫音」は、孤独なときに受ける珍しくてうれしい訪問や便りのこと。

九

1 孵 2 絣 3 屛風 4 袢纏(半纏)
5 竦 6 蕭条 7 杖 8 犇々
9 微塵 10 艀
ア あわせ イ けい ウ たまがき(みずがき)
エ か オ みぶる カ ほんろう
キ わんきょく ク もた ケ さざなみ
コ らくばく

解説 6「蕭条」は、ひっそりして物寂しい様子。
コ「落寞」は、さびれてひっそりしている様子。

第13回 よく出る模擬試験問題 解答・解説

問題108〜113ページ

一

1 ねっとう・ねつどう
2 しゅくこつ・しゅっこつ　3 ちょうてき
4 きゅうぜん　5 かつ　6 ぼうが
7 しゃぜん　8 ちゅうさく　9 ぶつがん
10 こわく　11 ぜいせい　12 てんめつ
13 しゅうへき　14 ぶんべい　15 しんちょう
16 けんとつ　17 しかん　18 るいそう
19 こうそう　20 ていぼう　21 てばこ　22 き
23 いか　24 わかば　25 のぼり　26 かじか
27 やつ　28 う　29 えら　30 ほばしら

解説
2「倏忽」は、時間が極めて短い様子。

3「糶糴」は、穀物の売買。「糶」には、せりの意味もあり「糶糴売買」は、競り売買のこと。

8「籌策」は、策略。はかりごと。

11「噬臍」は、「臍を噬む」。後悔すること。

17「卓犖」は、他からぬきんでていること。

19「倥偬」は、忙しいこと。慌ただしいこと。

二

1 凜冽（烈）　2 啖呵　3 扼　4 桎梏

すぎて制御ができないこと。

問1・9「鏃礪括羽」は、知識に磨きをかけて、世の役に立つ有能な人材になること。

五

1 そばえ　2 ちょろぎ　3 チベット
4 さより　5 こなから　6 ふのり
7 カタログ　8 とりかぶと　9 からすみ
10 またたび

解説
5「二合半」は、半分の半分。一升の四分の一のことで「小半」とも書く。

六

1 うんこう　2 くさぎ　3 はんしょ
4 や　5 もくと　6 み
7 すいかく　8 しら　9 さんそく
10 あつ

解説
3「燔書」は、書物に火をつけ、燃やすこと。
7「推覈」は、いろいろとくわしく調べること。

七

対義語
1 猜疑　2 扞（捍）格　3 演繹
4 馘首　5 殷富

5 衍字　6 焜炉　7 楮　8 吐瀉
9 筧(懸樋)　10 聳(竦)　11 譴責　12 閂
13 騙　14 虞犯　15 占筮　16 久闊
17 呉　18 榑　19 鮗　20 鎺

解説
1「凜冽（烈）」は厳しい寒さが身にしみるさま。
3「扼す」は、しめつけること。
11「譴責」は、最も軽い懲戒処分。戒告。
15「占筮」は、筮竹で卦を立て吉凶を占うこと。
20「鎺」は、刀身の手元の部分に嵌める金具。

三

1 跼(局)蹐　2 蹌踉　3 褫奪
4 殷賑　5 冤罪

解説
1「跼（局）蹐」は、「跼天蹐地」を略したもの。
2「蹌踉」は、「蹌踉（よろ）ける」とも読む。

四

問1
1 昏定　2 浅酌　3 俛(俯)首
4 恫疑　5 萍水　6 不掉
7 廷諍(争)　8 斧柯　9 括羽
10 壺漿

問2
1 ろめい　2 とうこう　3 ぞくちょう
4 しちゅう　5 やしゃ

解説
問1・3「俛(俯)首帖耳」は、人にこびる卑しい態度のこと。
問1・6「尾大不掉」は、下にいる者の勢力が強

類義語　6 指(使)嗾　7 致仕　8 流謫
9 僭越　10 曠古

解説
2「契合」は、二つのものがぴったり合うこと。「扞(捍)格」は、意見などが食い違うこと。
8「貶竄」「流謫」は、遠方に追放すること。また、遠方に追放されること。

八

1 鸚鵡　2 桑楡　3 好逑　4 点睛
5 箕　6 余殃　7 零(溢)　8 勁松
9 孑孑　10 犢

解説
2「桑楡且に迫らんとす。」は、死期が迫っているということ。

九

1 埒　2 啾啾(啾々)　3 鬼哭　4 鏗爾
5 俯仰　6 鉄撥　7 勿論　8 霙
9 齎　10 上梓
ア ここ　イ ちゅうびゅう　ウ こうぶ
エ せいさん　オ へきうん　カ う
キ ぼこう　ク きゅうしゃ　ケ ぎょしゃ
コ そうてい

解説
4「鏗爾」は、金属や石、楽器の出す音の様子。
ウ「荒蕪」は、土地が荒れ果て雑草が茂ること。

第14回 よく出る模擬試験問題 解答・解説

問題114～119ページ

一

1 ふんえい　2 えんが　3 べきべき

4 しんしょう　5 しんしん

6 きょうこう・ぎょうこう　7 はいだつ

8 きょうゆう　9 そにく　10 ぼくん

11 ていがく　12 じゅそつ　13 ぎんぎんぜん

14 ちゅうせき　15 ゆうこ　16 はいじく

17 かんてい　18 ほうか　19 かつぜん

20 たんこ　21 たお　22 はしぶとがらす

23 ありづか　24 おやゆび　25 うった

26 こまぬ・こまね　27 か　28 たるき

29 いた　30 かや

解説

1 「墳塋」は、墓場のこと。

5 「岑岑」は、頭などがずきずきと痛むこと。

8 「梟雄」は、残忍で強く荒々しい者。

10 「謨訓」は、後世の模範となる国家の大計。

11 「棣鄂の情」は、兄弟の麗しい愛情のこと。

12 「戍卒」は、国境を守る兵士のこと。

14 「疇昔」は、昔のこと。

問1・6「箪食瓢飲」は、貧苦の中で勉学に励むこと。また、粗末な食事のこと。

問1・9「白衣蒼狗」は、世の中の移り変わりが早いこと。

五

1 ほたるぶくろ　2 まっしぐら　3 パン

4 ラマ　5 チベット　6 そてつ

7 たら　8 しいら　9 けし

10 ごきぶり（あぶらむし）

解説

2 「驀」だけでも「まっしぐら」と読む。

六

1 ちたつ　2 むちう　3 せんしん

4 しき　5 てんめつ　6 つ

7 とうこう　8 つつ　9 たくし

10 うつ

解説

1 「笞撻」は、むちで打つこと。

3 「荐臻」は、災いなどが次々に起こること。

6 「耘る」は、田畑の雑草を取り除くこと。

七

対義語　1 僥倖　2 曖昧　3 微恙

二

1 呵成　2 囮　3 幇助　4 喇叭
5 揣摩　6 長櫃　7 浚　8 披瀝
9 瑕疵　10 金盞　11 箏曲　12 琥珀
13 燼(尽)滅　14 耆宿　15 左袒　16 耿介
17 雛　18 鄙(俚)　19 鮹　20 迚

解説 8「披瀝」は、考えをすべて打ち明けること。
13「燼滅」は、ほろび、なくなること。
14「耆宿」は、学徳に優れ、経験豊かな老人。
16「耿介」とは、固く志を守ること。

三

1 掣肘　2 誘掖　3 偸安
4 狎昵　5 贖罪

解説 1「掣肘」は、「肘」を「掣」いて妨げる、の意。
2「誘掖」の「掖」は、脇から助けること。
3「偸安」は、将来を考えずに一時的な安楽を求めることをいう。

四

問1
1 斗折　2 猫鼠　3 銘肌　4 並駕
5 戮力　6 瓢飲　7 濫吹　8 万箭
9 蒼狗　10 虎嘯

問2
1 いへん　2 けいじゅ　3 かくろん
4 たいとう(だいとう)　5 しゅうこう

解説 問1・3「銘肌鏤骨」は、深く心に刻みつけて忘れないこと。

類義語
4 羸弱　5 酣酔
6 澆季　7 寰中　8 諷誦
9 輓今(近)　10 賁臨

解説 3「重痾」は重い病気。「微恙」は、軽い病気。
10「来駕」「賁臨」は、来訪を敬っていう語。

八

1 狢(貉)　2 甎全　3 傾蓋　4 螻蛄
5 鄒魯　6 睢鳩　7 踝　8 一簣
9 粢(糈)　10 睚眥

解説 8「九仞の功を一簣に虧く」は、長い間苦労してきたことが、最後に手を抜いたために、失敗に終わること。

九

1 狐憑　2 櫨(黄櫨)　3 傀儡　4 搔
5 爬虫　6 蠢　7 皺　8 魑魅
9 魍魎　10 跋扈
ア あお　イ むしろ　ウ うてな
エ そらまめ　オ たと　カ ざぼん
キ こしら　ク わらび　ケ どんす
コ きりび

解説 3「傀儡師」は、首から掛けた箱の上で人形を操る大道芸人。
ウ「萼」は、花のがく。

第15回 よく出る模擬試験問題 解答・解説

問題120～125ページ

一

1 へいき　2 えつうつ　3 じゅっぺい
4 どんぜい　5 しゅうえん　6 ふふく
7 さんしゅう　8 あいふん　9 いらく
10 きたん　11 しょうよう　12 れんそう
13 ききょく　14 ざんし　15 しんけい
16 せんにく　17 がふ　18 がくがく
19 かんよう　20 しちょう　21 へりくだ
22 そむ　23 はなわ　24 さぐ
25 かしず　26 ぬか　27 みだり
28 いいつ　29 はなひ　30 さき

解説
4「呑噬」は、他国を侵略して領土を奪うこと。
6「俛伏」は、手に笏を持って、腰を折り深く礼をすること。
7「刪修」は、語句を削り、文章を直すこと。
8「埃氛」は、俗世間の汚れた空気。
11「慫慂」は、その行為をするように他人が強く勧めること。

二

1 真贋　2 伉儷　3 咫尺　4 咳嗽

五

問1・9「曠日弥久」は、長い間何もせずに無駄な日々を過ごすこと。

1 いととんぼ　2 ニューヨーク　3 ひじき
4 さるのこしかけ　5 みみず　6 やまあらし
7 コスモス　8 ほたてがい　9 すずし
10 ししゃも

解説
9「生絹」は、「すずし」「きぎぬ」「せいけん」と読む。生糸で織った絹の布のこと。

六

1 かた　2 おびただ　3 えつえき
4 よろこ　5 おうりょう　6 ふか
7 こうへい　8 はずかし　9 あつみつ
10 とど(と)

解説
5「弘量」は、深くて水かさのある様子。
7「詬病」は、悪口を言ってはずかしめること。

七

対義語　1 丕績　2 奸黠　3 慟哭
4 擱筆　5 闃寂
類義語　6 収攬　7 肯綮　8 潑溂(剌)

5 拿捕 6 揮毫 7 疼 8 燦（粲）然
9 紮（絡） 10 臙脂（燕脂） 11 舐（嘗）
12 蕁 13 衒 14 怪訝 15 笊 16 馘首
17 笥 18 褻 19 軈 20 椙

解説
2「伉儷」は、配偶者のこと。
3「咫尺を弁ぜぬ」は、近い距離でも見分けがつかないこと。
4「咳嗽」は、咳のこと。
17「笥」とは、食物を盛る器のこと。

三

1 誅戮 2 蹉跌 3 閭巷
4 鞅掌 5 膺懲

解説
2「蹉」も「跌」も、つまずくという意味。
5「膺」は征伐する、「懲」はこらしめるという意味。

四

問1
1 濫竽 2 霑体 3 躡足 4 竜攘
5 鸞翔 6 鶻落 7 艾酒 8 薪水
9 弥久 10 掣肘

問2
1 すいかい 2 よういく 3 かそう
4 しょうしゃく 5 ろうぎ

解説
問1・1「濫竽充数」は、能力のないものが、能力があるようにみせかけること。
問1・6「兎起鶻落」は、画や文章の勢いがあること。

---

9 咄嗟 10 蹉躓

解説
3「哄笑」は、大口を開けて笑うこと。「慟哭」は、声をあげて激しく泣くこと。
8「鬱勃」「潑溂（剌）」は、生き生きと元気のよいさま。

八

1 藜羹 2 纓 3 慷慨（慷愾） 4 立錐
5 水潦 6 斗筲 7 覆舟 8 囹圄（圉）
9 涅槃 10 眸子

解説
6「斗筲の人、何ぞ算うるに足らんや」は、器の小さい人は勘定に入れる必要がないこと。

九

1 闃 2 夏霞 3 眩 4 凭
5 孕 6 蔓（蔓延） 7 鄙（卑）陋 8 昵懇
9 奔湍 10 拝誦
ア あし イ ひらめ ウ すさのお
エ やちまた オ しげき カ ひん（ひそみ）
キ なら ク きょうしゃ ケ ぶすい
コ したった

解説
7「鄙陋」は、品性・言動などがいやしいこと。
9「奔湍」は、早瀬、急流のこと。

1級配当漢字表

1級の配当漢字を部首別で掲載しました。読みの欄のカタカナは音読み、ひらがなは訓読み、赤い字は送りがなです。

漢字	読み	用例・意味
一	いち	
弌	イチ、イツ、ひと、ひとつ	弌《ひと》つ・数《かず》の名前《なまえ》
丐	カイ、こう、こじき	丐取《かいしゅ》・丐命《かいめい》・乞丐《きっかい》
丕	ヒ、おおきい、うける、もと	丕《おお》きい・丕基《ひき》・丕業《ひぎょう》
丨	ぼう、たてぼう	
丫	ア、あげまき、つのがみ	丫《あげまき》・昔《むかし》の子《こ》の髪型《かみがた》
丱	カン、ケン、あげまき、おさない	丱《あげまき》・丱女《かんじょ》
丶	てん	
丿	の、はらいぼう	
乂	ガイ、かる、おさめる、すぐれる	乂安《がいあん》・俊乂《しゅんがい》

漢字	読み	用例・意味
乖	カイ、そむく、もとる、へだたる、こざかしい	乖異《かいい》・乖離《かいり》・乖背《かいはい》
乙乚	おつ	
亅	はねぼう	
予	ヨ、あたえる、ゆるす、われ	予輩《よはい》・賜予《しよ》・友《とも》を予《ゆる》す
二	に	
于	ウ・ク、ああ、ここに、ゆく	于《ここ》に帰《とつ》ぐ・于役《うえき》・友于《ゆうう》
弍	ニ・ジ、ならぶ、つぐ、うたがう	弍《なら》ぶ・弍《うたが》う
亟	キョク、キ、すみやか、しばしば	亟《すみ》やか・亟務《きょくむ》
亠	なべぶた、けいさんかんむり	

漢字	読み	用例・意味
亢	コウ、のど、たかい、たかぶる、あがる、きわめる、あたる	気持《きも》ちが亢《たかぶ》る・亢《のど》を絶《た》つ
亶	タン、セン、あつい、ほしいまま、まこと、もっぱら	亶《あつ》い本《ほん》を読《よ》む
亻人	ひと、にんべん	
𠆢	ひとやね	
仍	ジョウ、ニョウ、よる、かさなる、しきりに、なお	仍孫《じょうそん》・仍《よ》りどころ
仄	シキ、ショク、ソク、かたわら、かたむく、そばだつ、ほのか、いやしい、うらがえる、ほのめく、ほのめかす	日《ひ》が仄《かたむ》く・仄聞《そくぶん》
仆	フ、ホク、たおれる、しぬ	仆《たお》れる・仆偃《ふえん》

漢字	読み	用例・意味
仂	ロク・リキ、リョク、あまり、つとめる	仂《あま》り・懸命《けんめい》に仂《つと》める
仗	ジョウ、つわもの、ほこ・よる、まもり	兵仗《へいじょう》・儀仗《ぎじょう》
仞	ジン、ひろ、はかる	手《て》で長《なが》さを仞《はか》る
仟	セン、かしら	数字《すうじ》の仟《せん》
价	カイ、よい、よろう	貴价《きかい》・价人《かいじん》
伉	コウ・たぐい、ならぶ、つよい、おごる	伉儷《こうれい》・伉健《こうけん》
佚	イツ、テツ、たのしむ、やすんずる、あそぶ、のがれる、うしなう、うつくしい、ゆるい、たがいに	佚《いつ》を以《もっ》て労《ろう》を待《ま》つ・佚文《いつぶん》
估	コ、あたい、あきなう	估券《こけん》にかかわる・商《しょう》估《こ》
佝	ク、コウ、まがる、おろか	佝《おろ》か・佝僂病《くるびょう》

漢字	読み	用例・意味
佗	タ イ ほか になう みだす わび わびしい わびる	佗《わび》しいすまい・佗《た》負《ふ》・佗髪《たはつ》
佇	チョ たたずむ たちどまる まつ	街角《まちかど》に佇《たたず》む・佇立《ちょりつ》・延佇《えんちょ》
佞	デイ・ネイ おもねる へつらう よこしま	佞言《ねいげん》は忠《ちゅう》に似《に》たり・佞弁《ねいべん》
余	ヨ われ	余《われ》を助《たす》けよ
佶	キツ よい かたい	佶屈《きっくつ》
侈	シ・おごる ほしいまま おおきい ひろい	侈《おご》った暮《く》らし・驕《きょう》侈《し》・奢侈《しゃし》
侏	シュ みじかい	侏儒《しゅじゅ》・侏離《しゅり》
侘	タ・ほこる わびる わびしい わび	侘助《わびすけ》・侘茶《わびちゃ》
佻	チョウ かるい かるがるしい	佻《かるがる》しい言動《げんどう》・軽佻《けいちょう》
佩	ハイ おびだま おびる はく	刀《かたな》を佩《お》びる・佩帯《はいたい》・感佩《かんぱい》
佰	ハク ヒャク おさ	仟佰《せんぱく》

漢字	読み	用例・意味
侑	ウ ユウ すすめる むくいる たすける ゆるす	酒《さけ》を侑《すす》める・侑食《ゆうしょく》・侑賓《ゆうひん》
佯	ヨウ いつわる さまよう	佯狂《ようきょう》・倡佯《しょうよう》
侖	ロン リン おもう ついずる	物事《ものごと》を順序《じゅんじょ》立《だ》てる
俔	ケン うかがう しのび	様子《ようす》を俔《うかが》う・俔天《けんてん》
俟	シ まつ	今後《こんご》の研究《けんきゅう》に俟《ま》つ
俎	ショ ソ まないた	俎上《そじょう》の肉《にく》・俎豆《そとう》
俘	フ とりこ とる	俘虜《ふりょ》・俘囚《ふしゅう》
俛	ベン メン フ ふせる	顔《かお》を俛《ふ》せる・俛首帖《ふしゅちょう》耳《じ》
俑	ヨウ トウ ひとがた いたむ	俑《よう》を作《つく》る・俑《ひとがた》
俚	リ いやしい ひな	俚言《りげん》・俚俗《りぞく》
俐	リ かしこい さかしい	俐《かしこ》い・怜俐《れいり》

漢字	読み	用例・意味
俤	おもかげ	亡《な》き父《ちち》の俤《おもかげ》が浮《う》かぶ
俥	くるま	人力車《じんりきしゃ》のこと
倚	イ キ よる たのむ	柱《はしら》に倚《よ》りかかる・倚《い》藉《しゃ》
倨	キョ おごる	倨《おご》った態度《たいど》をとる・倨傲《きょごう》
倔	クツ つよい	倔《つよ》い気持《きも》ちをもつ・倔強《くっきょう》
倪	ゲイ かよわい ながしめ きわ	俾倪《へいげい》
倥	コウ おろか いそがしい ぬかる	倥《ぬか》りはない・倥偬《こうそう》
倅	サイ・ソツ たすけ にわか せがれ	家業《かぎょう》を倅《せがれ》に譲《ゆず》る・倅《さい》車《しゃ》
俶	シュク テキ・よい はじめる すぐれる	俶装《しゅくそう》・俶儻《てきとう》
倡	ショウ わざおぎ あそびめ となえる	万歳《ばんざい》を倡《とな》える・倡妓《しょうぎ》
倩	セン セイ うつくしい むこ やとう つらつら	倩《つらつら》と考《かんが》える・倩倩《せんせん》・倩盼《せんべん》

漢字	読み	用例・意味
倬	タク おおきい たかい あきらか	倬詭《たくき》
俾	ヒ・ヘイ しもべ たすける にらむ	俾倪《へいげい》・俾益《ひえき》
俯	フ・ふす ふせる うつむく うつぶす	黙《だま》って俯《うつむ》く・俯瞰《ふかん》
們	モン ともがら	我們《がもん》
倆	リョウ うでまえ	倆《うでまえ》をみせつける・技《ぎ》倆《りょう》
偃	エン・ふす ふせる やめる せく・おごる	身《み》を偃《ふ》せる・偃武修《えんぶしゅう》文《ぶん》
偕	カイ ともに	偕《とも》にすすむ・偕老同《かいろうどう》穴《けつ》
偐	ガン ゲン にせ にせもの	偐紫田舎源氏《にせむらさきいなかげんじ》
偈	ケツ・ケイ ゲ・はやい すこやか いこう	讃偈《さんげ》・偈偈《けつけつ》
偖	シャ さて	偖《さて》、始《はじ》めましょう
偬	ソウ せわしい	倥偬《こうそう》

漢字	読み	用例・意味
偸	トウ チュウ ぬすむ かりそめ かろんずる うすい	偸盗《ちゅうとう》・偸安《とうあん》の夢《ゆめ》・偸《とう》薄《はく》
做	サク サ なす	心《こころ》做《な》し、疲《つか》れて見《み》える
傀	カイ おおきい くぐつ でく	傀然《かいぜん》・傀儡政権《かいらいせいけん》
傚	コウ ならう まねる	傚慕《こうぼ》・先例《せんれい》に傚《なら》う
傅	フ もり かしずく つく・しく	王女様《おうじょさま》に傅《かしず》く・傅育《ふいく》
傴	ウ かがむ かわいがる つつしむ	祖母《そぼ》は傴《かが》んで歩《ある》く・傴僂《うろう》
僉	セン みな	僉議《せんぎ》
僊	セン やまびと せんにん	僊人《せんにん》・神僊《しんせん》
僂	ロウ ル かがめる まげる	背《せ》を僂《かが》める・僂指《ろうし》
僖	キ よろこぶ たのしむ	良《よ》い知《し》らせに僖《よろこ》ぶ
僥	ギョウ もとめる ねがう	僥倖《ぎょうこう》に恵《めぐ》まれる・僥《ぎょう》冀《き》

漢字	読み	用例・意味
僭	セン なぞらえる おごる	王《おう》を僭称《せんしょう》する・僭越《せんえつ》
僮	トウ・ドウ わらべ おろか しもべ	僮僕《どうぼく》・家僮《かどう》・侍僮《じどう》
僵	キョウ こわばる たおれる	大路《おおじ》に僵《たお》れる・僵仆《きょうふ》
儁	シュン すぐれる まさる	儁《すぐ》れた人格《じんかく》・儁傑《しゅんけつ》
儂	ドウ ノウ わし われ	「儂《わし》じゃ」と祖父《そふ》が言《い》った
儕	サイ セイ ともがら	儕輩《さいはい》・同儕《どうせい》
儔	チュウ ジュ ともがら	儔匹《ちゅうひつ》・儔侶《ちゅうりょ》
儚	ボウ・モウ くらい はかない はかなむ	儚《はかな》い夢《ゆめ》と消《き》える・儚《ぼう》儚《ぼう》
儡	ライ つかれる くぐつ でく	儡儡《らいらい》・傀儡師《かいらいし》
儳	サン ザン さしでる ふぞろい	儳越《ざんえつ》・儳言《ざんげん》・儳巌《ざんがん》
儺	ナ ダ おにやらい	儺《おにやらい》の儀式《ぎしき》を行《おこな》う・追儺《ついな》
儷	レイ ならぶ つれあい	駢儷《べんれい》・伉儷《こうれい》・淑儷《しゅくれい》

漢字	読み	用例・意味
儼	ゲン いかめしい おごそか	儼乎《げんこ》な態度《たいど》・儼存《げんそん》
儻	トウ すぐれる もし あるいは	儻《ある》いは来《く》るかもしれぬ
儿	ひとあし にんにょう	
兀	コツ ゴツ たかい	兀兀《こつこつ》練習《れんしゅう》する・兀立《こつりつ》
兌	ダ・タイ エツ・エイ かえる とりかえる よろこぶ するどい	兌換《だかん》・兌利《えいり》・発兌《はつだ》
兢	キョウ つつしむ おそれる	戦戦兢兢《せんせんきょうきょう》・兢業《きょうぎょう》
入 入	いる いりがしら	
兪	ユ しかり	兪《しか》り・兪兪《ゆゆ》
八 八	はち は	
冀	キ こいねがう	冀求《ききゅう》・冀望《きぼう》・冀《こいねが》う
冂	どうがまえ けいがまえ まきがまえ	

漢字	読み	用例・意味
冉	ゼン ネン しなやか	冉《しな》やかな動《うご》き・冉冉《ぜんぜん》
冏	キョウ ケイ あきらか	冏《あき》らか・冏冏《けいけい》
冑	チュウ かぶと よろい	甲冑《かっちゅう》・鎧冑《がいちゅう》
冓	コウ くむ かまえる	冓《く》む
冕	ベン かんむり	軒冕《けんべん》・冕冠《べんかん》・冕服《べんぷく》
冖	わかんむり ひらかんむり	
冤	エン ぬれぎぬ あだ	冤罪《えんざい》・冤枉《えんおう》・結冤《けつえん》
冢	チョウ つか おおきい かしら	冢土《ちょうど》・蟻冢《ぎちょう》・荒冢《こうちょう》
冪	ベキ おおう	冪冪《べきべき》・冪級数《べききゅうすう》
冫	にすい	
冱	コ・ゴ こおる さむい さえる	頭《あたま》が冱《さ》える・冱寒《ごかん》
冽	レツ さむい つめたい	清冽《せいれつ》・冽冽《れつれつ》・冷冽《れいれつ》

漢字	読み	用例・意味
凊	セイ すずしい さむい	凊《すず》しい顔《かお》
凋	コ こおる	凋凍《ことう》・食品《しょくひん》が寒《さむ》さで凋《こお》る
凜	リン さむい すさまじい	凜凜《りり》しい・凜然《りんぜん》・凜《りん》乎《こ》
几	つくえ	
几	キ つくえ ひじかけ	几《き》帳面《ちょうめん》・几《き》案《あん》・几《き》下《か》
凩	こがらし	凩《こがらし》がふく
凭	ヒョウ よる もたれる	胃《い》が凭《もた》れる・凭《よ》りかかる
凵	うけばこ かんがまえ	
刂 刀	かたな りっとう	
刊	セン きる けずる	刊《き》る
刔	ケツ えぐる	刔《えぐ》る
刎	フン ブン はねる くびはねる	刎頸《ふんけい》の交《まじ》わり・首《くび》を刎《は》ねる

漢字	読み	用例・意味
刪	サン けずる えらぶ	刪修《さんしゅう》・不要《ふよう》な文字《もじ》を刪《けず》る
刮	カツ けずる こする こそげる	刮目《かつもく》
刳	コ えぐる くる さく	核心《かくしん》を刳《えぐ》る・丸《まる》く刳《く》りぬく
刱	ソウ ショウ はじめる そこなう	刱造《そうぞう》・刱《はじ》める
剄	ケイ くびきる	剄《くびき》る
剋	コク・かつ きざむ きめる きびしい	下剋上《げこくじょう》・剋復《こくふく》・相剋《そうこく》
剌	ラツ もとる そむく	剌謬《らつびゅう》・潑剌《はつらつ》
剞	キ きざむ ほる	剞刻《きこく》・剞《きざ》む
剔	テキ・テイ えぐる のぞく そる	病巣《びょうそう》を剔出《てきしゅつ》する・剔《てき》抉《けつ》
剪	セン きる つむ ほろぼす はさみ はさむ	盆栽《ぼんさい》を剪定《せんてい》する・剪《せん》滅《めつ》
剴	ガイ あたる あてはまる	剴切《がいせつ》

漢字	読み	用例・意味
剳	サツ トウ かぎ かま	剳《かま》
剿	ショウ ソウ・たつ ほろぼす かすめとる	剿滅《そうめつ》
剽	ヒョウ すばやい かるい おびやかす かすめとる	剽軽《ひょうきん》・剽窃《ひょうせつ》・剽悍《ひょうかん》
劈	ヘキ さく つんざく	耳《みみ》を劈《つんざ》く爆音《ばくおん》・劈頭《へきとう》
力	ちから	
劬	ク グ つかれる	劬労《くろう》・劬力《くりょく》・劬《つか》れる
劭	ショウ つとめる	劭《つと》める
劼	カツ つつしむ つとめる	劼《つつし》む
勁	ケイ つよい	勁健《けいけん》・勁草《けいそう》・簡勁《かんけい》
勍	ケイ つよい	勍《つよ》い・勍敵《けいてき》・勍勍《けいけい》
勖	キョク つとめる はげます	勖勉《きょくべん》・誠実《せいじつ》に勖《つと》める

漢字	読み	用例・意味
勣	セキ いさお	功勣《こうせき》・勣《いさお》
勦	ショウ ソウ たつ ほろぼす かすめとる すばやい	勦滅《そうめつ》・勦説《そうせつ》・勦絶《そうぜつ》
飭	チョク つつしむ ただす いましめる ととのえる	戒飭《かいちょく》・謹飭《きんちょく》・飭《いまし》める
勠	リク あわせる	勠力《りくりょく》・力《ちから》を勠《あわ》せて戦《たたか》う
勹	つつみがまえ	
匆	ソウ いそがしい あわてる	匆遽《そうきょ》・匆忙《そうぼう》・匆《いそが》しい
匈	キョウ むね わるい かまびすしい	匈奴《きょうど》・匈牙利《ハンガリー》
甸	テン・デン おさめる かり かる	甸服《でんぷく》・畿甸《きでん》・甸《おさ》める
匍	ホ はう はらばう	匍匐《ほふく》・地面《じめん》を匍《は》う
匐	フク はう はらばう	匐枝《ふくし》・匍匐茎《ほふくけい》

漢字	読み	用例・意味
匏	ホウ ひさご ふくべ	匏瓜《ほうか》・匏土《ほうど》
匕	ひ	
匕	ヒ さじ	匕首《あいくち》・匕《さじ》を投《な》げる・匕箸《ひちょ》
匚	はこがまえ	
匚	ホウ はこ	匚《はこ》に入《い》れる
匣	コウ はこ こばこ	文匣《ぶんこう》・鏡匣《きょうこう》・匣鉢《さや》
匯	カイ ワイ めぐる かわせ	匯兌《かいだ》・匯《めぐ》る
匱	キ・ギ ひつ・はこ とぼしい	匱乏《きぼう》・お匱《ひつ》
匳	レン こばこ くしげ	匳幣《れんぺい》・匳《こばこ》に入《い》れる
匸	かくしがまえ	
十	じゅう	
卅	ソウ みそ	卅《みそ》・三十《さんじゅう》

漢字	読み	用例・意味
卉	キ くさ さかん	花卉《かき》・珍卉《ちんき》・芳卉《ほうき》
卍	バン マン まんじ	卍《まんじ》・「万《まん》」にあたる梵字《ぼんじ》
卜	と うらない	
卩	わりふ ふしづくり	
卮	シ さかずき	卮酒《ししゅ》・玉卮《ぎょくし》・卮《さかずき》
卻	「却《きゃく》」の異体字《いたいじ》	
厂	がんだれ	
厖	ボウ おおきい あつい いりまじる	厖然《ぼうぜん》・厖大《ぼうだい》・厖雑《ぼうざつ》
厥	ケツ・クツ まげる ぬかずく その・それ	厥角《けっかく》・突厥《とっけつ》
厲	レイ・といし とぐ するどい はげしい はげむ しいたげる えやみ やむ わざわい	災厲《さいれい》・厲精《れいせい》・砥厲《しれい》

漢字	読み	用例・意味
厶	む	
簒	サン セン うばう とる	簒弑《さんし》・簒奪《さんだつ》・王位《おうい》を簒《うば》う
又	また	
叟	ソウ おきな としより	叟《おきな》・迂叟《うそう》・村叟《そんそう》
燮	ショウ やわらげる	陰陽《いんよう》を燮理《しょうり》する・燮《やわら》げる
口	くち くちへん	
叮	テイ ねんごろ	叮寧《ていねい》・叮《ねんご》ろに頼《たの》む
叨	トウ みだりに うける むさぼる	叨《むさぼ》るように書《しょ》を読《よ》む・叨光《とうこう》
叭	ハ	喇叭《らっぱ》
叺	かます	叺《かます》に入《い》れて運《はこ》ぶ
吁	ク キョ ああ なげく	吁《ああ》・嘆声《たんせい》を表《あらわ》す擬声《ぎせい》語《ご》
吽	ゴウ ウン	ほえる・牛《うし》などが鳴《な》く

漢字	読み	用例・意味
听	キン わらう ポンド	听《わら》う・听《ポンド》
吭	コウ のど くび かなめ	吭《のど》・かなめ、要所《ようしょ》
吼	ク コウ ほえる	吼号《こうごう》・大《おお》きく吼《ほ》える
吮	シュン セン すう なめる	吮疽《せんそ》の仁《じん》・毒《どく》を吮《す》う
吶	トツ ドツ どもる さけぶ	吶喊《とっかん》・吶吶《とつとつ》・吶《ども》る
吩	フン ふく いいつける	吩咐《ふんぷ》・吩《ふ》く
吝	リン・けち おしむ しわい やぶさか	吝嗇《りんしょく》・吝《やぶさ》かでない
呎	フィート	フィート・長《なが》さの単《たん》位《い》
呏	ガロン	ガロン・容量《ようりょう》の単位《たんい》
咏	エイ うたう うた	吟咏《ぎんえい》・咏嘆《えいたん》
呵	カ しかる わらう ふく	呵叱《かしつ》・呵責《かしゃく》・呵呵《かか》
咎	キュウ とが とがめ とがめる	咎人《とがにん》・災咎《さいきゅう》・気《き》が咎《とが》める

漢字	読み	用例・意味
呟	ゲン つぶやく	小声《こごえ》で呟《つぶや》く
呱	コ なく	呱呱《ここ》の声《こえ》をあげる
呷	コウ すう かまびすしい あおる	毒《どく》を呷《あお》る
呰	シ そしる きず	相手《あいて》の過《あやま》ちを呰《そし》る・呰災《しさい》
呻	シン うめく うなる	呻吟《しんぎん》・苦痛《くつう》に呻《うめ》く
咀	ショ ソ かむ あじわう	咀嚼《そしゃく》・咀《か》みくだく
呶	ド ドウ かまびすしい	呶呶《どど》・呶《かまびす》しい
咄	トツ しかる したうち はなし	咄嗟《とっさ》・咄家《はなしか》・咄咄《とつとつ》
咐	フ ホ ふく いいつける	吩咐《ふんぷ》
咆	ホウ ほえる	咆哮《ほうこう》・獣《けもの》が咆《ほ》える
哇	アイ ア ワ はく	哇《は》く・こびへつらう声《こえ》
咢	ガク いいあらそう おどろく	咢然《がくぜん》・咢咢《がくがく》

漢字	読み	用例・意味
咸	カン みな ことごとく	咸《みな》・ことごとく、あまねく
咥	キ・テツ わらう かむ くわえる	ストローを咥《くわ》える
咬	コウ ヨウ かむ かじる	咬合《こうごう》・咬傷《こうしょう》・咬《か》む
哄	コウ どよめき わらう	哄笑《こうしょう》・哄然《こうぜん》
哈	コウ・ゴウ ソウ・ハ すする	哈《すす》る・魚《さかな》が口《くち》を動《うご》かすさま
咨	シ はかる なげく ああ	咨問《しもん》・咨詢《しじゅん》・咨《はか》る
咫	シ ちかい みじかい た・あた	咫尺《しせき》を弁《べん》ぜず・咫《た》・八咫鏡《やたのかがみ》
哂	シン わらう あざわらう	他人《たにん》を哂《あざわら》う・鼻哂《びしん》
咤	タ しかる したうち	叱咤激励《しったげきれい》・咤食《たしょく》・咤《しか》る
哥	カ うたう うた	哥《うた》う・哥倫比亜《コロンビア》・和《わ》哥《か》
哦	ガ うたう ぎんずる	一人《ひとり》で哦《うた》う
唏	キ すすりなく なげく	唏《なげ》く・唏嘘《ききょ》

漢字	読み	用例・意味
唔	ゴ	咿唔《いご》
哽	コウ むせぶ ふさがる	哽咽《こうえつ》・哽塞《こうそく》
哮	コウ ほえる たける	咆哮《ほうこう》・哮《たけ》る・哮《ほ》える
哭	コク なく	慟哭《どうこく》・哭泣《こっきゅう》・哀哭《あいこく》
哢	ロウ さえずる	哢吭《ろうこう》・鳥哢《ちょうろう》・哢《さえず》る
哳	タツ	嘲哳《ちょうたつ》
唹	オ ヨ わらう	大声《おおごえ》で唹《わら》う
啀	ガイ いがむ	啀《いが》み合《あ》う
啣	カン ガン くわえる	猫《ねこ》が何《なに》かを啣《くわ》える
售	シュウ うる	售賈《しゅうこ》・售《う》る
啜	セツ テツ すする すすりなく	啜《すす》り泣《な》く・餔啜《ほせつ》
啅	タク・トウ かまびすしい ついばむ さえずる	啅《かまびす》しい・小鳥《ことり》が啅《さえず》る

漢字	読み	用例・意味
啖	タン くう くらう くらわす	健啖《けんたん》・啖呵《たんか》を切《き》る・啖啖《だんだん》
唸	テン うなる うなり	唸《うな》り声《ごえ》
唳	レイ なく	風声鶴唳《ふうせいかくれい》
喑	イン なく だまる	喑唖《いんあ》・喑黙《いんもく》
喙	カイ くちばし ことば	烏喙《うかい》・容喙《ようかい》
喀	カク はく	喀血《かっけつ》・喀痰《かくたん》・喀《は》く
喊	カン さけぶ	喊声《かんせい》・吶喊《とっかん》・喊《さけ》ぶ
喟	キ なげく ためいき	喟然《きぜん》・不遇《ふぐう》を喟《なげ》く
啻	シ ただ ただに	啻《ただ》ならぬ気配《けはい》
啾	シュウ なく	小《ちい》さな声《こえ》・すすり啾《な》く
喘	ゼン・セン あえぐ せき・せく	喘息《ぜんそく》・喘鳴《ぜんめい》・喘《あえ》ぎ声《ごえ》
喞	ショク ソク・なく そそぐ かこつ	不運《ふうん》を喞《かこ》つ・喞喞《しょくしょく》

漢字	読み	用例・意味
啼	テイ なく	啼泣《ていきゅう》・啼哭《ていこく》・啼《な》く
喃	ダン ナン しゃべる のう	喃語《なんご》・喋喋喃喃《ちょうちょうなんなん》
喇	ラツ ラ	喇叭《らっぱ》・喇嘛教《らまきょう》
喨	リョウ	喨喨《りょうりょう》たる響《ひび》き
嗚	オ ああ なげく	嗚咽《おえつ》・嗚呼《ああ》、なんてことだ
嗇	ショク おしむ やぶさか とりいれ	吝嗇《りんしょく》・嗇《やぶさ》かでない・嗇《お》しむ
嗟	サ ああ なげく	嗟来《さらい》の食《し》・嗟嘆《さたん》・嗟《なげ》く
嗄	サ かれる しわがれる	嗄声《させい》・声《こえ》が嗄《か》れる
嗜	シ たしなむ たしなみ	嗜好《しこう》・嗜虐《しぎゃく》・茶道《さどう》の嗜《たしな》み
嗤	シ わらう あざわらう	嗤笑《ししょう》・人《ひと》の失敗《しっぱい》を嗤《わら》う
嗔	シン いかる いかり	嗔恚《しんい》・嗔詬《しんこう》・嗔《いか》る
嘔	オウ・ク むかつく はく・うたう やしなう	嘔吐《おうと》・嘔唖嘲哳《おうあちょうたつ》

漢字	読み	用例・意味
嗷	ゴウ かまびすしい	嗷訴《ごうそ》・嗷《かまびす》しい
嘖	サク さけぶ かまびすしい さいなむ	好評嘖嘖《こうひょうさくさく》・責《せ》め嘖《さいな》む
嗾	ソウ そそのかす けしかける	使嗾《しそう》・嗾《けしか》ける・嗾《そそのか》す
嗽	ソウ・ソク せく・せき くちすすぐ うがい・すう	嗽咳《そうがい》・塩水《しおみず》で嗽《うがい》をする
嘛	マ	喇嘛教《らまきょう》
噁	オ アク いかる	噁《いか》る・鳥《とり》の声《こえ》を表《あらわ》す
噎	イツ・エツ むせぶ むせる ふさがる	噎鬱《えつうつ》・涙《なみだ》に噎《むせ》ぶ
嘴	シ くちばし はし	嘴《くちばし》をはさむ・砂嘴《さし》
嘶	セイ いななく しわがれる	馬《うま》が嘶《いなな》く・長嘶《ちょうせい》
嘸	ブ ム さぞ	嘸然《ぶぜん》・嘸《さぞ》、高《たか》いだろう
噫	イ アイ ああ おくび	噫《ああ》、神《かみ》よ・噫気《あいき》
噤	キン つぐむ とじる	固《かた》く口《くち》を噤《つぐ》む・噤閉《きんぺい》

漢字	読み	用例・意味
嘯	ショウ シツ うそぶく うなる ほえる しかる	知《し》らないと嘯《うそぶ》く・嘯《しょう》風弄月《ふうろうげつ》
噬	セイ ゼイ かむ くう	噬臍《ぜいせい》・反噬《はんぜい》・噬《か》む
噪	ソウ さわぐ さわがしい	喧噪《けんそう》・聴衆《ちょうしゅう》が噪《さわ》ぐ
噯	アイ ああ おくび	噯《おくび》にも出《だ》さない
噦	エツ しゃっくり しゃくり しゃくる むかつく	噦《しゃっく》りが出《で》る・噦《しゃく》りあげる
嚆	コウ さけぶ なりひびく	嚆矢濫觴《こうしらんしょう》
嚀	ネイ ねんごろ	「寧《ねい》」の俗字《ぞくじ》
嚊	ヒ はないき かか かかあ	嚊天下《かかあでんか》に空《から》っ風《かぜ》
嚠	リュウ	嚠亮《りゅうりょう》たる笛《ふえ》の音《おと》
嚔	テイ はなひる くさめ くしゃみ	嚔《くしゃみ》をする・嚔《はなひ》る

漢字	読み	用例・意味
嚥	エン のど のむ	嚥下《えんげ》・嚥《の》む
嚮	キョウ むかう むく・さきに ひびく	嚮日《きょうじつ》・嚮往《きょうおう》・嚮《む》かう
嚬	ヒン ひそめる しかめる ひそみ	嚬呻《ひんしん》・眉《まゆ》を嚬《ひそ》める
嚶	オウ なく	嚶鳴《おうめい》・嚶嚶《おうおう》
囂	キョウ ゴウ かまびすしい やかましい わずらわしい	喧喧囂囂《けんけんごうごう》・囂《かまびす》しい笑《わら》い声《ごえ》
嚼	シャク かむ あじわう	咀嚼《そしゃく》・嚼《か》む
囁	ショウ ジョウ ささやく	囁《ささや》き千里《せんり》・耳元《みみもと》で囁《ささや》く
囃	ソウ はやし はやす	祭《まつ》り囃子《ばやし》・囃《はや》したてる
囀	テン さえずる	小鳥《ことり》が囀《さえず》る・鶯囀《おうてん》
囈	ゲイ うわごと たわごと	囈《うわごと》を繰《く》り返《かえ》す・囈《たわごと》

漢字	読み	用例・意味
囗	くにがまえ	
囮	カ おとり	囮捜査《おとりそうさ》
囹	レイ ひとや	囹圄《れいご》
圀	「國《こく》」（国の旧字体《きゅうじたい》）の異体字《いたいじ》	
囿	ユウ その	苑囿《えんゆう》・霊囿《れいゆう》
圄	ゴ ギョ ひとや とらえる	罪人《ざいにん》を圄《とら》える
圉	ギョ ゴ ひとや まきば うまかい かう ふせぐ	囹圉《れいぎょ》・牧圉《ぼくぎょ》
圜	カン・エン めぐる めぐらす まるい	圜繞《かんじょう》・圜《まる》い
土	つち つちへん どへん	
圦	いり	圦《いり》の口《くち》を開《あ》ける
坎	カン あな なやむ	坎穽《かんせい》・坎軻《かんか》

漢字	読み	用例・意味
圻	キ さかい きし	圻《きし》・圻岸《きがん》
址	シ あと	城址《しろあと》・旧址《きゅうし》・基址《きし》
坏	ハイ おか つき	坏《つき》に酒《さけ》をつぐ・坏土《はいど》
坩	カン つぼ るつぼ	坩堝《るつぼ》《かんか》
坡	ハ・ヒ さか つつみ なつめ	坡《つつみ》・坡塘《はとう》
坿	フ ブ ます	坿《ま》す・付《つ》け足《た》す
垓	カイ ガイ はて さかい	数《かず》の単位《たんい》・垓《がい》・国《くに》の果《は》て
垠	ギン かぎり さかい きし	かぎり・さかい・きし
垤	テツ ありづか つか	蟻垤《ぎてつ》・丘垤《きゅうてつ》
埃	アイ ちり ほこり	塵埃《じんあい》・埃氛《あいふん》・埃及《エジプト》
埆	カク そね やせち	墝埆《こうかく》
埒	ラチ ラツ かこい	埒《らち》が明かない・埒《かこ》い

漢字	読み	用例・意味
堊	ア アク しろつち いろつち	白堊《はくあ》・堊《しろつち》
堋	ホウ ボウ ほうむる あずち	堋《あずち》に矢《や》が横《よこ》たわる
堙	イン・ふさぐ ふさがる うずめる うずもれる	堙滅《いんめつ》・堙塞《いんそく》・堙《ふさ》ぐ
堝	カ るつぼ	人種《じんしゅ》の堝《るつぼ》
堡	ホウ ホ とりで つつみ	堡塁《ほうるい》・城堡《じょうほう》・堡《とりで》を築《きず》く
堽	「岡《おか》」の異体字《いたいじ》	
塋	エイ はか つか	塋域《えいいき》・丘塋《きゅうえい》・塋《はか》
塒	シ・ジ とや ねぐら とぐろ	塒《とぐろ》を巻《ま》く・塒《ねぐら》を探《さが》す
塹	ザン・セン ほり・あな ほる	塹壕《ざんごう》・塹《ほり》に身《み》を隠《かく》す
墅	ショ・ヤ なや しもやしき のはら	村墅《そんしょ》・別墅《べっしょ》・墅《しもやしき》
塿	ル ロウ つか おか	塿《つか》・ありづか
墟	キョ おか あと	廃墟《はいきょ》・殷墟《いんきょ》

漢字	読み	用例・意味
壅	ヨウ ふさぐ さえぎる	壅塞《ようそく》・壅《ふさ》ぐ
壎	ケン つちぶえ	壎《つちぶえ》・卵形《たまごがた》のふえ
壑	ガク たに みぞ	山壑《さんがく》・大壑《たいがく》
壙	コウ あな むなしい のはら	壙穴《こうけつ》・壙野《こうや》・壙《むな》しい
壜	タン ドン びん	壜《びん》・酒《さけ》を入《い》れるかめ
壟	リョウ ロウ うね つか	利権《りけん》を壟断《ろうだん》する・壟《ろう》畝《ほ》
士	さむらい	
壼	コン おく しきみ	壼《しきみ》・宮中《きゅうちゅう》の通路《つうろ》
夂	ち	
夊	すいにょう	
夐	ケイ はるか とおい ながい	夐《はる》か・夐絶《けいぜつ》・夐然《けいぜん》
夕	た ゆうべ	

漢字	読み	用例・意味
夥	カ おびただしい おおい なかま	夥《おびただ》しい・夥多《かた》
大	だい	
夬	カイ・ケツ わける きめる ゆがけ	夬夬《かいかい》・夬履《かいり》・夬《わ》ける
夭	ヨウ わかい わかわかしい うつくしい わざわい わかじに	夭折《ようせつ》・桃《もも》の夭夭《ようよう》たる時節《じせつ》
夲	トウ すすむ	すすむ・速《はや》く進《すす》む
夸	コ カ ほこる おごる	夸矜《こきょう》・夸恣《こし》・夸《おご》る
夾	キョウ さしはさむ はさむ まじる	夾撃《きょうげき》・夾雑《きょうざつ》・夾竹桃《きょうちくとう》
奕	エキ ヤク いご ばくち うつくしい うれえる かさなる おおきい	博奕《ばくえき》・奕世《えきせい》・奕奕《えきえき》たる色彩《しきさい》
奐	カン あきらか おおきい	輪奐一新《りんかんいっしん》・奐《おお》きい
奎	ケイ キ とかきぼし また	奎文《けいぶん》・奎宿《けいしゅく》

漢字	読み	用例・意味
奚	ケイ しもべ なんぞ なに	奚《なん》ぞ知《し》らん・奚奴《けいど》
奘	ソウ ゾウ ジョウ さかん	玄奘三蔵《げんじょうさんぞう》・奘《さか》ん
奠	テン・デン まつる そなえる さだめる	香奠《こうでん》・奠茶《てんちゃ》・奠《さだ》める
奢	シャ おごる	奢侈《しゃし》・豪奢《ごうしゃ》・食事《しょくじ》を奢《おご》る
女	おんな おんなへん	
奸	カン おかす よこしま	奸佞《かんねい》・奸臣《かんしん》・奸計《かんけい》をめぐらす
妁	シャク なこうど	媒妁《ばいしゃく》・妁《なこうど》
妝	ソウ ショウ よそおう よそおい	紅妝《こうしょう》・妝《よそお》う
妣	ヒ なきはは	考妣《こうひ》を喪《うしな》うが如《ごと》し
妲	ダツ	妲己《だっき》
姆	ボ モ うば	保姆《ほぼ》・姆《うば》
姨	イ おば	姨捨山《おばすてやま》・姨《おば》さん

漢字	読み	用例・意味
姜	キョウ	川《かわ》の名《な》・生姜《しょうが》
妍	ケン ゲン うつくしい	妍麗《けんれい》・妍妍《けんけん》・妍《うつく》しい
姙	ニン はらむ みごもる	子《こ》を姙《はら》む・姙娠《にんしん》
姮	コウ	月《つき》の異名《いみょう》・姮娥《こうが》
姚	ヨウ うつくしい はるか	姚冶《ようや》・姚《うつく》しい
娥	ガ うつくしい	娥眉《がび》・青娥《せいが》・嬪娥《びんが》
娟	ケン エン うつくしい しなやか	娟雅《けんが》・娟娟《けんけん》
娑	サ シャ	娑婆《しゃば》
娜	ダ ナ しなやか	婀娜《あだ》っぽい女性《じょせい》・嫋《じょう》娜《だ》
娉	ヘイ・ホウ とう・めす めとる	娉《めと》る・嫁《よめ》にもらう
婀	ア たおやか	婀《たお》やかな動作《どうさ》
婬	イン たわむれる みだら	婬乱《いんらん》・婬風《いんぷう》

漢字	読み	用例・意味
婉	エン しとやか うつくしい したがう すなお	婉曲《えんきょく》・婉然《えんぜん》とほほえむ
娵	ソウ シュ たおやめ よめ	娵《よめ》が里帰《さとがえ》りする
娶	シュ シュウ めとる	妻《つま》を娶《めと》る・嫁娶《かしゅ》
婢	ヒ はしため	婢僕《ひぼく》・奴婢《ぬひ》
婪	ラン むさぼる	暴利《ぼうり》を婪《むさぼ》る・貪婪《どんらん》
媚	ビ こびる こび うつくしい	媚《こび》を売《う》る・媚態《びたい》・明媚《めいび》
媼	オウ おうな うば	翁媼《おうおう》・老媼《ろうおう》
媾	コウ まじわる よしみ	媾曳《あいびき》・媾和《こうわ》・姻媾《いんこう》
嫋	ジョウ たおやか しなやか そよぐ	嫋嫋《じょうじょう》・風《かぜ》に嫋《そよ》ぐ草《くさ》
嫂	ソウ あによめ	嫂《あによめ》を訪《たず》ねる
媽	ボ モ はは	媽祖《まそ》を崇《あが》める

漢字	読み	用例・意味
嫣	エン	嫣然《えんぜん》とほほえむ・嫣《えん》紅《く》
嫗	オウ ウ おうな あたためる	老嫗《ろうう》・翼覆嫗煦《よくふうく》
嫩	ドン ノン わかい	嫩緑《どんりょく》の季節《きせつ》・嫩草《わかくさ》・嫩葉《どんよう》
嫖	ヒョウ かるい みだら	嫖客《ひょうきゃく》が往来《おうらい》する
嫺	カン みやびやか ならう	嫺雅《かんが》・嫺《みやび》やかな物腰《ものごし》
嫻	カン みやびやか ならう	礼《れい》に嫻《なら》わぬ振《ふ》る舞《ま》い
嬌	キョウ なまめかしい	嬌声《きょうせい》・嬌羞《きょうしゅう》を帯《お》びる・嬌態《きょうたい》
嬋	セン ゼン あでやか	容姿《ようし》は嬋娟《せんけん》である・嬋媛《おそよか》
嬖	ヘイ おきにいり かわいがる	嬖臣《へいしん》・嬖妾《へいしょう》・嬖愛《へいあい》
嬲	ジョウ なぶる	新人《しんじん》を嬲《なぶ》る
嬪	ヒン ひめ そう こしもと	別嬪《べっぴん》・貴嬪《きひん》
嬶	かか かかあ	嬶天下《かかあでんか》

漢字	読み	用例・意味
嬾	ラン おこたる ものうい	嬾情《らんじょう》・嬾《ものう》い気分《きぶん》
孅	セン かよわい こまかい	孅弱《せんじゃく》・孅《かよわ》い女性《じょせい》
孀	ソウ やもめ	孀婦《そうふ》・孀《やもめ》として暮《く》らす
子	こ こへん	
孒	キョウ ぼうふら	孒《ぼうふら》・孑孒《げっきょう》
孑	ケツ ゲツ ひとり	孑絶《けつぜつ》・孑孑《けつけつ》・孑立《けつりつ》
孕	ヨウ はらむ みごもる	子《こ》を孕《みごも》る・危険《きけん》を孕《はら》む
孚	フ かえす まこと はぐくむ	卵《たまご》を孚《かえ》す・感孚《かんぷ》
孛	ハイ ボツ ほうきぼし	彗孛《すいはい》・孛星《はいせい》
孥	ド ヌ つまこ	孥戮《どりく》を廃止《はいし》する
孩	カイ ガイ あかご ちのみご	愛《あい》らしい孩提《がいてい》・幼孩《ようがい》
孰	ジュク たれ つまびらか いずれ	孰《いず》れかを選《えら》ぶ

漢字	読み	用例・意味
孶	ジ シ うむ しげる つとめる	孶孶《しし》学業《がくぎょう》に勤《いそ》しむ・孶育《じいく》
孵	フ かえる かえす	孵化《ふか》・孵卵器《ふらんき》
孺	ジュ ちのみご おさない	孺子《じゅし》のへまを笑《わら》う・孺弱《じゅじゃく》
孼	ゲツ ひこばえ わざわい わきばら	孼子《げっし》・妖孼《ようげつ》・遺孼《いげつ》
宀	うかんむり	
宦	カン つかさ つかえる	宦遊《かんゆう》・宦官《かんがん》・仕宦《しかん》
宸	シン のき	宸翰《しんかん》・宸襟《しんきん》・宸筆《しんぴつ》
寇	コウ あだ かたき	元寇《げんこう》・倭寇《わこう》・寇盗《こうとう》
寔	ショク まことに	寔《まこと》に感謝致《かんしゃいた》します
寐	ビ ねる	寐語《びご》に過《す》ぎない・仮《かり》寐《ね》の夢《ゆめ》
寤	ゴ さめる さとる	寤寐《ごび》・改寤《かいご》・目《め》が寤《さ》める

漢字	読み	用例・意味
寞	バク マク さびしい しずか	寞寞《ばくばく》たる風景《ふうけい》・寂寞《せきばく》
寥	リョウ さびしい しずか	荒寥《こうりょう》・寥寥《りょうりょう》とした村《むら》・寥落《りょうらく》
寰	カン	寰宇《かんう》を清《きよ》める・寰中《かんちゅう》・寰海《かんかい》
寸	すん	
小	しょう	
尠	セン すくない	尠少《せんしょう》・極《きわ》めて尠《すく》ない
尢	だいのまげあし	
尨	ボウ むくいぬ まじる おおきい	尨大《ぼうだい》な量《りょう》・尨然《ぼうぜん》たる大冊《たいさつ》
尸	かばね しかばね	
尸	シ・しかばね かばね かたしろ つかさどる	尸《かたしろ》を川《かわ》に流《なが》す・生《い》ける尸《しかばね》
尹	イン おさ おさめる ただす	令尹《れいいん》・関尹《かんいん》
屁	ヒ へ	屁理屈《へりくつ》・屁《へ》っ放《ぴ》り腰《ごし》・放屁《ほうひ》

漢字	読み	用例・意味
屎	シ くそ	屎尿《しにょう》・屎真面目《くそまじめ》
屛	ヘイ ビョウ かき ついたて しりぞく しりぞける おおう	屛風《びょうぶ》・蟄居屛息《ちっきょへいそく》
屠	ト ほふる さく	屠所《としょ》の羊《ひつじ》・屠殺《とさつ》・屠蘇《とそ》
孱	セン サン よわい おとる	孱弱《せんじゃく》な体格《たいかく》・気持《きも》ちが孱《よわ》い
屭	キ ひいき	贔屭《ひいき》
屮	てつ	
屮	テツ ソウ め めばえる	草木《くさき》が屮《めば》える
山	やま やまへん	
屶	なた	「山刀《なた》」を合《あ》わせた国字《こくじ》
屹	キツ そばだつ けわしい	屹然《きつぜん》と聳《そび》える山《やま》・屹立《きつりつ》
岌	キュウ ギュウ たかい	岌岌《きゅうきゅう》たる情勢《じょうせい》

漢字	読み	用例・意味
岑	ギン シン みね けわしい	頭《あたま》が岑岑《しんしん》と痛《いた》む・岑嶺《しんれい》
岔	サ タ	山《やま》の分《わ》かれるところ
岫	シュウ くき いわあな みね	山《やま》の岫《くき》の巣《す》・雲岫《うんしゅう》
峙	ジ・チ そばだつ そなえる たくわえる	対峙《たいじ》・岩山《いわやま》が峙《そばだ》つ
峭	ショウ けわしい きびしい	峭寒《しょうかん》に耐《た》える・峭刻《しょうこく》・料峭《りょうしょう》
峪	ヨク たに	谷《たに》の意味《いみ》
崟	ギン みね たかい	高《たか》く険《けわ》しいさま・谷《たに》
崛	クツ そばだつ	崛起《くっき》・崛崎《くっき》
崑	コン	山《やま》の名《な》「崑崙《こんろん》」に用《もち》いる字《じ》
崔	サイ・スイ たかい おおきい まじわる	崔嵬《さいかい》・崔乎《さいこ》・崔錯《さいさく》
崢	ソウ たかい けわしい	山《やま》が高《たか》く険《けわ》しいさま
崚	リョウ たかい けわしい	崚層《りょうそう》

漢字	読み	用例・意味
崙	ロン	山《やま》の名《な》「崑崙《こんろん》」に用《もち》いる字《じ》
嵌	カン あな ほらあな けわしい はめる はめこむ ちりばめる	象嵌細工《ぞうがんざいく》・嵌《は》まり役《やく》
嵒	ガン いわ いわお けわしい	嶄嵒《ざんがん》・岑嵒《しんがん》
嵎	グ グウ くま すみ	嵎夷《ぐうい》
嵋	ビ	中国《ちゅうごく》の山《やま》「峨嵋《がび》」に用《もち》いる
嵬	カイ・ガイ ギ・たかい おおきい	磊嵬《らいかい》
嶇	ク けわしい	崎嶇《きく》
嶄	サン ザン けわしい	嶄然《ざんぜん》として輝《かがや》く・嶄巌《ざんがん》
嶂	ショウ みね	煙嶂《えんしょう》・翠嶂《すいしょう》
嶢	ギョウ けわしい	高《たか》い・嶢《けわ》しい
嶝	トウ さか さかみち	嶝《さか》・嶝《さかみち》・山道《やまみち》

漢字	読み	用例・意味
巇	ギ けわしい	巇《けわ》しい・山《やま》が高《たか》く険《けわ》しいさま
嶮	ケン けわしい	嶮《けわ》しい地形《ちけい》・嶮峻《けんしゅん》・嶮難《けんなん》
嶷	ギ・ギョク たかい さとい かしこい	嶷然《ぎょくぜん》・嶷《さと》い子供《こども》
嶼	ショ しま	島嶼《とうしょ》・州嶼《しゅうしょ》
巉	サン ザン けわしい	巉巌《ざんがん》・巉峭《ざんしょう》
巍	ギ たかい おおきい	巍然《ぎぜん》たる人物《じんぶつ》・巍峨《ぎが》
巓	テン いただき	山巓《さんてん》・絶巓《ぜってん》
巒	ラン みね やまなみ	層巒《そうらん》・峰巒《ほうらん》
巛川	かわ まげかわ	
工	え たくみ たくみへん	
巫	フ ブ みこ かんなぎ	巫《みこ》が神楽《かぐら》を舞《ま》う・巫術《ふじゅつ》
己	おのれ	

漢字	読み	用例・意味
已	イ・すでに のみ やむ はなはだ	已《い》然《ぜん》・已《すで》に済《す》む・音《おと》が已《や》む
巾	はば はばへん きんべん	
帚	ソウ シュウ はく ほうき	帚《ほうき》で掃《は》く・箕《き》帚《しゅう》
帙	チツ ふまき ふみづつみ	帙《ふまき》をひもとく・書《しょ》帙《ちつ》・芸《うん》帙《ちつ》
帑	ド トウ かねぐら つまこ	帑《かねぐら》に金《きん》貨《か》をしまう・帑《ど》幣《へい》
帛	ハク きぬ しろぎぬ ぬさ	幣《へい》帛《はく》・玉《ぎょく》帛《はく》・帛《ふく》紗《さ》
帷	イ とばり かたびら	夜《よる》の帷《とばり》がおりる・帷《い》幄《あく》
幄	アク とばり	幄《あく》舎《しゃ》・幄《あくの》屋《や》
幃	イ とばり	佩《はい》幃《い》・幃《い》幔《まん》・幃《い》帳《ちょう》
幀	テイ チョウ	装《そう》幀《てい》
幎	ベキ おおう とばり	幎《べき》冒《ぼう》
幗	カク かみかざり	巾《きん》幗《かく》之《の》贈《ぞう》

漢字	読み	用例・意味
幔	バン マン まく	幔《まん》幕《まく》
幟	シ のぼり しるし	幟《のぼり》を立《た》てる・旗《き》幟《し》
幢	トウ ドウ はた	幢《とう》幢《とう》とした灯《あか》り・幢《どう》幡《ばん》
幫	ホウ たすける なかま	幫《ほう》間《かん》・幫《ほう》助《じょ》・同《どう》輩《はい》を幫《たす》ける
干	かん いちじゅう	
幵	ケン たいら	そろえる・たいら
并	ヘイ あわせる ならぶ	清《せい》濁《だく》并《あわ》せ飲《の》む・并《へい》呑《どん》
幺	よう いとがしら	
幺	ヨウ ちいさい おさない	幺《よう》麼《ま》
麼	バ マ モ ちいさい	麼《ま》陋《ろう》・麼《も》事《じ》
广	まだれ	
庠	ショウ まなびや	庠《しょう》序《じょ》で学《まな》ぶ

漢字	読み	用例・意味
廁	シ かわや まじる	廁《かわや》に立《た》つ・溷《こん》廁《し》・雑《ざっ》廁《し》
廂	ショウ ソウ ひさし	紫《し》宸《しん》殿《でん》の西《せい》廂《そう》・廂《ひさし》髪《がみ》
廈	カ いえ	大《たい》廈《か》・廈門港《あもいこう》
廖	リョウ むなしい	廖《りょう》落《らく》・廖《むな》しさを感《かん》じる
廝	シ めしつかい こもの	廝《し》丁《てい》・廝《し》養《よう》
廛	テン やしき みせ	廛《てん》宅《たく》・廛《てん》肆《し》
廡	ブ ひさし しげる	殿《でん》廡《ぶ》・堂《どう》廡《ぶ》
廨	カイ やくしょ	官《かん》廨《かい》・公《こう》廨《かい》
廩	リン くら ふち	倉《そう》廩《りん》・既《き》廩《りん》を賜《たまわ》る
龐	ホウ ロウ おおきい みだれる	龐《ほう》錯《さく》・龐《ほう》眉《び》皓《こう》髪《はつ》
廬	リョ・ロ ル・いおり いえ	廬《ろ》山《ざん》の真《しん》面《めん》目《もく》・廬《ろ》舎《しゃ》・草《そう》廬《ろ》
廱	ヨウ やわらぐ	廱《よう》和《わ》・廱《よう》偃《えん》・廱《よう》蔽《へい》

漢字	読み	用例・意味
廴	えんにょう いんにょう	
廾	こまぬき にじゅうあし	
弁	ベン かんむり	一《いっ》介《かい》の武《ぶ》弁《べん》に過《す》ぎぬ
彝	イ のり つね	彝《い》倫《りん》・彝《い》訓《くん》・彝《い》憲《けん》
弋	しきがまえ	
弋	ヨク・とる いぐるみ くろい うかぶ	弋《よく》漁《りょう》・遊《ゆう》弋《よく》
弑	シ シイ しいする ころす	弑《し》逆《ぎゃく》を謀《はか》る・主《しゅ》君《くん》を弑《しい》する
弓	ゆみ ゆみへん	
弖	て	弖《て》爾《に》乎《を》波《は》
弩	ド いしゆみ おおゆみ	弩《ど》弓《きゅう》・強《きょう》弩《ど》
弭	ビ ミ ゆはず やめる	弓《ゆみ》の端《はし》の弦《げん》をかける場《ば》所《しょ》
弸	ビョウ ホウ みちる	弓《ゆみ》の強《つよ》いさま

漢字	読み	用例・意味
彎	ワン まがる ひく	彎曲《わんきょく》・彎月《わんげつ》・彎入《わんにゅう》
彐	けいがしら	
彗	エ・ケイ スイ・はく ほうき ほうきぼし	彗星《すいせい》
彡	さんづくり	
彭	ホウ	彭彭《ほうほう》
彳	ぎょうにんべん	
彷	ホウ さまよう にかよう	彷徨《ほうこう》・往時《おうじ》を彷彿《ほうふつ》させる
徂	ソ ゆく しぬ	徂逝《そせい》・徂春《そしゅん》・徂来《そらい》
彿	フツ にかよう ほのか	彿《にかよ》う
彽	テイ たちもとおる	彽徊趣味《ていかいしゅみ》
徊	カイ さまよう	夜《よる》の町《まち》を徘徊《はいかい》する
很	コン もとる はなはだ	很戻《こんれい》・很愎《こんぷく》・很鬩《こんげき》

漢字	読み	用例・意味
徇	シュン ジュン となえる したがう めぐる	徇陳《じゅんちん》・徇財《じゅんざい》・徇察《じゅんさつ》
徙	シ うつす うつる	都《みやこ》を徙《うつ》す・遷徙《せんし》・徙《し》倚《い》
徘	ハイ さまよう	町《まち》を徘徊《はいかい》する
徨	コウ さまよう	焼《や》け野原《のはら》を彷徨《ほうこう》する
徭	ヨウ えだち	徭役《ようえき》・徭税《ようぜい》・租徭《そよう》
徼	キョウ ギョウ ヨウ めぐる さかい くにざかい もとめる さえぎる	優勝《ゆうしょう》は徼幸《ぎょうこう》であった・徼外《ぎょうがい》
忄心	こころ りっしんべん	⺗ したごころ
忖	ソン はかる おしはかる	上司《じょうし》の意向《いこう》を忖度《そんたく》する
忻	キン よろこぶ	忻然《きんぜん》として差《さ》し出《だ》す
忤	ゴ さからう もとる	親《おや》に忤《さから》う・忤逆《ごぎゃく》・乖《かい》忤《ご》

漢字	読み	用例・意味
忸	ジク ジュウ はじる なれる	忸怩《じくじ》たる思《おも》い・己《おのれ》を忸《は》じる
忱	シン まこと	まこと・まごころ
忝	テン はずかしめる かたじけない	ご厚情《こうじょう》、忝《かなじけな》く存じます
忿	フン いかる	忿然《ふんぜん》と立《た》ち去《さ》る・忿《ふん》懣《まん》
怡	イ よろこぶ やわらぐ	怡怡《いい》として笑《わら》う・怡《い》悦《えつ》
怙	コ たのむ	怙恃《こじ》・依怙《えこ》贔屓《ひいき》
怩	ジ はじる	忸怩《じくじ》・失敗《しっぱい》を怩《は》じる
怎	シン・ソ ソウ いかで どうして	いかで・どうして
怛	タツ・ダツ タン いたむ おどろく	惨怛《さんだつ》・震怛《しんだつ》
怕	ハ ハク おそれる	暗闇《くらやみ》を怕《おそ》れる・怕痒樹《さるすべり》
怫	フツ・ハイ ヒ・ふさぐ いかる もとる	怫然《ふつぜん》として立《た》ち去《さ》る・怫鬱《ふつうつ》
怦	ヒョウ ホウ せわしい	怦怦《ほうほう》として落《お》ち着《つ》かない

漢字	読み	用例・意味
怏	オウ ヨウ うらむ	怏怏《おうおう》として楽《たの》しまず
怱	ソウ あわてる いそぐ	怱怱《そうそう》・怱卒《そうそつ》・怱忙《そうぼう》
怺	こらえる	悲《かな》しみを怺《こら》える
恚	イ いかる うらむ	瞋恚《しんい》・恚恨《いこん》・怫恚《ふつい》
恁	ジン・イン ニン かかる このような	恁麼《いんも》
恪	カク つつしむ	恪謹《かくごん》・恪守《かくしゅ》・恪励《かくれい》
恟	キョウ おそれる	人心恟恟《じんしんきょうきょう》・恟然《きょうぜん》
恊	キョウ かなう おびやかす	かなう・おびやかす
恍	コウ ほのか とぼける	恍惚《こうこつ》・恍然《こうぜん》と見《み》つめる
恃	ジ シ たのむ たよる	矜恃《きょうじ》・兄《あに》を恃《たの》みにする
恤	シュツ ジュツ うれえる あわれむ めぐむ	貧者《ひんじゃ》を救恤《きゅうじゅつ》する・憂《ゆう》恤《じゅつ》

漢字	読み	用例・意味
恂	ジュン シュン まこと おそれる またたく	恂慄《じゅんりつ》・恂恂《じゅんじゅん》・恂《まこと》をささげる
恬	テン・やすい やすらか やすんずる しずか	金銭《きんせん》に恬淡《てんたん》な人《ひと》・恬《てん》然《ぜん》
恫	トウ・ドウ いたむ おどす おどかす	恫喝《どうかつ》
恙	ヨウ うれい つつが	恙《つつが》無《な》く過《す》ごす・小恙《しょうよう》
悁	エン ケン いかる あせる	悁恚《えんい》・悁悒《えんゆう》
悍	カン たけし あらい あらあらしい	精悍《せいかん》・気性《きしょう》が悍《あら》い男《おとこ》
悃	コン まこと まごころ	援助《えんじょ》を悃願《こんがん》する・悃《こん》誠《せい》
悚	ショウ おそれる	悚然《しょうぜん》として立《た》ちすくむ
悄	ショウ うれえる きびしい	悄悄《しょうしょう》と引《ひ》き返《かえ》す・悄《しょう》然《ぜん》
悛	シュン あらためる つつしむ	改悛《かいしゅん》・行《おこな》いを悛《あらた》める
悖	ハイ・ボツ もとる みだれる さかん	悖徳《はいとく》・悖乱《はいらん》・悖然《ぼつぜん》

漢字	読み	用例・意味
悒	ユウ うれえる	悒悒《ゆうゆう》とした表情《ひょうじょう》・悁《えん》悒《ゆう》
悧	リ さかしい	悧口《りこう》・怜悧《れいり》
悋	リン やぶさか おしむ ねたむ	成功者《せいこうしゃ》を悋《ねた》む・悋気《りんき》
悸	キ おそれる	動悸《どうき》・悸悸《きき》として覗《のぞ》き込《こ》む
惓	ケン つつしむ うむ	つつしむ・ていねいなさま
悴	スイ やつれる かじかむ せがれ	憔悴《しょうすい》・手《て》が悴《かじか》む
悽	セイ いたむ いたましい かなしむ	悽惨《せいさん》な事件《じけん》・悽愴《せいそう》
惆	チュウ いたむ うらむ	家《いえ》の没落《ぼつらく》を惆悵《ちゅうちょう》する
悵	チョウ いたむ うらむ	悵恨《ちょうこん》・悵然《ちょうぜん》・悵望《ちょうぼう》
惘	ボウ モウ ぼんやりする あきれる	惘然《ぼうぜん》と立《た》ち尽《つ》くす・惘惘《ぼうぼう》
悾	コウ まこと	まごころ・きまじめ
愕	ガク おどろく	真実《しんじつ》に愕然《がくぜん》とする・愕愕《がくがく》

漢字	読み	用例・意味
愆	ケン あやまる あやまち	愆戻《けんれい》・愆怠《けんたい》・愆失《けんしつ》
惶	コウ おそれる	惶惑《こうわく》・驚惶《きょうこう》・恐惶《きょうこう》
惷	シュン みだれる おろか	惷愚《しゅんぐ》
愀	シュウ ショウ さびしい	愀然《しゅうぜん》として色《いろ》を変《へん》ず
惴	スイ ズイ おそれる	惴慄《ずいりつ》・対面《たいめん》を惴《おそ》れる
惺	セイ さとる しずか	すべてを惺《さと》る・惺惺《せいせい》
愃	ケン セン ゆたか	心《こころ》が広《ひろ》い・こころよい
愒	カイ カツ ケイ むさぼる おどす いこう	恫愒《どうかつ》・玩愒《がんかい》
惻	ショク ソク いたむ	惻怛《そくだつ》・惻隠《そくいん》・友《とも》の死《し》を惻《いた》む
愍	ビン ミン あわれむ うれえる	憐愍《れんびん》・不愍《ふびん》
愎	フク ヒョク もとる そむく	愎戻《ふくれい》・愎諫《ふくかん》・愎勃《ふくぼつ》

漢字	読み	用例・意味
慍	ウン オン うらむ いかる	慍見《うんけん》・慍色《うんしょく》
慇	イン いたむ ねんごろ	慇懃無礼《いんぎんぶれい》な態度《たいど》
愾	カイ・ガイ キ・なげく いかる	敵愾心《てきがいしん》を抱《いだ》く・憤愾《ふんがい》
愨	カク つつしむ まこと	誠愨《せいかく》・謹愨《きんかく》
愧	キ はじる はじ	愧赧《きたん》の念《ねん》を抱《いだ》く・慙《ざん》愧《き》
慊	キョウ ケン あきたりない あきたりる	慊《あきた》りない結果《けっか》に終《お》わる
愿	ゲン つつしむ すなお	愿朴《げんぼく》・郷愿《きょうげん》
愬	ソ サク うったえる おそれる	うったえる・おそれる
愴	ソウ いたむ かなしむ	悲愴感《ひそうかん》・愴然《そうぜん》
慂	ヨウ すすめる	慫慂《しょうよう》されて始《はじ》める
慳	カン ケン おしむ しぶる	慳貪《けんどん》な物言《ものい》い・邪慳《じゃけん》
慷	コウ なげく	理不尽《りふじん》さに慷慨《こうがい》する

漢字	読み	用例・意味
慙	ザン はじる はじ	慙汗《ざんかん》・慙愧《ざんき》にたえない
慫	ショウ おどろく すすめる	慫慂《しょうよう》・慫兢《しょうきょう》
慴	ショウ シュウ おそれる	慴伏《しょうふく》・戦慴《せんしょう》・慴怕《しょうは》
慥	ソウ ゾウ たしか	たしか・たしかに
慠	ゴウ おごる	慠慢《ごうまん》・慠邁《ごうまい》
慟	トウ ドウ なげく	慟哭《どうこく》・友《とも》の死《し》を慟《なげ》く
慝	トク よこしま わるい わざわい	淑慝《しゅくとく》
慓	ヒョウ すばやい	慓悍無比《ひょうかんむひ》
慵	ショウ ヨウ ものうい おこたる	慵《ものう》い表情《ひょうじょう》・慵惰《ようだ》・慵懶《ようらん》
憖	ギン なまじ なまじいに しいて	無理《むり》に・中途半端《ちゅうとはんぱ》に
憔	ショウ やつれる	憔悴《しょうすい》した姿《すがた》・憔慮《しょうりょ》
憚	タン はばかる はばかり	忌憚《きたん》のない意見《いけん》・畏憚《いたん》

漢字	読み	用例・意味
憊	ハイ ヘイ つかれる	困憊《こんぱい》・疲憊《ひはい》・倦憊《けんぱい》
憑	ヒョウ よる たのむ つく かかる かちわたる	憑依《ひょうい》・証憑《しょうひょう》・憑《つ》き物《もの》
憫	ビン ミン あわれむ うれえる	憐憫《れんびん》・憫笑《びんしょう》・憫察《びんさつ》
憮	ブ ム いつくしむ がっかりする	憮然《ぶぜん》とした表情《ひょうじょう》・憮敖《ぶごう》
懌	エキ よろこぶ たのしむ	欣懌《きんえき》・説懌《えつえき》
懊	オウ なやむ うらむ	懊悩《おうのう》・懊恨《おうこん》・鬱懊《うつおう》
懈	カイ・ケ おこたる なまける だるい	懈怠《けたい》・練習《れんしゅう》を懈《おこた》る・懈惰《かいだ》
懃	キン・ゴン つとめる ねんごろ つかれる	慇懃《いんぎん》・懃恪《きんかく》
懆	ソウ うれえる	懆《うれ》える・落《お》ち着《つ》かない
憺	タン やすんずる おそれる	惨憺《さんたん》たる結果《けっか》・憺然《たんぜん》
懋	ボウ モ つとめる さかん	懋戒《ぼうかい》・懋遷《ぼうせん》

漢字	読み	用例・意味
懍	リン おそれる	懍慄《りんりつ》・懍懍《りんりん》
懦	ジュ ダ よわい	怯懦《きょうだ》・懦弱《だじゃく》・柔懦《じゅうだ》
懣	マン モン もだえる	忿懣《ふんまん》・煩懣《はんもん》
懶	ラン ものうい おこたる ものぐさい	懶惰《らんだ》・懶眠《らんみん》をむさぼる
懺	ザン サン くいる	懺悔《ざんげ》
懿	イ よい うるわしい	懿旨《いし》・懿徳《いとく》・懿績《いせき》
懽	カン よろこぶ	懽呼《かんこ》・懽娯《かんご》
懾	ショウ おそれる	懾伏《しょうふく》・震懾《しんしょう》
懼	ク グ おそれる おどろく	危懼《きく》・畏懼《いく》・恐懼《きょうく》
戈	ほこづくり ほこがまえ	
戈	カ ほこ いくさ	干戈《かんか》を交《まじ》える・戈《か》法《ほう》・兵戈《へいか》
戉	エツ まさかり	戉《まさかり》をかついだ木《き》こり

漢字	読み	用例・意味
戍	ジュ まもる たむろ	戍役《じゅえき》・徭戍《ようじゅ》
戌	ジュツ いぬ	戌《いぬ》の刻《こく》・戌亥《いぬい》の方角《ほうがく》
戔	セン サン ザン そこなう	少《すく》ない・わずか・損《そこ》なう
戛	カツ ほこ うつ	戛戛《かつかつ》と響《ひび》く馬蹄《ばてい》の音《おと》
戡	カン かつ ころす	戡定《かんてい》・熾烈《しれつ》な戦《たたか》いに戡《か》つ
截	セツ たつ きる	截然《せつぜん》・直截《ちょくせつ》・布《ぬの》を截《た》つ
戮	リク ころす あわせる はずかしめる	戮力同心《りくりょくどうしん》・殺戮《さつりく》・戮辱《りくじょく》
戳	タク つく さす	つく・突《つ》き刺《さ》す
戸	と とだれ とかんむり	
扁	ヘン ふだ ひらたい ちいさい	扁桃腺《へんとうせん》・扁平足《へんぺいそく》・扁舟《へんしゅう》
扈	コ・ひろい したがう つきそう はびこる	跋扈《ばっこ》・扈従《こしょう》一体《いったい》を従《したが》える
扌手	て てへん	

漢字	読み	用例・意味
扎	サツ ぬく かまえる	抜《ぬ》く・刺《さ》す・構《かま》える
扣	コウ ひかえる たたく たずねる さしひく	扣制《こうせい》・扣頭《こうとう》・扣除《こうじょ》
扛	コウ あげる かつぐ	筆力扛鼎《ひつりょくこうてい》・扛秤《ちきり》
扞	カン ふせぐ おおう ひく あらい ひきのばす	扞禦《がんぎょ》・扞馬《かんば》・扞格《かんかく》
扠	サ はさみとる やす・さす さすて	扠首《さす》・川《かわ》に潜《もぐ》り魚《さかな》を扠《さ》す
扨	さて	話題《わだい》を転換《てんかん》する接続《せつぞく》詞《し》
扼	アク ヤク おさえる	切歯扼腕《せっしやくわん》・扼殺《やくさつ》
抉	ケツ えぐる こじる	抉剔《けってき》・抉《こ》じ開《あ》ける
找	カ ソウ さおさす たずねる	ふねをこぐ・たずねる
抒	ショ・ジョ くむ のべる のぞく	抒情歌《じょじょうか》・抒溷《じょこん》・抒泄《じょせつ》

漢字	読み	用例・意味
抓	ソウ・かく つまむ つねる つむ	腿《もも》を抓《つね》る・抓《つみ》入《れ》を食《た》べる
抖	トウ ト ふるう あげる	ふるう・ふるい起こす
抃	ヘン ベン うつ たたく	抃躍《べんやく》・舞抃《ぶべん》・抃手《べんしゅ》
抔	ホウ すくう など	抔飲《ほういん》・ノート抔《など》を買《か》う
拗	オウ ヨウ ねじける こじれる すねる しつこい	拗音《ようおん》・話《はなし》が拗《こじ》れる
拑	カン ケン はさむ つぐむ	口《くち》を拑《つぐ》む・拑口《かんこう》
抻	シン チン のばす	のばす・ひきのばす
拆	タク ひらく さく	ひらく・裂《さ》く・破《やぶ》る
拈	デン ネン ひねる つまむ	拈《ひね》った問題《もんだい》・拈香《ねんこう》・拈出《ねんしゅつ》
拌	ハン・わる すてる さける かきまぜる	攪拌《かくはん》・材料《ざいりょう》を拌《かきま》ぜる
拊	フ うつ なでる	拊手《ふしゅ》・頭《あたま》を拊《な》でる

漢字	読み	用例・意味
拇	ボ ボウ おやゆび	拇印《ぼいん》を押《お》す
抛	ホウ なげる なげうつ ほうる	私財《しざい》を抛《なげう》つ・抛擲《ほうてき》
拏	ダ・ナ つかむ とらえる ひく	拏捕《だほ》・拏獲《だかく》
挌	カク うつ なぐる	挌殺《かくさつ》・挌闘《かくとう》
拮	キツ・ケツ はたらく せまる せめる	力《ちから》が拮抗《きっこう》する・拮据《きっきょ》
拱	キョウ こまぬく こまねく	拱手傍観《きょうしゅぼうかん》・手《て》を拱《こまね》く
挂	ケイ カイ かける ひっかかる	挂冠《けいかん》
挈	ケイ ケツ ひっさげる	提綱挈領《ていこうけつりょう》・挈挈《けつけつ》
拯	ショウ ジョウ すくう たすける	すくう・たすける
拵	ソン よる こしらえる	椅子《いす》を拵《こしら》える
挵	むしる	最後《さいご》まで挵《むし》り取《と》る
捐	エン すてる あたえる かう	捐館《えんかん》・義捐金《ぎえんきん》・捐官《えんかん》

漢字	読み	用例・意味
捍	カン ふせぐ まもる	捍格《かんかく》・捍禦《かんぎょ》
捏	ネツ・デツ こねる つくねる こじつける	捏造《ねつぞう》・屁理屈《へりくつ》を捏《こ》ねる
掖	エキ わきばさむ わき たすける	掖廷《えきてい》・誘掖《ゆうえき》
掎	キ ひく ひきとめる	掎角《きかく》・掎止《きし》
掀	キン・ケン あげる かかげる もちあげる	掀掀《きんきん》・掀舞《きんぶ》
掫	ソウ シュ シュウ よまわり	掫《よまわ》り
捶	スイ うつ むち むちうつ	捶撃《すいげき》・馬捶《ばすい》・鞭捶《べんすい》
掣	セイ セツ ひく	掣肘《せいちゅう》を加《くわ》える
掏	トウ えらぶ する	掏摸《すり》・財布《さいふ》を掏《す》る
掉	トウ チョウ ふる ふるう	掉尾《とうび》を飾《かざ》る・掉棒打《とうぼうだ》星《せい》
掟	ジョウ テイ おきて さだめ	掟《おきて》を破《やぶ》る
捫	ボン・モン なでる・とる ひねる ひねりつぶす	ひと捫着《もんちゃく》あった・捫《もん》蝨《しつ》

漢字	読み	用例・意味
捩	レイ・レツ ばち・ねじ ねじる よじる もじる	体《からだ》を捩《よじ》る・捩《ね》じ曲《ま》げる
掾	エン たすける したやく じょう	掾史《えんし》にすぎない
揩	カイ する こする ぬぐう	揩鼓《かいこ》を復元演奏《ふくげんえんそう》する
揀	カン えらぶ わける	揀選《かんせん》・揀択《かんたく》・揀別《かんべつ》
揆	キ はかる はかりごと みち やりかた つかさ	一揆《いっき》・揆度《きたく》
揣	シ はかる おしはかる	揣摩憶測《しまおくそく》・揣知《しち》
揉	ジュウ もむ・もめる いりまじる ためる	揉《も》みあげ・気《き》を揉《も》む
揶	ヤ からかう あざける	揶揄《やゆ》・欠点《けってん》を揶《からか》う
揄	ユ トウ ひきだす からかう	揶揄《やゆ》・揄揚《ゆよう》
搤	アク ヤク つかむ おさえる	搤腕《やくわん》・腕《うで》を搤《つか》む

漢字	読み	用例・意味
搴	ケン とる かかげる	国旗《こっき》を搴《かか》げる・搴旗《けんき》
搆	コウ ひく かまえる	引《ひ》く・構《かま》える・組《く》み立《た》てる
搦	ジャク ダク からめる しばりあげる とる からみ	搦《から》め手《て》から攻《せ》める
搶	ショウ ソウ・つく あつまる かすめる	搶奪《そうだつ》・兵戈搶攘《へいかそうじょう》
搓	サ よる もむ	こよりを搓《よ》る
搗	トウ・つく かつ・うつ たたく かてて	予定《よてい》が搗《か》ち合《あ》う・餅《もち》を搗《つ》く
搏	ハク うつ・とる つかまえる はばたく	搏撃《はくげき》・搏闘《はくとう》・搏風《はくふう》
搨	トウ うつす する なする	搨本《とうほん》
摶	タン・セン まるい まるめる もっぱら	摶飯《たんぱん》・摶一《せんいつ》
摧	サイ くだく くじく	肺肝《はいかん》を摧《くだ》く・摧破《さいは》
摎	キュウ コウ まつわる	くびる・くくる・めぐる

漢字	読み	用例・意味
摏	ショウ つく	つく・うつ
撕	セイ シ いましめる さく	提撕《ていせい》
撓	ドウ・コウ トウ たわむ たわめる ためる しなう しわる いためる みだれる くじける しおり	不撓不屈《ふとうふくつ》・逗撓《とうどう》・撓《どう》曲《きょく》
撥	ハチ バチ ハツ はねる おさめる かかげる のぞく	撥乱反正《はつらんはんせい》・撥音《はつおん》
撩	リョウ おさめる いどむ みだれる	百花撩乱《ひゃっかりょうらん》・撩戦《りょうせん》
撈	ロウ とる すくいとる	撈魚《ろうぎょ》・漁撈《ぎょろう》
撼	カン うごかす ゆるがす ゆらぐ	世《よ》を震撼《しんかん》させる・揺《よう》撼《かん》
擒	キン とらえる とりこ	擒縦《きんしょう》・擒獲《きんかく》・擒《とりこ》になる
擅	セン ゼン ほしいまま ゆずる	擅権《せんけん》・擅譲《せんじょう》・擅断《せんだん》
撻	タツ むちうつ	鞭撻《べんたつ》・笞撻《ちたつ》

漢字	読み	用例・意味
擘	ハク・バク おやゆび さく つんざく	巨擘《きょはく》・擘裂《はくれつ》・擘指《はくし》
擂	ライ する・うつ すりつぶす みがく	擂《す》り粉木《こぎ》・擂盆《らいぼん》・擂《らい》鼓《こ》
擱	カク おく	筆《ふで》を擱《お》く・擱筆《かくひつ》・擱《かく》座《ざ》
擠	サイ セイ おす おしのける おとしいれる くじく	擠排《せいはい》・擠陥讒誣《せいかんざんぶ》
擡	タイ ダイ もたげる もちあげる	頭《あたま》を擡《もた》げる・擡頭《たいとう》
擣	トウ つく うつ たたく	餅《もち》を擣《つ》く・擣衣《とうい》
擯	ヒン しりぞける みちびく	擯斥《ひんせき》・擯棄《ひんき》・擯介《ひんかい》
擲	テキ チャク なげうつ すてる ふるう なぐる	私財《しざい》を擲《なげう》つ・投擲《とうてき》・打擲《ちょうちゃく》
擺	ハイ ひらく ふるう	旧習《きゅうしゅう》を擺脱《はいだつ》する・擺《はい》頭《とう》
攀	ハン ひく よじる すがる	岩場《いわば》を攀《よ》じ登《のぼ》る・攀《はん》援《えん》

漢字	読み	用例・意味
擽	リャク / ラク / レキ / うつ / はらう / くすぐる	擽《くすぐ》ったい気持《きも》ち・感《かん》擽《りゃく》
攘	ジョウ / はらう / ゆずる / ぬすむ / みだれる	攘夷《じょうい》・攘斥《じょうせき》・攘窃《じょうせつ》
攢	サン / あつまる / あつめる / むらがる	攢聚《さんしゅう》・攢立《さんりつ》
攤	タン / ひらく / わりあてる / ゆるやか	攤書《たんしょ》・攤飯《たんぱん》
攣	レン / つる / ひきつる / かかる / つながる / かがまる / したう	痙攣《けいれん》・足《あし》が攣《つ》る・攣《れん》縮《しゅく》
攫	カク / つかむ / さらう / かすめとる	攫取《かくしゅ》・一攫千金《いっかくせんきん》・人《ひと》攫《さら》い
攬	ラン / とる / すべる / つまむ	人心収攬《じんしんしゅうらん》・攬筆《らんぴつ》・総《そう》攬《らん》
支	し / しにょう / えだにょう	
攴攵	のぶん / ぼくづくり	

漢字	読み	用例・意味
畋	テン・デン / かり・かる / たがやす	畋食《でんしょく》・翔畋《しょうでん》・畋狩《でんしゅ》
敖	ゴウ / あそぶ / なまける / かまびすしい / おごる	敖盪《ごうとう》・踞敖《きょごう》・驕敖《きょうごう》
敞	ショウ / たかい / ひろい	高敞《こうしょう》・敞閑《しょうかん》
敝	ヘイ / やぶれる / やぶる / おとろえる / つかれる	敝衣蓬髪《へいいほうはつ》・障子《しょうじ》が敝《やぶ》れる
敲	コウ・むち / たたく / むちうつ / たたき	推敲《すいこう》・ドアを敲《たた》く
斂	レン・ほぼ / おさめる / あつめる / ひきしめる	収斂《しゅうれん》・斂葬《れんそう》・苛斂《かれん》
斃	ヘイ / たおれる / しぬ / ほろびる	斃死《へいし》・凶弾《きょうだん》に斃《たお》れる
文	ぶん / ぶんにょう	
斗	とます	
斛	コク / ます / ますめ	斗斛《とこく》・万斛《ばんこく》の涙《なみだ》を注《そそ》ぐ

漢字	読み	用例・意味
斟	シン / くむ / おしはかる / おもいやる	斟酌《しんしゃく》・浅斟低唱《せんしんていしょう》
斤	きん / おのづくり	
斫	シャク / きる	斫断《しゃくだん》・斫水《しゃくすい》・斫営《しゃくえい》
方	ほう / ほうへん / かたへん	
旃	セン / はた / けおりもの	旃旌《せんせい》・旃毛《せんもう》
旆	ハイ / はた	大旆《たいはい》を掲《かか》げる・征旆《せいはい》
旁	ホウ / ボウ / かたわら / あまねし / ひろい / よる / つくり / かたがた	旁《かたわ》らに寄《よ》り添《そ》う・旁《ほう》臻《しん》
旄	ボウ / モウ / はた / はたかざり / からうし / としより	羽旄《うぼう》・旗旄《きぼう》・白旄《はくぼう》
旌	ショウ / セイ / はた / あらわす / ほめる	旌旗巻舒《せいきけんじょ》・旌表《せいひょう》

漢字	読み	用例・意味
旒	リュウ / はたあし / たまかざり / ながれ	旒綴《りゅうてい》・冕旒《べんりゅう》・旒旗《りゅうき》
旛	ハン / バン / はた	はた・のぼり
无	なし / ぶ / すでのつくり	
日	ひ / ひへん / にちへん	
旱	カン / ひでり / かわく	旱害《かんがい》・旱魃《かんばつ》・炎旱《えんかん》
旰	カン / くれる / おそい	旰昃《かんしょく》・日《ひ》が旰《く》れる
杲	コウ / あきらか / たかい	杲杲《こうこう》たる朝日《あさひ》・杲乎《こうこ》
昊	コウ / そら / おおぞら	昊天《こうてん》・蒼昊《そうこう》
昃	ショク / ソク / かたむく / ひるすぎ	日昃之労《にっしょくのろう》・昃食《しょくしょく》
旻	ビン / ミン / そら / あきぞら	高旻《こうびん》・秋旻《しゅうびん》・旻天《びんてん》
杳	ヨウ / くらい / おくぶかい / はるか	杳然《ようぜん》・杳窕《ようちょう》・杳渺《ようびょう》
昵	ジツ / なじむ / ちかづく / なれる	昵懇《じっこん》・昵近《じっきん》・狎昵《こうじつ》

漢字	読み	用例・意味
昶	チョウ ひさしい のびる	のびる・日《ひ》が長《なが》い
昴	ボウ すばる	すばる・星《ほし》の名前《なまえ》
昜	ヨウ ひらく あがる あたたかい	日《ひ》がのぼる・明《あか》るい
晏	アン おそい やすらか	晏駕《あんが》・晏起《あんき》・晏如《あんじょ》
晁	チョウ あさ よあけ	朝《あさ》・夜明《よあ》け
晟	セイ あきらか さかん	明《あき》らか・明《あか》るい・盛《さか》ん
晞	キ かわく ほす さらす	日《ひ》に当《あ》てる・乾《かわ》かす
晤	ゴ あきらか あう うちとける	英晤《えいご》・款晤《かんご》・面晤《めんご》
晧	コウ しろい あきらか	尨眉晧髪《ぼうびこうはつ》
晨	シン あした よあけ とき	晨光《しんこう》・晨旦《しんたん》・鶏晨《けいしん》
晢	セツ セイ あきらか かしこい	昭晢《しょうせつ》・明星晢晢《みょうじょうせいせい》たり
晰	セキ あきらか	明晰《めいせき》・事実《じじつ》を晰《あき》らかにする

漢字	読み	用例・意味
暈	ウン かさ ぼかし めまい くらむ ぼかす ぼける くま	暈取《くまど》り・暈《ぼか》して話《はな》す・眩暈《めまい》
暉	キ・ひかり かがやく あきらか ひかる	春暉《しゅんき》・韶暉《しょうき》
暄	ケン あたたかい	暄暖《けんだん》・暄風《けんぷう》・暄寒《けんかん》
暘	ヨウ ひので あきらか	暘谷《ようこく》・晏暘《あんよう》
暝	ミョウ メイ くらい かすか くれる	暝途《めいと》・陰暝《いんめい》
暨	キ および いたる いさましい	及《およ》ぶ・至《いた》る・勇《いさ》ましい
暹	セン ひので	暹国《せんこく》・暹羅《シャム》
暾	トン あさひ	朝日《あさひ》・日《ひ》の出《で》
曄	ヨウ かがやく あきらか さかん いなずま	曄然《ようぜん》・曄《かがや》く太陽《たいよう》

漢字	読み	用例・意味
曚	ボウ モウ くらい ほのぐらい	曚昧《もうまい》・愚曚《ぐもう》・物理学《ぶつりがく》に曚《くら》い
曠	コウ あきらか ひろい むなしい	曠古《こうこ》の大事件《だいじけん》・曠日《こうじつ》弥久《びきゅう》
曦	キ ギ ひ ひかり	赫曦《かくぎ》・曦輪《ぎりん》・曦軒《ぎけん》
曩	ドウ・ノウ さき さきに ひさしい	曩祖《のうそ》・曩昔《のうせき》・曩篇《のうへん》
曬	サイ さらす	曬書《さいしょ》・曬燥《さいそう》・曬曝《さいばく》
曰	ひらび いわく	
曰	エツ いわく のたまわく いう	曰《いわ》くがある
曷	カツ なに・いつ なんぞ いずくんぞ	疑問《ぎもん》、反語《はんご》を表《あらわ》す
曼	バン マン ひく ひっぱる ながい うつくしい ひろい	衍曼《えんまん》・曼珠沙華《まんじゅしゃげ》・曼《まん》姫《き》
月	つき つきへん	
朏	ヒ みかづき	三日月《みかづき》

漢字	読み	用例・意味
朞	キ ひとまわり ひとめぐり	朞年《きねん》・朞月《きげつ》
朦	ボウ モウ おぼろ	朦朧《もうろう》・朦《おぼろ》な記憶《きおく》
朧	ロウ おぼろ	朧月夜《おぼろづきよ》・朧朧《ろうろう》
木	き きへん	
朮	シュツ ジュツ チュツ もちあわ おけら うけら	蒼朮《そうじゅつ》・朮詣《おけらまい》り・白朮《びゃくじゅつ》
朿	シ とげ のぎ いが	草木《くさき》のとげ
朶	タ ダ しだれる えだ ひとふさ うごかす	耳朶《じだ》・万朶《ばんだ》・朶翰《だかん》
朸	リキ・ロク リョク もくめ おうご てんびんぼう	木《き》の年輪《ねんりん》・てんびん棒《ぼう》
杆	カン てこ・たて てこぼう てすり	欄杆《らんかん》・槓杆《こうかん》・杆菌《かんきん》

漢字	読み	用例・意味
杠	コウ はたざお ちぎ ちきり	杠秤《ちきり》・杠谷樹《ひいらぎ》
杞	キ・コ くこ・おうち かわやなぎ こりやなぎ	杞憂《きゆう》におわる・枸杞《くこ》
杙	ヨク くい	地面《じめん》に杙《くい》を打《う》つ・乱《らん》杙《ぐい》
杣	そま	杣人《そまひと》・杣山《そまやま》
枉	オウ まがる まげる まげて むじつのつみ むだに	枉屈《おうくつ》・冤枉《えんおう》・枉法徇私《おうほうじゅんし》
杼	チョ・ジョ ひ とち どんぐり	山機霜杼《さんきそうちょ》・曽母投杼《そうぼとうちょ》
杪	ビョウ こずえ すえ おわり ちいさい ほそい	杪春《びょうしゅん》・杪歳《びょうさい》
枌	フン にれ そぎ	枌板《そぎいた》・枌楡《ふんゆ》
枋	ホウ・ヘイ まゆみ いかだ え	植物《しょくぶつ》の名前《なまえ》
枡	ます	枡席《ますせき》・枡目《ますめ》・枡形《ますがた》

漢字	読み	用例・意味
枷	カ からさお くびかせ かせ	足枷《あしかせ》・枷鎖《かさ》・連枷《れんか》
柯	カ え えだ くき	斧柯《ふか》・伐柯《ばっか》・枝柯《しか》
枴	カイ つえ	杖《つえ》のこと
柬	カン えらぶ えりわける てがみ なふだ	柬擢《かんてき》・柬邀《かんよう》・書柬《しょかん》
枳	キ シ からたち	枳実《きじつ》・枳棘《ききょく》・荊枳《けいき》
柩	キュウ ひつぎ	霊柩車《れいきゅうしゃ》・柩《ひつぎ》を運《はこ》ぶ
枸	ク・コウ くこ からたち まがる	枸木《くぼく》・枸橘《からたち》
柤	サ てすり	汚柤《おさ》・柤《てすり》をつかむ
柞	サク ははそ	柞蚕《さくさん》・柞原《ははそはら》
柝	タク ひょうしぎ き	柝頭《きがしら》・寒柝《かんたく》・撃柝《げきたく》
柢	テイ ね ねもと もとづく	根深柢固《こんしんていこ》・根柢《こんてい》

漢字	読み	用例・意味
柮	トツ きれはし たきぎ	榾柮《こつとつ》
枹	ホウ・フ なら ばち	枹《なら》の木《き》・太鼓《たいこ》の枹《ばち》
柎	フ・ブ うてな つける いかだ	萼柎《がくふ》・綿柎開《わたのはなしべひらく》
栞	カン しおり	旅《たび》の栞《しおり》を持参《じさん》する
框	キョウ かまち わく	上《あ》がり框《かまち》に腰掛《こしか》ける
栩	ク くぬぎ	樹木《じゅもく》の名《な》・くぬぎ
桀	ケツ すぐれる ひいでる あらい わるがしこい はりつけ	桀黠《けっかつ》・凶桀《きょうけつ》・桀《はりつけ》に処《しょ》す
栲	コウ ゴウ たえ ぬるで	白栲《しろたえ》
桎	シツ あしかせ	妻子《さいし》が桎梏《しっこく》となる
桄	コウ よこぎ くつろぐ	機《はた》やはしごの横木《よこぎ》・満《み》ちる
梳	ショ・ソ くし くしけずる すく・とくる	髪《かみ》の毛《け》を梳《す》く・梳毛《そもう》機《き》

漢字	読み	用例・意味
栫	セン ソン ふさぐ たてしば	塞《ふさ》ぐ・囲《かこ》う
桙	ウ ボウ ほこ	桙星《ほこぼし》・玉桙《たまぼこ》
枅	ケイ・ケン ますがた とがた うでぎ	柱《はしら》の上《うえ》で棟木《むなぎ》を受《う》ける角材《かくざい》
桛	かせ	桛糸《かせいと》・家紋《かもん》は丸桛木《まるかせぎ》だ
桷	カク たるき	桷《たるき》にぶら下《さ》げた干《ほ》し魚《ざかな》
梟	キョウ ふくろう さらす つよい	梟《さら》し首《くび》・梟雄《きょうゆう》・梟悪《きょうあく》
梏	コク てかせ しばる みだす	梏桎《こくしつ》・鉗梏《けんこく》
梭	サ ひ	梭杼《さちょ》・鶯梭《おうさ》・梭子魚《かます》
梔	シ くちなし	樹木《じゅもく》の名《な》・くちなし
梛	ダ ナ なぎ	樹木《じゅもく》の名《な》・なぎ
梃	テイ チョウ つえ てこ	梃《てこ》でも動《うご》かない・梃《てこ》入《い》れ
桴	フ むなぎ ばち いかだ	桴《いかだ》をうかべる・桴《ばち》で打《う》つ

漢字	読み	用例・意味
梵	ボン	梵字《ぼんじ》・梵鐘《ぼんしょう》・梵語《ぼんご》
梠	リョ ロ のき ひさし	屋梠《おくろ》・梁梠《りょうりょ》・簷梠《えんりょ》
梲	セツ・タツ うだち うだつ つえ	梲《うだつ》が上《あ》がらない
梻	しきみ	梻《しきみ》を仏前《ぶつぜん》に供《そな》える
梺	ふもと	山《やま》の梺《ふもと》で休《やす》む
椏	ア きのまた	三椏《みつまた》に分《わ》かれる
椁	カク ひつぎ うわひつぎ	ひつぎのこと
棊	「棋《キ》」の異体字《いたいじ》	
椈	キク かしわ ぶな	樹木《じゅもく》の名《な》・かしわ・ぶな
棘	キョク いばら とげ・ほこ おどろ	棘心《きょくしん》・荊棘《けいきょく》・棘《おどろ》の髪《かみ》
棍	コン つえ・ぼう わるもの ならずもの	棍棒《こんぼう》・棍徒《こんと》
棕	シュ ソウ えだ	枝《えだ》・細《ほそ》い枝《えだ》・「棕櫚《しゅろ》」の「棕《しゅ》」

漢字	読み	用例・意味
椒	ショウ はじかみ かぐわしい みね いただき	山椒《さんしょう》・胡椒《こしょう》・椒酒《しょうしゅ》
椄	ショウ セツ つぐ	木《き》をつぐ・つぎ木《き》
棗	ソウ なつめ	樹木《じゅもく》の名《な》・なつめ
棣	テイ・タイ ダイ にわざくら にわうめ	樹木《じゅもく》の名《な》・にわざくら
棹	タク トウ さお さおさす	時勢《じせい》に棹《さおさ》す・棹歌《とうか》
棠	トウ・ドウ からなし やまなし こりんご	樹木《じゅもく》の名《な》・やまなし
椚	くぬぎ	樹木《じゅもく》の名《な》・くぬぎ
楹	エイ はしら	楹棟《えいとう》・楹《はしら》を鑿《うが》ちて書《しょ》を納《おさ》む
楸	シュウ ひさぎ ごばん	樹木《じゅもく》の名《な》・ひさぎ
楫	シュウ ショウ かじ・かい こぐ	楫取《かじと》り・舟楫《しゅうしゅう》・艤楫《ぎしゅう》
楔	ケツ セツ くさび ほうだて	楔《くさび》を打《う》ち込《こ》む・楔状《けつじょう》骨《こつ》

漢字	読み	用例・意味
楮	チョ こうぞ かみ さつ	楮幣《ちょへい》・楮先生《ちょせんせい》
椹	チン・ジン あてぎ くわのみ さわら	樹木《じゅもく》の名《な》・さわら
椽	テン たるき	采椽《さいてん》・椽大《てんだい》の筆《ふで》
椰	ヤ やし	樹木《じゅもく》の名《な》・ヤシ
楡	ユ にれ	樹木《じゅもく》の名《な》・にれ
楞	リョウ ロウ かど すみ きびしい かどばる	四角《しかく》い木材《もくざい》・いかつい
楝	レン おうち	植物《しょくぶつ》の名《な》・栴檀《せんだん》の古《こ》名《めい》
楾	はんぞう	楾《はんぞう》で湯《ゆ》を注《そそ》ぐ
榁	むろ	植物《しょくぶつ》の名《な》・杜松《ねず》の古《こ》名《めい》
榀	こまい	壁《かべ》の下地《したじ》に榀《こまい》を組《く》む
槐	カイ えんじゅ	槐門《かいもん》棘路《きょくろ》・槐安《かいあん》の夢《ゆめ》

漢字	読み	用例・意味
槁	コウ かれる からす かれき かわく かわかす	槁木《こうぼく》死灰《しかい》・大木《たいぼく》が槁《か》れる
槓	コウ てこ てこぼう	槓杆《こうかん(てこ)》
榾	コツ ほた ほだ	榾火《ほだび》・枸榾《くこつ》・榾柮《こつとつ》
槎	サ いかだ きる	槎《いかだ》で急流《きゅうりゅう》を下《くだ》る・槎《さ》牙《が》
寨	サイ まがき とりで	寨《とりで》を築《きず》く・賊寨《ぞくさい》・堡《ほう》寨《さい》
槊	サク ほこ すごろく	槊杖《さくじょう》・基槊《きさく》・槊《ほこ》で戦《たたか》う
榻	トウ こしかけ ねだい ゆか・しじ	臥榻《がとう》・榻《しじ》に足《あし》をかける
槃	ハン バン たらい たのしむ めぐる たちもとおる	槃《たらい》に水《みず》を張《は》る・涅槃《ねはん》
榔	ロウ	樹木名《じゅもくめい》「檳榔《びんろう》」に用《もち》いる字《じ》
榧	ヒ かや	植物《しょくぶつ》の名前《なまえ》

漢字	読み	用例・意味
榑	フ くれ	節榑立《ふしくれだ》った手《て》・榑縁《くれえん》
榜	ボウ ゆだめ むちうつ ふだ たてふだ かかげる しめす かじ・こぐ	標榜《ひょうぼう》・虎榜《こぼう》・榜眼《ぼうがん》
榕	ヨウ あこう	榕樹《ようじゅ(がじゅまる)》
榴	リュウ ざくろ	榴散弾《りゅうさんだん》・榴火《りゅうか》
槔	コウ はねつるべ	てこを用《もち》いたつるべのこと
榱	スイ たるき	垂木《たるき》のこと・軒《のき》に渡《わた》す横木《よこき》
樛	キュウ まがる めぐる まつわる つが とが	樛杖《きゅうじょう》・樛結《きゅうけつ》
槿	キン むくげ もくげ	槿花《きんか》一日《いちじつ》の栄《えい》・槿域《きんいき》
槲	コク かしわ	槲《かしわ》の葉《は》を拾《ひろ》う
槧	サン・ザン セン・ふだ かきもの はんぎ	文字《もじ》を記《しる》した槧《ふだ》・槧《ざん》本《ぽん》

漢字	読み	用例・意味
樅	ショウ もみ つく うつ	樅《もみ》の木《き》を飾《かざ》り付《つ》ける
槭	セキ シュク かえで かれる	槭然《せきぜん》・槭《かえで》の葉《は》が落《お》ちる
樔	ショウ・ソウ すくう すくいあみ す・たえる とだえる	樔絶《そうぜつ》・鳥《とり》の樔《す》
樊	ハン まがき かご とりかご みだれる	樊籠《はんろう》の身《み》・樊然《はんぜん》
樒	ビツ ミツ じんこう しきみ	樹木《じゅもく》の名《な》
槨	カク ひつぎ うわひつぎ	遺体《いたい》を入《い》れて葬《ほうむ》る箱《はこ》
橄	カン	植物名《しょくぶつめい》「橄欖《かんらん》」に用《もち》いる字《じ》
橇	キョウ セイ・ゼイ そり かんじき	そり・履《は》き物《もの》につける道具《どうぐ》
橙	トウ だいだい つくえ こしかけ	橙色《だいだいいろ》・橙皮《とうひ》
橦	トウ ショウ つく・うつ はたざお	つく・うつ・とばりの柱《はしら》

漢字	読み	用例・意味
橈	ドウ ジョウ ニョウ たわむ まげる くじく かじ・かい	竹《たけ》が橈《しな》う・不撓《ふとう》の精《せい》神力《しんりょく》
樸	ハク ボク あらき きじ ありのまま すなお	樸実《ぼくじつ》・樸直《ぼくちょく》・純樸《じゅんぼく》
檋	キョク キョウ かんじき	履《は》き物《もの》の滑《すべ》り止《ど》め
檔	トウ かまち しょだな	かまち・なげし・文《ぶん》書《しょ》・棚《たな》
檐	エン タン ひさし のき	檐宇《えんう》・檐鈴《えんれい》
檠	ケイ ゆだめ ためる ともしびたて ともしび	檠灯《けいとう》・短檠《たんけい》
檄	ケキ ゲキ ふれぶみ まわしぶみ	檄《げき》を飛《と》ばす・檄文《げきぶん》
檣	ショウ ほばしら	檣《ほばしら》に帆《ほ》を張《は》る・檣楼《しょうろう》
檗	ハク きはだ きわだ	樹木《じゅもく》の名《な》・きはだ・きわだ

漢字	読み	用例・意味
檻	カン おり いたがこい てすり	檻《おり》の中《なか》・折檻《せっかん》・欄檻《らんかん》
櫃	キ ひつ はこ	米櫃《こめびつ》・飯櫃《めしびつ》
櫂	トウ かじ かい こぐ	櫂《かい》は三年《さんねん》櫓《ろ》は三月《みつき》
檸	ネイ ドウ	「檸檬《れもん》」に用《もち》いる字《じ》
檳	ヒン ビン	樹木名《じゅもくめい》「檳榔《びんろう》」に用《もち》いる字《じ》
檬	モウ ボウ	「檸檬《れもん》」に用《もち》いる字《じ》
櫟	レキ・ロウ くぬぎ いちい こする	植物《しょくぶつ》の名《な》・くぬぎ・いちい
櫚	リョ ロ かりん	植物《しょくぶつ》の名《な》・かりん・しゅろ
櫪	レキ かいばおけ うまや くぬぎ	櫪《かいばおけ》を掃除《そうじ》する・櫪《くぬぎ》の木《き》
櫨	ロ ますがた とがた はぜ	樹木《じゅもく》の名《な》・はぜ
櫱	ゲツ ひこばえ	萌櫱《ほうげつ》・梅《うめ》の櫱《ひこばえ》
欅	キョ けやき	欅造《けやきづく》りの家屋《かおく》

漢字	読み	用例・意味
櫺	リョウ レイ れんじ てすり のき	窓櫺《そうれい》
欒	ラン おうち うでぎ まどか まるい	団欒《だんらん》
欖	ラン	橄欖《かんらん》
欠	あくび かける	
欠	ケン あくび	欠伸《あくび》
欸	アイ ああ ええ そう	欸乃《あいだい》・「あいない」とも
欷	キ なげく すすりなく	欷泣《ききゅう》
欹	イ・キ ああ そばだてる かたむける	欹危《いき》
歃	ソウ すする	歃血《そうけつ》

漢字	読み	用例・意味
歇	ケツ カツ やすむ やめる やむ つきる かれる	歇息《けっそく》・歇驕《かつきょう》
歉	ケン すくない あきたりない	歉然《けんぜん》・凶歉《きょうけん》・歉《あきた》りない
歙	キュウ キョウ あわせる おびやかす おそれる すぼめる	歙肩《きゅうけん》・歙然《きゅうぜん》
歔	キョ すすりなく	欷歔《ききょ》・歔《すすりな》く
歛	カン のぞむ ねがう あたえる	歛丐《かんかい》
歟	ヨ か や	疑問《ぎもん》・反語《はんご》を表《あらわ》す助《じょ》字《じ》
歠	セツ すする のむ	歠《すす》る
止	とめる とめへん	
歹	かばねへん いちたへん がつへん	
歿	ボツ しぬ おわる	歿年《ぼつねん》・書《か》きかえ字《じ》「没」

漢字	読み	用例・意味
殀	ヨウ わかじに	殀寿《ようじゅ》
殄	テン・たつ つきる つくす ことごとく	殄滅《てんめつ》
殃	オウ わざわい	殃禍《おうか》
殍	ヒョウ・フ うえじに うえじにする かれる	殍餓《ひょうが》
殞	イン しぬ おちる おとする	殞没《いんぼつ》・殞命《いんめい》
殤	ショウ わかじに	夭殤《ようしょう》・国殤《こくしょう》
殪	エイ たおれる たおす ころす しぬ うずめる	一撃《いちげき》のもとに殪《たお》す
殫	タン つきる つくす ことごとく あまねく	殫尽《たんじん》・殫見《たんけん》
殯	ヒン かりもがり かりもがりする ほうむる	殯宮《ひんきゅう》
殲	セン つくす ほろぼす	殲滅《せんめつ》・殲撲《せんぼく》

漢字	読み	用例・意味
殳	るまた ほこづくり	
殷	イン アン さかん おおい ゆたか ねんごろ なりひびく にぎやか あかい	殷鑑《いんかん》遠《とお》からず・殷墟《いんきょ》 文《も》字《じ》
毋	なかれ はははのかん	
毋	ブ ム ない なかれ	禁《きん》止《し》・否《ひ》定《てい》を表《あらわ》す助《じょ》字《じ》
比	ならびひ くらべる	
毛	け	
毟	むしる	毛《け》を毟《むし》る
毬	キュウ まり いが	毬栗《いがぐり》・毬果《きゅうか》
毫	ゴウ・ふで ほそげ すこし わずか	毫髪《ごうはつ》・毫《ごう》も
毳	セイ ゼイ むくげ にこげ けば やわらかい そり	柔毳《じゅうぜい》・衣類《いるい》に毳《けば》が立《た》つ

漢字	読み	用例・意味
毯	タン けむしろ もうせん	絨毯《じゅうたん》
氈	セン けむしろ もうせん	毛氈《もうせん》・氈鹿《かもしか》
氏	うじ	
氓	ボウ モウ たみ	蒼氓《そうぼう》・民氓《みんぼう》
气	きがまえ	
氛	フン き わざわい	氛埃《ふんあい》
氵水	みず さんずい	氺 したみず
汞	コウ みずがね	昇汞《しょうこう》・汞和金《こうわきん》
汕	サン すくう あみ	汕汕《さんさん》
沂	ギ・ギン キ ふち ほとり	沂水県《ぎすいけん》
汪	オウ おおきい ふかい ひろい さかん いけ	元気《げんき》が汪溢《おういつ》する

漢字	読み	用例・意味
沍	ゴ コ かれる こおる	寒沍《かんこ》
沚	シ なぎさ みぎわ なかす	沚《し》州《しゅう》
沁	シン しみる ひたす	沁《し》み沁《じ》みと語《かた》る・沁《し》みる
沛	ハイ さわ たおれる	沛然《はいぜん》・顛沛《てんぱい》
汨	ベキ コツ しずむ	汨羅《べきら》・汨水《べきすい》
沐	ボク モク あらう うるおう	沐浴《もくよく》・沐猴《もっこう》にして冠《かん》す
泄	セツ・エイ もれる もらす なれる	排泄《はいせつ》・笑《え》みが泄《も》れる
泓	オウ ふかい きよい ふち	泓泓《おうおう》・泓涵《おうかん》
沽	コ うる かう ねうち	沽券《こけん》に関《かか》わる
泗	シ はなじる なみだ	洙泗《しゅし》・涕泗《ていし》
泅	シュウ およぐ うかぶ	泅泳《しゅうえい》
泝	ソ さかのぼる	泝沿《そえん》

漢字	読み	用例・意味
沱	ダ タ	滂沱《ぼうだ》
沮	ショ ソ はばむ ふせぐ くじける ひるむ もれる さわ	沮喪《そそう》・敵《てき》の行《ゆ》く手《て》を沮《はば》む
沾	テン・セン チョウ うるおう うるおす	沾湿《せんしつ》
泯	ビン ベン ミン メン ほろびる つきる くらむ	泯滅《びんめつ》・眩泯《げんべん》
泛	ハン ホウ うかぶ うかべる ひろい あまねく くつがえす	泛称《はんしょう》・泛論《はんろん》
泪	ルイ なみだ	行《い》く春《はる》や鳥《とり》啼《な》き魚《うお》の目《め》は泪《なみだ》
洟	イ・テイ はな はなじる なみだ	唾洟《だい》
洶	キョウ わく さわぐ	洶洶《きょうきょう》・洶湧《きょうゆう》
洫	キョク ケキ みぞ ほり	溝洫《こうきょく》

漢字	読み	用例・意味
洽	コウ うるおす うるおう あまねし	洽覧深識《こうらんしんしき》
洸	コウ ほのか かすか	洸水《こうすい》
洵	シュン ジュン まこと まことに	洵《まこと》の英雄《えいゆう》
洌	レツ きよい さむい	清洌《せいれつ》・冷洌《れいれつ》
洒	サイ シャイ セイ セン ソン あらう そそぐ すすぐ つつしむ	瀟洒《しょうしゃ》・洒落《しゃら》臭《くさ》い
浣	カン あらう すすぐ	浣腸《かんちょう》・浣熊《あらいぐま》
涓	ケン ちいさい しずく わずか きよめる	涓滴《けんてき》・涓毫《けんごう》
浚	シュン さらう ふかい	浚急《しゅんきゅう》・浚《さら》う
浹	ショウ あまねし めぐる とおる うるおす うるおう	浹洽《しょうこう》・浹辰《しょうしん》

漢字	読み	用例・意味
浙	セツ	浙江省《せっこうしょう》
涎	セン ゼン エン よだれ	垂涎《すいぜん》・流涎《りゅうぜん》
涕	テイ なみだ なく	泣涕《きゅうてい》・涕涙《ているい》
涅	デツ ネツ ネ くろつち くろ そめる くろい くろめる	涅槃《ねはん》・涅色《くりいろ》
淹	エン ひたす つける ひさしい とどまる ふかい ひろい いれる	淹留《えんりゅう》・淹《い》れる
涵	カン ひたす うるおす いれる もちいる	涵養《かんよう》・潜涵《せんかん》
淁	ショウ	汎淁《ほうしょう》
涸	コ かれる つきる からびる	涸渇《こかつ》・涸沢《こたく》の蛇《へび》
淆	コウ まじる にごる みだする	混淆《こんこう》

漢字	読み	用例・意味
淬	サイ にらぐ つとめる はげむ	淬励《さいれい》・淬《にら》ぐ
淌	ショウ トウ おおなみ ながれる	大波《おおなみ》・水《みず》の流《なが》れる様《よう》子《す》
淒	セイ すごい すさまじい さむい ものさびしい	淒惨《せいさん》
淅	セキ よなげる かしよね	淅淅《せきせき》・淅瀝《せきれき》
淙	ソウ そそぐ	渓谷《けいこく》の水《みず》が淙淙《そうそう》と流《なが》れる
淤	オ・ヨ どろ・おり ふさがる	淤泥《おでい》
淪	リン ロン しずむ ほろぶ おちぶれる まじりあう	淪没《りんぼつ》・混淪《こんろん》
渭	イ	渭水《いすい》
湮	イン しずむ ほろびる ふさぐ	湮鬱《いんうつ》・湮滅《いんめつ》
渙	カン ちる とける あきらか	渙散《かんさん》・渙発《かんぱつ》

漢字	読み	用例・意味
湲	エン カン	湲湲《えんえん》・潺湲《せんかん》
渾	コン まじる にごる すべる すべて	渾身《こんしん》・渾然一体《こんぜんいったい》
渣	サ おり かす	残渣《ざんさ》・腐渣《ふさ》
湫	シュウ ショウ ひくい せまい とどこおる みずたまり くて	湫隘《しゅうあい》
渫	セツ チョウ さらう けがす もらす あなどる	浚渫《しゅんせつ》・渫《さら》う
湍	タン はやせ はやい たぎる	湍流《たんりゅう》・飛湍《ひたん》・奔湍《ほんたん》
渟	テイ とどまる たまる とめる	渟《とど》まる・渟足柵《ぬたりのさく》
湃	ハイ	澎湃《ほうはい》
渺	ビョウ はるか かすか	渺然《びょうぜん》・縹渺《ひょうびょう》

漢字	読み	用例・意味
湎	ベン メン おぼれる しずむ	耽湎《たんべん》・湎《おぼ》れる
渝	ユ かわる かえる あふれる	渝溢《ゆいつ》・渝盟《ゆめい》
游	ユウ およぐ あそぶ すさぶ	游泳《ゆうえい》・游侠《ゆうきょう》
溂	ラツ	潑溂《はつらつ》
溘	コウ たちまち にわか	溘焉《こうえん》・溘然《こうぜん》
滉	コウ ひろい	滉瀁《こうよう》
溷	コン にごる みだれる かわや	溷濁《こんだく》・溷《にご》る
滓	サイ・シ おり かす よごれ	渣滓《さし》・垢滓《こうし》
溽	ジョク むしあつい	溽暑《じょくしょ》
滄	ソウ さむい あおい あおうなばら	滄海《そうかい》の一粟《いちぞく》
溲	シュウ シュ ソウ ひたす そそぐ ゆばり いばり	溲瓶《しびん》

漢字	読み	用例・意味
滔	トウ はびこる うごく あつまる	滔天《とうてん》・滔蕩《とうとう》
滕	トウ わく わきあがる	わく・水《みず》がわきあがる
溏	トウ いけ どろ	池《いけ》・池《いけ》のつつみ・泥《どろ》
溥	フ あまねし ひろい おおきい しく	溥天《ふてん》・溥《あまね》し
滂	ホウ ボウ	滂洋《ぼうよう》・滂湃《ほうはい》
溟	メイ くらい うすぐらい うみ おおうなばら	溟濛《めいもう》・滄溟《そうめい》
滬	コ えり あじろ	上海《しゃんはい》の別名《べつめい》・あじろ
滸	コ ほとり みぎわ	烏滸《おこ》・水滸《すいこ》
滾	コン たぎる	滾滾《こんこん》と泉《いずみ》が湧《わ》く
漿	ショウ しる のみもの おもゆ	漿果《しょうか》・血漿《けっしょう》

漢字	読み	用例・意味
滲	シン にじむ しみる	滲出《しんしゅつ》・滲漏《しんろう》・滲《にじ》む
漱	ソウ すすぐ くちすすぐ うがい	漱石枕流《そうせきちんりゅう》
漲	チョウ みなぎる	漲溢《ちょういつ》・怒漲《どちょう》
滌	デキ ジョウ あらう すすぐ	滌除《できじょ》・洗滌《せんでき》
漾	ヨウ ただよう	揺漾《ようよう》・波間《なみま》を漾《ただよ》う千鳥《ちどり》
漓	リ したたる ながれる	淋漓《りんり》
滷	ロ しおからい にがり	滷汁《にがり》
澆	ギョウ そそぐ うすい かるがるしい	澆季《ぎょうき》・澆漓《ぎょうり》
潺	サン セン	潺潺《せんせん》たる水《みず》の音《おと》
潸	サン	潸潸《さんさん》・潸然《さんぜん》
潯	ジン ふち ほとり みぎわ	潯陽《じんよう》

漢字	読み	用例・意味
潭	タン シン ふち ふかい みぎわ	江潭《こうたん》・碧潭《へきたん》
澂	「澄《ちょう》」の異体字《いたいじ》	
潘	ハン しろみず うずまき	米《こめ》のとぎ汁《じる》・うずまく水《みず》
澎	ホウ	澎湃《ほうはい》
潦	ロウ にわたずみ おおみず ながあめ	潦水《ろうすい》・旱潦《かんろう》
澳	イク・オウ くま ふかい おき	隈澳《わいいく》・澳門《マカオ》・澳《おき》行《い》く舟《ふね》
澣	カン あらう すすぐ	澣衣《かんい》・澣濯《かんたく》・漱澣《そうかん》
澡	ソウ あらう すすぐ きよめる	澡浴《そうよく》
澹	タン あわい うすい しずか	澹月《たんげつ》・澹乎《たんこ》・恬澹《てんたん》
濆	フン わく・ふく ほとり みぎわ	濆《わ》き上《あ》がる水《みず》
澪	レイ みお	澪標《みおつくし》

漢字	読み	用例・意味
濬	シュン さらう ふかい	濬哲《しゅんてつ》・濬《さら》う
瀰	デイ・ビ ミ・みちる おおい	みちる・数《かず》が多《おお》いさま
濘	ネイ ぬかる ぬかるみ どろ	泥濘《でいねい》・汀濘《ていねい》・濘《ぬか》る
濛	ボウ モウ こさめ きりさめ くらい うすぐらい	濛昧《もうまい》・濛気《もうき》・昏濛《こんもう》
瀉	シャ・はく そそぐ くだす しおつち	瀉下《しゃか》・吐瀉《としゃ》・瀉《そそ》ぐ
瀋	シン しる	瀋水《しんすい》
濺	セン そそぐ	濺濺《せんせん》・濺《そそ》ぐ
瀑	バク・ボウ にわかあめ たき しぶき	瀑布《ばくふ》・飛瀑《ひばく》
瀁	ヨウ	瀁瀁《ようよう》
瀏	リュウ きよい あきらか	瀏覧《りゅうらん》・瀏亮《りゅうりょう》
濾	リョ ロ こす	濾過《ろか》・濾紙《ろし》・濾《こ》す

漢字	読み	用例・意味
瀛	エイ うみ	瀛海《えいかい》・大瀛《たいえい》
瀚	カン ひろい	瀚海《かんかい》・浩瀚《こうかん》
瀝	レキ したたる そそぐ しずく	瀝青《れきせい》・披瀝《ひれき》・瀝《したた》る
瀟	ショウ きよい	風雨瀟瀟《ふううしょうしょう》
瀰	ビ みちる はびこる ひろい	瀰散《びさん》・瀰漫《びまん》
瀾	ラン なみ なみだつ	狂瀾《きょうらん》・波瀾《はらん》
瀲	レン みぎわ うかぶ	泛瀲《はんれん》
灑	サイ・シャ そそぐ あらう ちらす	灑泣《さいきゅう》・灑掃応対《さいそうおうたい》・瀟《しょう》灑《しゃ》
火	ひ ひへん	
灬	れんが れっか	
炙	シャ・セキ あぶる やく したしむ	膾炙《かいしゃ》・炙《あぶ》る
炒	ショウ ソウ いる いためる	炒飯《ちゃーはん》・炒《い》り豆《まめ》に花《はな》が咲《さ》く
炯	ケイ ひかる あきらか	炯眼《けいがん》・炯然《けいぜん》

漢字	読み	用例・意味
炷	シュ とうしん ともしび やく・たく	炷香《しゅこう》・香《こう》を炷《た》く
炬	キョ コ たいまつ かがりび ともしび やく	炬火《きょか》・蠟炬《ろうきょ》
炸	サ・サク さく さける はじける	炸裂《さくれつ》
炳	ヘイ あきらか いちじるしい	炳乎《へいこ》・彪炳《ひょうへい》
炮	ホウ あぶる やく	炮烙《ほうらく》・炮《あぶ》る
烟	「煙《えん》」(煙の旧字体《きゅうじたい》)の異体字《いたいじ》	
烋	コウ キュウ ほこる めでたい さいわい	おごりたかぶる・よい
烝	ショウ ジョウ むす むしあつい すすめる もろもろ まつり	烝矯《じょうきょう》・烝民《じょうみん》・烝《む》す
烙	ラク ロク やく	烙印《らくいん》・烙《や》く

漢字	読み	用例・意味
焉	エン これ ここに いずくんぞ	終焉《しゅうえん》・焉《いずく》んぞ
烽	ホウ のろし	烽火《ほうか》・烽煙《ほうえん》
焠	サイ にらぐ やく	焠掌《さいしょう》・焠《にら》ぐ
焜	コン かがやく あきらか	焜炉《こんろ》・焜《かがや》く
焙	ホウ・ハイ ホイ あぶる ほうじる	焙煎《ばいせん》・焙炉《ほうろ》
煥	カン かがやく あきらか	煥然《かんぜん》・才気煥発《さいきかんぱつ》
煦	ク あたためる あたたかい めぐむ	煦煦《くく》・和煦《わく》
煢	ケイ ひとりもの うれえる	煢然《けいぜん》・煢独《けいどく》
煌	コウ かがやく きらめく あきらか	煌煌《こうこう》・煌《きら》めく才能《さいのう》
煖	ダン・ナン あたためる あたたかい やわらかい	煖衣《だんい》・煖房《だんぼう》
煬	ヨウ・やく あぶる かわかす とかす	煬《あぶ》る

漢字	読み	用例・意味
熙	キ ひかる ひろい やわらぐ よろこぶ たのしむ ああ	光熙《こうき》・熙笑《きしょう》・雍熙《ようき》
熄	ソク・やむ きえる なくなる うずみび	終熄《しゅうそく》・熄滅《そくめつ》
熕	コウ おおづつ	砲熕《ほうこう》
熨	イ・ウツ ひのし のす・のし おさえる	火熨斗《ひのし》・熨帖《うっちょう》
熬	ゴウ・いる いらだつ うれえる なやむ	熬海鼠《いりこ》・熬煎《ごうせん》
燗	ラン にる かん	燗酒《かんざけ》
熹	キ あぶる さかん かすか よろこぶ	熹微《きび》
熾	シ さかん おこす おき	熾烈《しれつ》・熾火《おきび》・熾《さか》ん
燉	トン	あきらか
燔	ハン・ボン やく あぶる ひもろぎ	燔書《はんしょ》・燔柴《はんさい》

漢字	読み	用例・意味
燎	リョウ やく かがりび のび まつり	燎原《りょうげん》の火《ひ》
燠	イク オウ あたたかい あつい おき	燠《おき》が赤《あか》く残《のこ》る
燬	キ ひ やく やける	燬然《きぜん》
燧	スイ ひうち のろし	燧火《すいか》・燧石《ひうちいし》
燵	タツ	炬燵《こたつ》
燻	クン ふすべる くすぶる くすべる いぶす くゆらす やく	燻《いぶ》し銀《ぎん》・燻製《くんせい》
燼	ジン もえさし もえのこり のこり	燼灰《じんかい》に帰《き》す・燼余《じんよ》の民《たみ》
燹	セン のび へいか	兵燹《へいせん》
燿	ヨウ かがやく かがやき かがよう	焜燿《こんよう》・燿《かがや》く

漢字	読み	用例・意味
爍	シャク ひかる とかす	爍爍《しゃくしゃく》たる太陽《たいよう》・閃爍《せんしゃく》
爛	ラン にる ただれる ただれ あざやか はなやか	爛柯《らんか》・絢爛《けんらん》・爛《ただ》れる
爨	サン かしぐ かまど	三世一爨《さんせいいっさん》・爨《かし》ぐ
爪	つめ	
⺥ ⺤	つめかんむり つめがしら	
爪	そうにょう	
爬	ハ かく はう	爬虫類《はちゅうるい》・爬羅剔抉《はらてっけつ》
爰	エン ここに かえる とりかえる ゆるやか	爰書《えんしょ》・爰許《ここもと》
父	ちち	
爻	まじわる	
爿	しょうへん	

漢字	読み	用例・意味
牀	ショウ ソウ ねだい こしかけ だい ゆか とこ	牀机《しょうぎ》・筆牀《ひっしょう》
牆	ショウ かき・へい まがき かこい	牆壁《しょうへき》・門牆《もんしょう》
片	かた かたへん	
牋	セン ふだ かきつけ てがみ	牋簡《せんかん》
牖	ユウ まど みちびく	牖中《ゆうちゅう》に日《ひ》を窺《うかが》う
牘	トク ふだ かきもの ふみ てがみ	尺牘《せきとく》
牙	きば きばへん	
牛	うし うしへん	
牴	テイ ふれる さわる あたる およそ おひつじ	牴触《ていしょく》・牴牾《ていご》

漢字	読み	用例・意味
牾	ゴ さからう	牴牾《ていご》
犂	リ レイ リュウ すく すき まだらうし しみ くろい	犂《すき》・犂牛《りぎゅう》の喩《たと》え・犂《り》耕《こう》
犇	ホン はしる ひしめく	不況《ふきょう》を犇犇《ひしひし》と感《かん》じる
犒	コウ ねぎらう ねぎらい	犒労《こうろう》・犒《ねぎら》う
犖	ラク まだらうし あきらか すぐれる	卓犖《たくらく》
犢	トク こうし	舐犢《しとく》・快犢《かいとく》破車《はしゃ》・犢鼻褌《ふんどし》
犬 犭	いぬ けものへん	
犲	サイ やまいぬ	犲狼《さいろう》
狃	ジュウ なれる ならう	狃習《じゅうしゅう》・狃《な》れる
狆	チュウ ちん	狆《ちん》
狄	テキ えびす	夷狄《いてき》

漢字	読み	用例・意味
狎	コウ なれる あなどる もてあそぶ	狎昵《こうじつ》・親狎《しんこう》
狒	ヒ ひひ	狒狒《ひひ》
狢	カク むじな	狢《むじな》
狠	コン かむ もとる ねじける はなはだ	狠恣《こんし》・狠《もと》る
狡	コウ ずるい わるがしこい こすい すばやい くるう	狡兎三窟《こうとさんくつ》
狷	ケン せまい かたいじ	狷介固陋《けんかいころう》
倏	シュク たちまち すみやか	倏忽《しゅっこつ》・倏《たちま》ち
猊	ゲイ しし	猊下《げいか》・猊座《げいざ》
猗	イ ア ああ うつくしい たおやか なよやか	猗頓《いとん》の富《とみ》

漢字	読み	用例・意味
猜	サイ そねむ ねたむ うたがう	猜疑《さいぎ》・猜《そね》む
猖	ショウ くるう たけりくるう	猖狂《しょうきょう》・猖《くる》う
猝	ソツ にわか はやい	猝磋《そっさ》・猝《にわ》か
猋	ヒョウ はしる つむじかぜ はやて	猋風《つむじかぜ》
猴	コウ さる ましら	沐猴《もっこう》・猴酒《さるざけ》
猯	タン まみ たぬき	猯《まみ》
猩	セイ ショウ あかいろ	猩紅熱《しょうこうねつ》・猩猩蠅《しょうじょうばえ》
猥	ワイ みだりに みだら	猥瑣《わいさ》・卑猥《ひわい》
猾	カツ みだれる みだす わるがしこい	狡猾《こうかつ》・奸猾《かんかつ》
獏	バク	獏《ばく》は人《ひと》の夢《ゆめ》を食《た》べる
獗	ケツ たける くるう	猖獗《しょうけつ》
獪	カイ わるがしこい ずるい	老獪《ろうかい》・獪《わるがしこ》い

漢字	読み	用例・意味
獮	セン かり かる ころす	秋《あき》に獮《りょう》をする・ころす
獰	ドウ わるい にくにくしい	獰猛《どうもう》
獺	タツ ダツ かわうそ おそ	獺祭魚《だっさいぎょ》・獺虎《らっこ》
玄	げん	
玉	たま	王 おう おうへん たまへん
玫	バイ マイ	玫瑰《はまなす》
珈	カ かみかざり	珈琲《コーヒー》
玻	ハ	玻璃《はり》
珀	ハク	琥珀《こはく》
珥	ジ みみだま さしはさむ	珥筆《じひつ》・珥《みみだま》
珮	ハイ おびだま	珮環《はいかん》
珞	ラク	瓔珞《ようらく》

漢字	読み	用例・意味
琅	ロウ	琳琅《りんろう》
琥	コ	琥珀《こはく》は腐芥《ふかい》を取《と》らず
琲	ヒ ハイ	珈琲《コーヒー》
琺	ホウ	琺瑯《ほうろう》
瑇	タイ	瑇玻盞《たいひさん》
瑕	カ きず あやまち	瑕瑾《かきん》・瑕疵《かし》
瑟	シツ おおごと	瑟瑟《しつしつ》・琴瑟《きんしつ》・膠瑟《こうしつ》
瑙	ノウ	瑪瑙《めのう》
瑁	マイ	瑇瑁《たいまい》
瑜	ユ	瑜伽《ゆが》
瑶	ヨウ たま うつくしい	瑶台《ようだい》・瑶林瓊樹《ようりんけいじゅ》
瑩	エイ あきらか つややか みがく	瑩徹《えいてつ》・瑩潤《えいじゅん》

漢字	読み	用例・意味
瑰	カイ めずらしい すぐれる おおきい	瑰麗《かいれい》・瓊瑰《けいかい》
瑣	サ ちいさい わずらわしい くさり つらなる	瑣《さ》砕《さい》細《さい》膩《じ》
瑪	バ メ	瑪《め》瑙《のう》
瑾	キン	瑾《きん》瑜《ゆ》・細《さい》瑾《きん》
璋	ショウ たま ひしゃく	玉《ぎょく》製《せい》の笏《しゃく》・ひしゃく
璇	セン たま	美《うつく》しい玉《たま》・星《ほし》の名前《なまえ》
璢	「瑠《る》」の異体字《いたいじ》	
璞	ハク あらたま	璞玉《はくぎょく》・和璞《かはく》
瓊	ケイ たま に うつくしい	瓊筵《けいえん》・瓊音《ぬなと》
瓏	ロウ	瓏玲《ろうれい》
瓔	ヨウ エイ くびかざり	瓔珞《ようらく》・鈿瓔《でんえい》

漢字	読み	用例・意味
瓜瓜	うり	
瓠	コ カク ひさご ふくべ	瓠瓢《こひょう》・瓠落《かくらく》
瓣	ベン うりのなかご はなびら	瓣膜《べんまく》・花瓣《かべん》
瓦	かわら	
瓧	デカグラム	重《おも》さの単位《たんい》
瓩	キログラム	重《おも》さの単位《たんい》
瓮	オウ かめ もたい	口《くち》の大《おお》きなかめ・もたい
瓲	トン	重《おも》さの単位《たんい》
瓰	デシグラム	重《おも》さの単位《たんい》
瓱	ミリグラム	重《おも》さの単位《たんい》
瓸	ヘクトグラム	重《おも》さの単位《たんい》
瓷	シ ジ いしやき かめ	瓷瓶《じへい》・青瓷《せいじ》

漢字	読み	用例・意味
甄	ケン すえ つくる みわける しらべる	甄別《けんべつ》
甃	シュウ しきがわら いしだたみ	甃石《しきいし》
甅	センチグラム	重《おも》さの単位《たんい》
甌	オウ ほとぎ かめ はち	瓦甌《がおう》
甎	セン かわら しきがわら	甎全《せんぜん》
甍	ボウ モウ いらか	連甍《れんぼう》
甕	オウ かめ もたい みか	甕天《おうてん》
甓	ヘキ かわら しきがわら	瓦甓《がへき》
甘	かん あまい	
生	うまれる	
甦	ソ よみがえる	甦生《そせい》・甦《よみがえ》る

漢字	読み	用例・意味
用	もちいる	
田	た たへん	
畛	シン さかい あぜ	畛畦《しんけい》・畛域《しんいき》
畚	ホン ふご もっこ	縄《なわ》やわらで編《あ》んだかご
畤	シ ジ まつりのにわ	神霊《しんれい》のとどまる所《ところ》
畬	ヨ シャ あらた やきはた	新《あたら》しい田《た》
畸	キ めずらしい のこり あまり	畸形《きけい》・畸人《きじん》
畺	キョウ さかい かぎる かぎり	畺域《きょういき》・辺畺《へんきょう》
疇	チュウ うね はたけ たぐい むくいる さきに むかし だれ	疇昔《ちゅうせき》・範疇《はんちゅう》
疋	ひき ひきへん	
疒	やまいだれ	

漢字	読み	用例・意味
疔	チョウ かさ できもの	面《めん》疔《ちょう》
疚	キュウ やむ なやむ ながわずらい やましい	大病《たいびょう》を疚《や》む
疝	サン セン せんき	疝《せん》痛《つう》
疥	カイ ひぜん はたけ おこり	疥《かい》癬《せん》・顔《かお》に疥《はたけ》ができた
疣	ユウ いぼ	疣《ゆう》贅《ぜい》・疣蛙《いぼがえる》
痂	カ ケ かさぶた ひぜん	痂《か》皮《ひ》・痂《かさぶた》がはがれる
疸	タン おうだん	黄《おう》疸《だん》
疳	カン	脾《ひ》疳《かん》
痃	ケン ゲン	痃《けん》癖《ぺき》・横《おう》痃《げん》
疵	シ きず やまい そしる	疵《し》瑕《か》・毀《き》疵《し》
疽	ショ ソ かさ はれもの	壊《え》疽《そ》・疽《そ》腫《しょう》

漢字	読み	用例・意味
疼	トウ うずく うずき いたむ	疼《とう》痛《つう》・疼《うず》く
疱	ホウ もがさ とびひ	疱《ほう》疹《しん》・疱《ほう》瘡《そう》・水《すい》疱《ほう》
痍	イ きず きずつく きずつける	傷《しょう》痍《い》・痍《きず》
痊	セン いえる いやす	痊《せん》癒《ゆ》
痒	ヨウ かさ かゆい やむ やまい	隔《かっ》靴《か》掻《そう》痒《よう》
痙	ケイ ひきつる	痙《けい》攣《れん》・痙《ひきつ》る
痣	シ ほくろ あざ	ころんで痣《あざ》ができる
痞	ヒ つかえ つかえる	痞《ひ》結《けつ》・胸《むね》の痞《つか》えがおりる
痾	ア やまい ながわずらい	宿《しゅく》痾《あ》
痿	イ なえる しびれる	痿《い》痺《ひ》・痿《な》える
痼	コ ながわずらい しこり	痼《こ》疾《しつ》・痼《しこ》り

漢字	読み	用例・意味
瘁	スイ つかれる やつれる くずれる	憔《しょう》瘁《すい》・瘁《つか》れる
痰	タン	痰《たん》咳《がい》・血《けっ》痰《たん》
痹	ヒ しびれる しびれ	麻《ま》痹《ひ》
痺	ヒ しびれる うずら＝鳥の名	麻《ま》痺《ひ》・痺《しび》れる
痲	バ マ しびれる しびれ	痲《ま》痹《ひ》・痲《ま》疹《しん》・痲《しび》れる
痳	リン せんき りんびょう	痳《りん》菌《きん》・痳《りん》病《びょう》
瘋	フウ ずつう	瘋《ふう》癲《てん》
瘉	ユ いえる いやす	いえる・病《びょう》気《き》が治《なお》る
瘟	オン えやみ はやりやまい	瘟《おん》病《びょう》
瘧	ギャク おこり	瘧《ぎゃく》疾《しつ》・瘧草《えやみぐさ》
瘠	セキ やせる	瘠《せき》地《ち》・瘠《や》せる
瘡	ショウ ソウ きず・かさ くさ	瘡《そう》瘢《はん》・瘡蓋《かさぶた》

漢字	読み	用例・意味
瘢	ハン きず きずあと しみ そばかす	瘢《はん》痕《こん》・創《そう》瘢《はん》
瘤	リュウ はれもの こぶ じゃまもの	贅《ぜい》瘤《りゅう》・目《め》の上《うえ》の瘤《こぶ》
瘴	ショウ	瘴《しょう》気《き》・煙《えん》瘴《しょう》
瘰	ルイ	瘰《るい》癧《れき》
瘻	ル ロウ はれもの こぶ	瘻《ろう》管《かん》
癇	カン ひきつけ	癇《かん》癪《しゃく》
癈	ハイ	癈《はい》疾《しつ》
癆	ロウ おとろえやせる かぶれ いたむ	癆《ろう》咳《がい》
癜	テン デン なまず	なまず・皮《ひ》膚《ふ》病《びょう》の一《いっ》種《しゅ》
癘	ライ レイ えやみ はやりやまい	癘《れい》気《き》・瘴《しょう》癘《れい》
癢	ヨウ かゆい はがゆい もだえる	虫《むし》に刺《さ》されて癢《かゆ》い

漢字	読み	用例・意味
癨	カク しょきあたり	癨乱《かくらん》
癩	ライ	癩病《らいびょう》
癧	レキ	瘰癧《るいれき》
癪	シャク	小癪《こしゃく》・疝癪《せんしゃく》
癬	セン たむし ひぜん	皮癬《ひぜん》
癭	エイ こぶ	癭瘤《えいりゅう》
癰	ヨウ はれもの	癰疽《ようそ》・癰腫《ようしゅ》
癲	テン くるう	癲癇《てんかん》
攣	レン ひきつる つる	つる・ひきつる
癶	はつがしら	
癸	キ はかる みずのと	癸《みずのと》の祭《まつり》・癸亥《きがい》
白	しろ	

漢字	読み	用例・意味
皁	ソウ どんぐり くろ くろい しもべ うまや かいばおけ	皁斗《そうと》・皁莢《さいかち》
皎	キョウ コウ しろい あかるい きよい	月《つき》が皎皎《きょうきょう》と輝《かがや》く・皎潔《こうけつ》
皖	カン あきらか	あきらか・安徽省《あんきしょう》の別名《べつめい》
皓	コウ きよい しろい ひかる	皓皓《こうこう》とした月《つき》・皓歯《こうし》蛾眉《がび》
皙	セキ しろい なつめ	しろい・なつめ
皚	ガイ しろい	白皚皚《はくがいがい》たる銀世界《ぎんせかい》
皮	けがわ ひのかわ	
皰	ホウ にきび もがさ	皰瘡《ほうそう》・面皰《めんぽう》
皴	シュン ひび しわ	皴法《しゅんぽう》・皴皺《しゅんしゅう》
皸	クン ひび あかぎれ	皸《あかぎれ》・皸裂《くんれつ》

漢字	読み	用例・意味
皺	シュウ スウ しわ しわむ	皺襞《しゅうへき》・額《ひたい》に皺《しわ》を寄《よ》せる
皿	さら	
盂	ウ はち わん	盂蘭盆《うらぼん》
盍	コウ おおう あう なんぞ…ざる	盍簪《こうしん》・盍《なん》ぞ
盒	ゴウ ふたもの ふた さら	香盒《こうごう》・飯盒《はんごう》
盞	サン さかずき	酒盞《しゅさん》
盥	カン そそぐ すすぐ たらい	盥漱《かんそう》・濯盥《たくかん》・盥回《たらいまわ》し
盧	ロ めしびつ くろい あし	盧生《ろせい》の夢《ゆめ》
盪	トウ とろける あらう あらいきよめる うごく うごかす ほしいままにする	盪滌《とうでき》・放盪《ほうとう》
目	め めへん	
盻	ケイ にらむ かえりみる	盻《にら》む

漢字	読み	用例・意味
眈	タン にらむ	虎視眈眈《こしたんたん》
眇	ビョウ ミョウ すがめ すがめる ちいさい はるか かすか おくぶかい	眇然《びょうぜん》・縹眇《ひょうびょう》
眄	ベン メン みる ながしめ ながめる かえりみる	流眄《りゅうべん》・顧眄《こべん》
眩	ゲン くれる まう くらむ くるめく まどう くらます めまい まばゆい まぶしい	眩暈《げんうん》・眩惑《げんわく》・震眩《しんげん》
眥	セイ・シ サイ まなじり にらむ	眥《まなじり》を決《けっ》する・目眥《もくし》
昧	バイ マイ くらい	昧《くら》い
眷	ケン かえりみる こいしたう めぐみ なさけ みうち	眷恋《けんれん》・恩眷《おんけん》
眸	ボウ ム ひとみ	眸子《ぼうし》・明眸《めいぼう》

漢字	読み	用例・意味
睇	ダイ・テイ ぬすみみる ながしめ よこめ	睇視《ていし》
睚	ガイ まなじり にらむ	睚眥《がいさい》の怨《うら》み
睨	ゲイ にらむ うかがう かたむく	睨視《げいし》・睨《ね》め付《つ》ける
睫	ショウ まつげ	眉睫《びしょう》・睫毛《まつげ》
睛	セイ ひとみ	画竜点睛《がりょうてんせい》
睥	ヘイ ながしめ にらむ うかがいみる	睥睨《へいげい》
睾	コウ さわ たかい ひろい おおきい きんたま	睾丸《こうがん》
睹	ト みる	逆睹《ぎゃくと》
瞎	カツ くらい	片方《かたほう》の目《め》が見《み》えない
瞋	シン いからす いかる	瞋恚《しんい》の炎《ほのお》

漢字	読み	用例・意味
瞑	ミョウ メイ メン くらい くらむ つぶる	瞑想《めいそう》・失敗《しっぱい》に目《め》を瞑《つぶ》る
瞠	ドウ トウ みはる みつめる	瞠目《どうもく》・目《め》を瞠《みは》る
瞞	バン マン モン だます あざむく くらます はじる	世人《せじん》を瞞着《まんちゃく》する・欺《ぎ》瞞《まん》
瞰	カン みる みおろす のぞむ	鳥瞰《ちょうかん》・俯瞰《ふかん》
瞿	ク みる おそれる	瞿然《くぜん》・瞿《おそ》れる
瞼	ケン まぶた	瞼《まぶた》・眼瞼《がんけん》
瞽	コ くらい おろか	瞽女《ごぜ》・矇瞽《もうこ》
瞻	セン みる	瞻望咨嗟《せんぼうしさ》・仰瞻《ぎょうせん》
矇	ボウ モウ くらい おろか	矇昧《もうまい》・晦矇《かいもう》

漢字	読み	用例・意味
矍	カク みまわす あわてる はやる いさむ	矍鑠《かくしゃく》たる老夫婦《ろうふうふ》
矚	ショク ソク みる	矚望《しょくぼう》・眺矚《ちょうしょく》
矛	ほこ ほこへん	
矜	カン キョウ キン つつしむ あわれむ ほこる やもお	矜持《きょうじ》・哀矜《あいきょう》
矢	や やへん	
矣	イ	漢文《かんぶん》の助詞《じょし》
矮	アイ ワイ みじかい ひくい	矮小《わいしょう》
石	いし いしへん	
矼	コウ とびいし いしばし かたい	まじめなさま・とびいし
矻	コツ はたらく	矻矻《こつこつ》と研究《けんきゅう》を続《つづ》ける

漢字	読み	用例・意味
砌	セイ サイ みぎり	砌下《せいか》・砌《みぎり》
砒	ヒ	砒素《ひそ》
砠	ショ ソ いしやま つちやま	やま・いしやま
硅	ケイ やぶる	硅酸《けいさん》・硅素《けいそ》
硼	ホウ	硼酸《ほうさん》
碚	ハイ	かさなり・つぼみ
碌	ロク	碌《ろく》でなし・耄碌《もうろく》
碣	ケツ いしぶみ	石碣《せっけつ》・墓碣《ぼけつ》
碪	チン ガン きぬた	「砧《きぬた》」の異体字《いたいじ》
磑	ガイ うす ひきうす いしうす	うす・高《たか》く重《かさ》なるさま
磋	サ みがく	切磋琢磨《せっさたくま》・人格《じんかく》を磋《みが》く
磔	タク さく はりつけ	磔刑《たくけい》・磔《はりつけ》・車磔《しゃたく》

漢字	読み	用例・意味
碾	テン デン うす ひく	碾茶《ひきちゃ》・碾臼《ひきうす》
碼	バ マ メ ヤード	長《なが》さの単位《たんい》
磅	ホウ ポンド	貨幣単位《かへいたんい》の一《ひと》つ
磊	ライ	豪放磊落《ごうほうらいらく》
磬	キン ケイ はせる	磬折《けいせつ》・鐘磬《しょうけい》
磧	セキ かわら さばく	磧沙《せきさ》・磧中《せきちゅう》
磚	セン かわら	かわら・しきがわら
磽	キョウ コウ やせち	磽确《きょうかく》
磴	トウ いしざか いしだん いしばし	石磴《せきとう》
礒	ギ いそ	いわお・いそ
礑	トウ そこ はたと はったと	礑《はた》と思《おも》い当《あ》たる

漢字	読み	用例・意味
礙	ガイ ゲ さまたげる さえぎる ささえる	障礙《しょうがい》・無礙《むげ》
礬	ハン バン	明礬《みょうばん》
礫	レキ こいし いしころ つぶて	なしの礫《つぶて》・礫岩《れきがん》
示	しめす	ネ示 しめすへん
祀	シ まつる まつり とし	祭祀《さいし》・祀典《してん》
祠	シ まつる まつり ほこら	祠堂《しどう》・祠《ほこら》
祗	シ つつしむ ただ	祗候《しこう》・祗《つつし》んでお仕《つか》えする
祟	スイ たたる たたり	祟《たた》り目《め》
祚	ソ さいわい くらい とし	祚《さいわ》い・天祚《てんそ》・福祚《ふくそ》
祓	フツ はらう はらい	修祓《しゅばつ》・祓殿《はらえどの》・役《やく》を祓《はら》う
祺	キ さいわい やすらか	祺祥《きしょう》・祺然《きぜん》

漢字	読み	用例・意味
禊	ケイ みそぎ はらう	禊《みそぎ》・祓禊《ふっけい》・禊萩《みそはぎ》
禝	ショク	五穀《ごこく》の神《かみ》
禧	キ さいわい めでたい よろこび	新禧《しんき》・禧《さいわ》い
禳	ジョウ はらう はらい	禳禱《じょうとう》・禳《はら》う
禸	じゅう	
禹	ウ	禹行舜趨《うこうしゅんすう》
禺	グ・グウ おながざる すみ・でく	でく・すみ
禾	のぎ のぎへん	
秉	ヘイ・え とる まもる いねたば	松明《たいまつ》を秉《と》る・秉彝《へいい》
秕	ヒ しいな くずごめ わるい	秕政《ひせい》を正《ただ》す
秧	オウ なえ うえる	秧歌《おうか》・秧稲《おうとう》・挿秧《そうおう》
秬	キョ くろきび	秬鬯《きょちょう》

漢字	読み	用例・意味
秣	バツ マツ まぐさ まぐさかう	糧秣《りょうまつ》
稈	カン わら	禾稈《かかん》・麦稈《ばっかん》
稍	ショウ ソウ ちいさい ようやく やや すこし ふち	日《ひ》が稍西《ややにし》に傾《かたむ》く
稠	チュウ チョウ しげる おおい こい	人口《じんこう》の稠密《ちゅうみつ》な地域《ちいき》
稟	リン ヒン こめぐら うける ふち もうす	稟議書《りんぎしょ》・稟質《ひんしつ》
稷	ショク きび たおさ	黍稷《しょしょく》
穡	ショク とりいれ とりいれる おしむ	稼穡《かしょく》
穢	ワイ アイ エ あれる けがれる わるい きたない	厭離穢土《おんりえど》・汚穢《おわい》

漢字	読み	用例・意味
穴	あな あなかんむり	
穹	キュウ あな おおぞら ゆみがた おおきい たかい ふかい	蒼穹《そうきゅう》
穽	セイ おとしあな	陥穽《かんせい》
窈	ヨウ おくぶかい くらい かすか おくゆかしい のびやか あでやか	窈然《ようぜん》たる空《そら》の彼方《かなた》
窕	チョウ ヨウ ふかい あでやか おくゆかしい	窈窕《ようちょう》たる淑女《しゅくじょ》が居並《いなら》ぶ
窘	キン せまる きわまる くるしむ あわただしい たしなめる	窘窮《きんきゅう》・困窘《こんきん》・窘《たしな》める
窖	コウ あなぐら むろ ふかい	窖窯《あながま》・地窖《ちこう》

漢字	読み	用例・意味
窩	カ あな むろ いわや かくす かくまう	窩主《けいず》・眼窩《がんか》
窶	ク ロウ まずしい おか つか やつれる やつす	恋《こい》に身《み》を窶《やつ》す・貧窶《ひんく》
窿	リュウ ゆみがた	穹窿《きゅうりゅう》
竅	キョウ あな	竅孔《きょうこう》
竄	サン ザン かくれる のがれる にげる あらためる はなす	竄定《ざんてい》・竄匿《ざんとく》・改竄《かいざん》
竇	トウ トク あな あなぐら くぐり みぞ	あな・くぐり戸《ど》・みぞ
立	たつ たつへん	
竍	デカリットル	容量《ようりょう》の単位《たんい》

漢字	読み	用例・意味
竏	キロリットル	容量《ようりょう》の単位《たんい》
竕	デシリットル	容量《ようりょう》の単位《たんい》
竓	ミリリットル	容量《ようりょう》の単位《たんい》
站	タン たつ たたずむ うまつぎ えき	駅站《えきたん》
竚	チョ たたずむ たちどまる まつ	たたずむ・まつ
竟	キョウ ケイ つきる おわる きわめる ついに さかい わたる	竟日《きょうじつ》・畢竟《ひっきょう》・竟《つい》に
竡	ヘクトリットル	容量《ようりょう》の単位《たんい》
竦	ショウ つつしむ おそれる すくむ つまだつ そびえる そびやかす	竦然《しょうぜん》・驚竦《きょうしょう》
竢	シ まつ まちうける	竢《ま》つ

漢字	読み	用例・意味
竭	ケツ かれる つきる つくす ことごとく	竭尽《けつじん》・枯竭《こけつ》
竰	センチリットル	容量《ようりょう》の単位《たんい》
竹	たけ たけかんむり	
竽	ウ ふえ	瑟竽《しつう》
笏	コツ しゃく	笏拍子《しゃくびょうし》・玉笏《ぎょくしゃく》
笊	ソウ ざる す	笊籬《いかき》・笊法《ざるほう》
笆	ハ いばらだけ たけがき	笆籬《はり》
笋	「筍《たけのこ》」の異体字《いたいじ》	
笳	カ あしぶえ	悲笳《ひか》
笘	セン チョウ ふだ むち	ふだ・むち
笙	ショウ ふえ しょうのふえ	笙歌《しょうか》

漢字	読み	用例・意味
笞	チ むち しもと むちうつ	笞刑《ちけい》・鞭笞《べんち》
笵	ハン のり いがた	かた・いがた・法律《ほうりつ》
笨	ホン あらい そまつな おろかな	粗笨《そほん》
筐	キョウ かご かたみ はこ ねだい	筐筥《きょうきょ》・花筐《かきょう》
笄	ケイ こうがい かんざし	玉笄《ぎょっけい》・「笄」の異体《いたい》字《じ》
筍	シュン ジュン たけのこ たけのかわ	石筍《せきじゅん》
筌	セン うえ ふせご	筌蹄《せんてい》
筅	セン ささら	筅《ささら》で釜《かま》を洗《あら》う・茶筅《ちゃせん》
筵	エン むしろ せき	筵席《えんせき》に加《くわ》わる・饗筵《きょうえん》
筥	キョ はこ いねたば	筥迫《はこせこ》

漢字	読み	用例・意味
筴	キョウ サク はし はさむ めどぎ はかりごと	占《うらな》いに用《もち》いる細《ほそ》い竹《たけ》の棒《ぼう》
筧	ケン かけい かけひ	竹《たけ》の筧《かけい》
筰	サク たけなわ	竹《たけ》で作《つく》ったなわ
筱	ショウ しのだけ	しの・しのだけ
筬	セイ おさ	筬虫《おさむし》
筮	セイ・ゼイ めどぎ うらなう うらない	筮卜《ぜいぼく》・易筮《えきぜい》・筮《うらな》う
筲	ソウ ショウ かご・ふご めしびつ	斗筲《とそう》
箝	カン ケン はさむ くびかせ つぐむ とざす	箝口令《かんこうれい》
箘	キン しのだけ やだけ	しのだけ・やだけ
箍	コ たが	箍《たが》が緩《ゆる》む

漢字	読み	用例・意味
箜	コウ ク	箜篌《こうこう》
箚	サツ トウ さす もうしぶみ しるす	箚記《さっき》
箒	ソウ シュウ ほうき はく はらう	箒星《ほうきぼし》・竹箒《たけぼうき》
箏	ソウ ショウ こと そうのこと しょうのこと	箏曲《そうきょく》・風箏《ふうそう》
箙	フク えびら やなぐい	矢《や》を入《い》れて背負《せお》う道具《どうぐ》
篋	キョウ はこ	篋底《きょうてい》・書篋《しょきょう》
篁	コウ たかむら たけやぶ たけ	幽篁《ゆうこう》
篌	コウ ゴ	箜篌《こうこう》

漢字	読み	用例・意味
箴	シン はり いしばり いましめる いましめ	箴言《しんげん》・規箴《きしん》・箴《いまし》める
篆	テン	篆書《てんしょ》・小篆《しょうてん》
篪	チ ちのふえ	横笛《よこぶえ》の一種《いっしゅ》
篝	コウ かご ふせご かがり	篝火《かがりび》であたりを照《て》らす
篩	シ ふるい ふるう	篩骨《しこつ》・砂《すな》を篩《ふるい》に掛《か》ける
簑	サ サイ みの	簑笠《さりゅう》
篥	リツ リキ	篳篥《ひちりき》
簀	サク す すのこ	簀垣《すがき》・簀子《すのこ》・葦簀《よしず》
簇	ソウ・ソク ゾク むらがる あつまる	簇生《ぞくせい》・簇《むら》がる
篳	ヒツ・ヒチ まがき いばら しば	篳篥《ひちりき》
篷	ホウ とま ふね こぶね	篷《とま》・釣篷《ちょうほう》

漢字	読み	用例・意味
簍	ロウ ル たけかご	たけかご
簓	セン ささら	簓桁《ささらげた》
簗	やな	下《くだ》り簗《やな》
簣	キ あじか もっこ	土《つち》を運《はこ》ぶための竹《たけ》のかご
簧	コウ ふえ しょうのふえ した	ふえの舌《した》
簪	サン シン かんざし かざす はやい あつまる	花簪《かしん》・簪裾《しんきょ》
簟	テン たかむしろ すのこ	枕簟《ちんてん》
簷	エン ひさし のき	簷滴《えんてき》・屋簷《おくえん》
簫	ショウ ふえ しょうのふえ	簫鼓《しょうこ》
簽	セン ふだ はりふだ しるす みだし	題簽《だいせん》

漢字	読み	用例・意味
籌	チュウ かずとり はかりごと はかる	籌策《ちゅうさく》・牙籌《がちゅう》
籃	ラン かご あじろごし	籃輿《らんよ》・魚籃《ぎょらん》
籔	ソウ こめあげざる	ざる・こめあげざる
籀	チュウ よむ	籀書《ちゅうしょ》
籐	トウ	籐椅子《とういす》・籐蓆《とうむしろ》
籟	ライ ふえ ひびき	風籟《ふうらい》
籙	リョク ロク かきもの ふみ	図籙《とろく》
籡	しんし	籡張《しんしは》り
籤	セン くじ うらなう くし・ひご	籤《くじ》で席《せき》を決《き》める
籥	ヤク ふえ	管籥《かんやく》
籬	リ まがき ませがき	籬下《りか》・垣籬《えんり》
米	こめ こめへん	

漢字	読み	用例・意味
籵	デカメートル	長《なが》さの単位《たんい》
粏	タ ぬかみそ	糂粏《ぬかみそ》
粤	エツ オチ ここに ああ	粤《ここ》に
粢	シ きび・もち こくもつ しとぎ	祭粢《さいし》・糲粢《れいし》
粨	ヘクトメートル	長《なが》さの単位《たんい》
粳	コウ うるち ぬか	粳稲《うるしね》・粳餅《うるもち》
粲	サン しらげよね いいめし あきらか あざやか きよらか わらう	粲然《さんぜん》と輝《かがや》く
粱	リョウ あわ こくもつ	稲粱《とうりょう》
粽	ソウ ちまき	粽《ちまき》
糀	こうじ	糀《こうじ》
糂	サン ジン こながき まじる	こながき・雑炊《ぞうすい》

漢字	読み	用例・意味
糅	ジュウ まじる まじえる かてる	糅飯《かてめし》・雑糅《ざつじゅう》
糒	ヒ・ビ ほしいい かれいい かて	保存食《ほぞんしょく》の一《ひと》つ
糜	ビ・かゆ ただれる ついやす ほろびる	糜爛《びらん》・糜費《びひ》
糝	サン シン こながき めしつぶ まぜる まじえる	糝粉《しんこ》
糯	ダ ナ もちごめ	糯粟《もちあわ》
糲	レイ ライ ラツ くろごめ あらい そまつな	粗糲《それい》
糱	ゲツ もやし こうじ	糱《もやし》を炒《いた》める
糴	テキ かう かいよね いりよね	糴糶《てきちょう》・糴取《せどり》
糶	チョウ うる うりよね だしよね せり	糶市《せりいち》・糶売《ちょうばい》

漢字	読み	用例・意味
糸	いと いとへん	
糺	キュウ あざなう ただす	糺弾《きゅうだん》・糺《ただ》す
紆	ウ まがる まげる めぐる まとう まつわる むすぼれる	紆余曲折《うよきょくせつ》
紂	チュウ しりがい	紂《しりがい》・中国殷王朝《ちゅうごくいんおうちょう》の暴《ぼう》君《くん》
紉	ジン なわ むすぶ つづる	なわ・むすぶ・つづる
紜	ウン みだれる	みだれる
紕	ヒ かざり かざる あやまり	紕繆《ひびゅう》
紊	ブン ビン みだれる みだす	風紀《ふうき》の紊乱《ぶんらん》が顕著《けんちょ》だ
絅	ケイ うすぎぬ	絅裳《けいしょう》
紮	サツ たばねる からげる とどまる	小包《こづつみ》をひもで紮《から》げる
紲	セツ きずな つなぐ	羈紲《きせつ》

漢字	読み	用例・意味
紿	タイ あざむく ゆるむ	あざむく・糸《いと》がゆるむ
紵	チョ いちび あさぬの	アサの一種《いっしゅ》
絆	ハン・バン きずな ほだす つなぐ	絆創膏《ばんそうこう》・脚絆《きゃはん》
絳	コウ あか あかい	絳裙《こうくん》
絖	コウ わた きぬわた ぬめ	綜絖《そうこう》
絎	コウ へり ぬう くける	絎縫《くけぬ》い
絨	ジュウ	絨毯《じゅうたん》
絮	ショ・ジョ わた わたいれ くどい	絮説《じょせつ》・軽絮《けいじょ》
絏	セツ きずな しばる	羈絏《きせつ》
綉	シュウ ぬいとり	ぬいとり・ししゅう
絛	トウ ジョウ さなだ うちひも くみひも	絛虫《じょうちゅう》・馬絛《ばとう》

漢字	読み	用例・意味
綏	スイ・タ たれひも やすらか やすんずる	綏遠《すいえん》・撫綏《ぶすい》
絽	リョ ロ しまおりもの	絽羽織《ろばおり》
綛	かすり かせ	綛模様《かすりもよう》・綛《かせ》
絣	ホウ かすり	絣《かすり》の着物《きもの》
綺	キ あや うつくしい いろう	綺麗《きれい》・錦綺《きんき》
綮	ケイ はたじるし かなめ	肯綮《こうけい》
綦	キ あやぎぬ もえぎいろ くつかざり	綦巾《ききん》
綣	ケン まつわる ねんごろ	まきつく・まつわる
綵	サイ あやぎぬ あや	綵雲《さいうん》・文綵《ぶんさい》
緇	シ くろぎぬ くろ くろい くろむ	緇門《くろかど》・緇衣《しい》
綽	シャク ゆるやか たおやか	綽名《あだな》・綽然《しゃくぜん》

漢字	読み	用例・意味
綫	セン いと すじ	糸《いと》のように細《ほそ》いもの
綢	チュウ まとう まつわる こまかい こみあう	綢繆《ちゅうびゅう》未《み》雨《う》
綯	トウ なう よりあわせる なわ	綯《な》い交《ま》ぜ
綸	リン カン いと おさめる つかさどる おびひも	綸言汗《りんげんあせ》の如《ごと》し
綟	ライ・レイ もえぎいろ もじ もじり	綟網《もじあみ》
綰	ワン むすぶ すべる つなぐ わがねる たがねる たくる たぐる	新聞紙《しんぶんし》をひもで綰《たが》ねる
緘	カン とじる とじなわ てがみ	緘口令《かんこうれい》・封緘《ふうかん》
緝	シュウ つむぐ あつめる とらえる やわらげる ひかりかがやく	緝《つむ》ぐ・綴緝《ていしゅう》

漢字	読み	用例・意味
縲	セツ きずな つなぐ	きずな・しばる
緞	タン ダン ドン	緞通《だんつう》・緞帳《どんちょう》
緲	ビョウ かすか はるか	縹緲《ひょうびょう》
緡	ビン ミン いと さし	緡銭《びんせん》
縅	おどす おどし	唐綾縅《からあやおどし》
縊	イ くびる くびれる くくる	縊死《いし》・縊《くび》る
縕	ウン オン おくぶかい ふるわた	縕奥《うんおう》・縕袍《どてら》
綷	サイ こと いき	綷《こと》切《き》れる
縒	シ サク ふぞろい みだれる よる より	縒《よ》りを戻《もど》す
縟	ジョク かざり わずらわしい くどい	繁文縟礼《はんぶんじょくれい》
縉	シン うすあかい さしはさむ	縉紳《しんしん》

漢字	読み	用例・意味
縋	ツイ すがる	鉄縋《てっつい》
縢	トウ からげる とじる かがる むかばき	ボタン穴《あな》を縢《かが》る
繆	ビュウ リョウ ボク キュウ あやまる たがう もとる いつわる まつわる	綢繆《ちゅうびゅう》
繈	キョウ せおいおび むつき	繈褓《きょうほう》
縻	ビ きずな つなぐ しばる	羈縻《きび》
縵	バン マン むじぎぬ ゆるやか つれびき	縵面《なめ》
縹	ヒョウ はなだいろ はなだ とおい はるか	縹色《はなだいろ》・縹帙《ひょうちつ》
繃	ホウ たばねる まく つつむ	繃帯《ほうたい》

漢字	読み	用例・意味
縷	ル ロウ いと いとすじ ぼろ くわしい こまかい	縷言《るげん》・一縷《いちる》
縲	ルイ なわ しばる つなぐ	縲絏《るいせつ》の辱《はずかし》め
縺	レン もつれる もつれ	舌《した》が縺《もつ》れる
繝	ケン ゲン あや にしきもよう	繧繝《うんげん》
繖	サン きぬがさ あまがさ	蓋繖《がいさん》
繞	ジョウ ニョウ めぐる めぐらす まとう まつわる	囲繞《いじょう》・繞《めぐ》る
繙	ハン・ホン ひもとく ひるがえる ひきつづく	繙閲《はんえつ》・絵巻物《えまきもの》を繙《ひもと》く
繚	リョウ まとう まつわる めぐる めぐらす みだれる	繚繞《りょうじょう》・百花繚乱《ひゃっかりょうらん》
繧	ウン	繧繝錦《うんげんにしき》

漢字	読み	用例・意味
繹	エキ ひきだす たずねる つらなる つらねる	演繹《えんえき》・繹《たず》ねる
繳	シャク キョウ いぐるみ まつわる かえす おさめる	まつわる・おさめる
繻	シュ ジュ うすぎぬ しゅす	繻子《しゅす》
繽	ヒン	繽紛《ひんぷん》
辮	ヘン ベン あむ くむ	辮《あ》む・辮髪《べんぱつ》
纃	かすり	纃模様《かすりもよう》
纊	コウ わた わたいれ	わた・わたいれ
纈	ケチ・ケツ しぼり しぼりぞめ かすみめ	夾纈《きょうけち》・纈草《かのこそう》
纐	コウ しぼり しぼりぞめ	纐纈《こうけち》
纓	エイ・ヨウ ひも むながい まとう	冠纓《かんえい》

漢字	読み	用例・意味
纔	サイ わずか わずかに	纔《わず》かに難《なん》を逃《のが》れる
纛	トウ トク はたぼこ	牙纛《がとう》・大纛《だいとう》
纘	サン つぐ うけつぐ あつめる	纘業《さんぎょう》・纘緒《さんしょ》
纜	ラン ともづな	纜《ともづな》を解《と》く
缶	ほとぎ	
缶	フ ほとぎ	酒《さけ》や水《みず》などを入《い》れたかめ
缸	コウ かめ もたい	水《みず》を入《い》れるおおきなかめ
罅	カ ひび すきま	罅割《ひびわ》れる
罌	オウ かめ もたい	罌缶《おうふ》・壺罌《こおう》
罍	ライ さかだる	樽罍《そんらい》
罎	ドン さけがめ びん	酒《さけ》を入《い》れるかめ・びん
罒 网	あみがしら あみめ よこめ	

漢字	読み	用例・意味
罕	カン とりあみ はた まれに	子《こ》は罕《まれ》に利《り》を言《い》う
罔	モウ ボウ あみ くらい しいる おろか あざむく ない	罔罟《もうこ》・欺罔《ぎもう》
罘	フ フウ あみ うさぎあみ	ウサギをとる網《あみ》
罟	コ あみ うおあみ	罟師《あみし》・罔罟《もうこ》
罠	ビン ミン あみ わな	罠《わな》にかけて失脚《しっきゃく》させる
罨	アン エン あみ おおう	罨法《あんぽう》
罩	トウ かご こめる	魚《さかな》をとる竹《たけ》かご・こめる
罧	シン ふしづけ ふし	ふしづけ・しのづけ
罹	リ かかる こうむる	罹患《りかん》
羂	ケン わな くくる	羂索《けんさく》
羆	ヒ ひぐま	羆《ひぐま》

漢字	読み	用例・意味
羃	ベキ おおう	おおう・おおい
羇	キ たび たびびと	羇旅《きりょ》
羈	キ おもがい たづな つなぐ とりしまる たび たびびと	羈縻《きび》・世《よ》の羈絆《きはん》を脱《だっ》する
羊	ひつじ ひつじへん	
羌	キョウ えびす	羌笛《きょうてき》
羔	コウ こひつじ	羔裘《こうきゅう》
羝	テイ おひつじ	羝羊藩《ていようまがき》に触《ふ》る
羚	リョウ レイ かもしか	羚羊《れいよう》
羯	カツ えびす	羯鼓《かっこ》・羯磨《かつま》
羲	ギ	羲和《ぎか》・伏羲《ふっき》
羹	コウ カン あつもの	羹《あつもの》に懲《こ》りて膾《なます》を吹《ふ》く

漢字	読み	用例・意味
羶	セン なまぐさい	羶血《せんけつ》・羶《なまぐさ》い
羸	ルイ やせる つかれる よわい よわる	羸瘦《るいそう》・餓羸《がるい》
羽	はね	
翅	シ つばさ はね ひれ	展翅《てんし》・翼翅《よくし》
翊	ヨク とびこえる あくるひ たすける	翊賛《よくさん》
翕	キュウ おこる さかん あつめる あつまる とじる	諸侯《しょこう》を翕合《きゅうごう》する
翔	ショウ かける とぶ	翔破《しょうは》・飛翔《ひしょう》
翡	ヒ かわせみ	翡翠《ひすい》
翦	セン きる・そぐ ほろぼす はさむ	翦《き》る・翦綵《せんさい》
翩	ヘン ひるがえる	翩翻《へんぽん》

漢字	読み	用例・意味
翳	エイ かげ かげる かげり かざす かざし くもり かすむ	翳《かげ》る・暗翳《あんえい》
翹	ギョウ あげる つまだてる すぐれる	翹望《ぎょうぼう》・翹《つまだ》てる
耂老	おいかんむり おいがしら	
耆	キ シ おいる としより おさ たしなむ	耆宿《きしゅく》・酒《さけ》を耆《たしな》む
耄	モウ・ボウ としより おいぼれる ほうける	耄《ほう》ける・耄碌《もうろく》・衰耄《すいぼう》
耋	テツ としより おいる	耄耋《ぼうてつ》
而	しかして しこうして	
耒	すきへん らいすき	
耘	ウン くさぎる のぞく	耕耘《こううん》・耘《くさぎ》る
耙	ハ まぐわ	まぐわ・土《つち》をならす農具《のうぐ》

漢字	読み	用例・意味
耜	シ すき	良耜《りょうし》
耡	ジョ・ソ すく たがやす すき	田《た》を耡《す》く
耦	グウ たぐい つれあい むきあう ならぶ	耦語《ぐうご》・匹耦《ひつぐう》
耨	ドウ くわ すく くさぎる	耨耕《どうこう》
耳	みみ みみへん	
耿	コウ あきらか ひかる ひかり	耿耿《こうこう》と照《て》る月《つき》
聊	リョウ みみなり たよる たのしむ いささか	聊爾《りょうじ》
聆	リョウ レイ きく さとる	聆聆《れいれい》
聒	カツ かまびすしい おろか	聒《かまびす》しい・叫聒《きょうかつ》・聒聒児《くつわむし》

漢字	読み	用例・意味
聘	ヘイ とう おとずれる まねく めす めとる	聘礼《へいれい》・招聘《しょうへい》
聚	シュウ ジュ あつまる あつめる なかま たくわえ むらざと	聚斂《しゅうれん》・聚楽第《じゅらくだい》・積聚《せきしゅう》
聟	「壻《むこ》」(婿の旧字体《きゅうじたい》)の異体字《いたいじ》	
聢	しかと	聢《しか》と頼《たの》んだぞ
聳	ショウ おそれる つつしむ そびえる そばだつ そびやかす すすめる	聳然《しょうぜん》・聳《そび》える
聶	ショウ ジョウ ささやく	耳元《みみもと》で聶《ささや》く
聿	ふでづくり	
聿	イチ イツ ふで のべる おさめる すばやい	聿修《いっしゅう》

漢字	読み	用例・意味
肄	イ ならう ひこばえ	肄《なら》う・教肄《きょうい》
肆	シ ほしいまま つらねる ならべる みせ	肆意《しい》・肆廛《してん》・書肆《しょし》
月肉	にく にくづき	
肛	コウ しりのあな はれる	肛門《こうもん》・脱肛《だっこう》
肓	コウ むなもと	病膏肓《やまいこうこう》に入《い》る
肚	ト はら いぶくろ	肚裏《とり》
肭	ドツ	膃肭《おっとつ》・膃肭臍《おっとせい》
肬	ユウ いぼ はれる	肬蛙《いぼがえる》・肬贅《ゆうぜい》
胛	コウ かいがらぼね	肩胛骨《けんこうこつ》
胥	ショ ソ しおから たがいに みな こやくにん	胥吏《しょり》・華胥《かしょ》

漢字	読み	用例・意味
胙	ソ ひもろぎ そなえもの	胙《ひもろぎ》・祭胙《さいそ》
胝	チ たこ まめ あかぎれ	ペン胝《だこ》
胄	チュウ よつぎ ちすじ	胄子《ちゅうし》・裔胄《えいちゅう》
胖	ハン ゆたか ふとる	ゆたか・のびやか
胚	ハイ はらむ はじめ きざし	胚芽《はいが》
胯	コ また またぐ またがる	胯下《こか》・胯座《またぐら》
胱	コウ ゆばりぶくろ	膀胱《ぼうこう》
脛	ケイ すね はぎ	脛骨《けいこつ》・鶴脛《かくけい》
脩	シュウ ほじし おさめる ながい	脩《おさ》める・束脩《そくしゅう》
脣	シン くちびる	脣歯輔車《しんしほしゃ》
脯	フ ホ ほじし	ほした肉《にく》
腋	エキ わき わきのした	腋下《えきか》・両腋《りょうえき》

漢字	読み	用例・意味
腆	テン あつい てあつい おおいに	腆贈《てんぞう》・洗腆《せんてん》
脾	ヒ ひぞう もも	脾臓《ひぞう》
腓	ヒ こむら ふくらはぎ	腓返《こむらがえ》り・腓骨《ひこつ》
腑	フ はらわた こころ	腑甲斐無《ふがいな》い・臓腑《ぞうふ》
胼	ヘン たこ まめ あかぎれ	耳《みみ》に胼胝《たこ》ができる
腱	ケン すじ	腱鞘炎《けんしょうえん》
腮	サイ あご あぎと えら	あご・えら
腥	ショウ セイ なまぐさい みにくい けがらわしい	腥風《せいふう》・腥《なまぐさ》い・腥聞《せいぶん》
腴	ユ こえる あぶら ゆたか	よく腴《こ》えた土地《とち》・肥《ひ》腴《ゆ》
腠	ソウ はだ	腠理《そうり》
膃	オツ	膃肭《おっどつ》・膃肭臍《おっとせい》

漢字	読み	用例・意味
膈	カク	膈膜《かくまく》・胸膈《きょうかく》
膊	ハク ほじし うで	上膊《じょうはく》・下膊《かはく》
膀	ホウ ボウ ゆばりぶくろ	膀胱《ぼうこう》
膂	リョ ロ せぼね ちから	膂力《りょりょく》
膠	コウ にかわ にかわする つく かたい あやまる みだれる	膠着《こうちゃく》
膣	チツ	女性《じょせい》の生殖器《せいしょくき》の一部《いちぶ》
膩	ジ ニ あぶら あか あぶらあか なめらか	垢膩《こうじ》
膰	ハン ひもろぎ	祭《まつ》り用《よう》に焼《や》いた肉《にく》
膵	スイ	膵臓《すいぞう》
膾	カイ なます なますにする	人口《じんこう》に膾炙《かいしゃ》する

漢字	読み	用例・意味
臀	デン しり そこ	臀部《でんぶ》
臂	ヒ うで ひじ	臂《ひじ》・攘臂《じょうひ》
膺	オウ ヨウ むね うける ひきうける うつ	敵《てき》を膺懲《ようちょう》する
臉	ケン ほお かお	花臉《かけん》
臍	サイ セイ へそ ほぞ	臍下丹田《せいかたんでん》・臍《ほぞ》を固《かた》める
臑	ジュ ドウ やわらか にる すね	臑齧《すねかじ》り
臘	ロウ くれ	臘月《ろうげつ》・旧臘《きゅうろう》
臙	エン のど べに	臙脂《えんじ》
臚	リョ・ロ はだ ならべる つたえる	臚列《ろれつ》・臚伝《ろでん》
臠	レン きりみ きりにく みそなわす	細《こま》かく切《き》った肉《にく》

漢字	読み	用例・意味
臣	しん	
臧	ゾウ ソウ よい おさめる かくす まいない しもべ	姑臧《こぞう》
自	みずから	
至	いたる	
臻	シン いたる きたる おおい	とどく・あつまる
臼	うす	
臾	ユ ヨウ ひきとめる しばらく わずか すすめる	須臾《しゅゆ》
舁	ヨ かく かつぐ	輿《こし》を舁《かつ》ぐ・駕籠《かご》を舁《か》く
舂	ショウ うすづく つく	米《こめ》を舂《うすづ》く
舅	キュウ しゅうと おじ	舅姑《きゅうこ》・叔舅《しゅくきゅう》

漢字	読み	用例・意味
舌	した	
舐	シ なめる ねぶる	舐犢《しとく》の愛《あい》
舒	ショ・ジョ のべる のばす ゆるやか	舒緩《じょかん》・閑舒《かんじょ》
舛	まいあし	
舟	ふね ふねへん	
舫	ホウ ふね もやいぶね もやう	舫船《もやいぶね》・船《ふね》を岸《きし》に舫《もや》う
舸	カ ふね おおぶね	舸艦《かかん》・走舸《そうか》
舳	ジク・チク へさき とも かじ	舳艫《じくろ》千里《せんり》
艀	フ・ブ フウ こぶね はしけ	艀船《はしけぶね》
艙	ソウ ふなぐら	艙口《そうこう》・船艙《せんそう》
艘	ソウ ふね	船《ふね》の総称《そうしょう》
艚	ソウ ゾウ こぶね	ふね・小舟《こぶね》

漢字	読み	用例・意味
艝	そり	氷上《ひょうじょう》を艝《そり》で行《い》く
艟	トウ ドウ いくさぶね	艟艨《どうもう》
艤	ギ ふなよそおい	艤装《ぎそう》
艢	ショウ ほばしら	船《ふね》の帆柱《ほばしら》
艨	ボウ モウ いくさぶね	艨艟《もうどう》
艪	ロ かい	艪櫂《ろかい》
艫	ロ とも へさき	舳艫《じくろ》
艮	ねづくり こんづくり	
艱	カン なやむ くるしむ かたい むずかしい けわしい なやみ	艱難辛苦《かんなんしんく》
色	いろ	

漢字	読み	用例・意味
艸 ⺾ 艹	くさかんむり そうこう	
艸	ソウ くさ	草類《そうるい》の総称《そうしょう》
艾	ガイ よもぎ もぐさ としより かる おさめる	艾安《がいあん》・蒿艾《こうがい》
芍	シャク	芍薬《しゃくやく》
芒	ボウ のぎ けさき きっさき すすき かすか くらい つかれる	芒洋《ぼうよう》とした人柄《ひとがら》
芸	ウン かおりぐさ くさぎる	芸閣《うんかく》
芫	ゲン さつまふじ ふじもどき	ふじもどき・さつまふじ
芟	サン セン かる とりのぞく	芟除《さんじょ》

漢字	読み	用例・意味
芻	シュ スウ かる くさかり まぐさ わら	芻蕘《すうじょう》
芬	フン かおる かおり こうばしい おおい	芬蘭《フィンランド》・芬芬《ふんぷん》・芳芬《ほうふん》
苆	すさ	すさ・かべすさ
苡	シ イ	薏苡《よくい》
苣	キョ たいまつ ちさ ちしゃ	萵苣《かきょ》
苟	コウ いやしくも かりそめ まことに	苟且《かりそめ》・苟安《こうあん》・苟合《こうごう》
苴	ショ サ つと あさ くろい おぎなう ちり	苴《つと》に入《はい》った納豆《なっとう》・苞《ほう》苴《しょ》
苳	トウ ふき	キク科《か》の多年草《たねんそう》
范	ハン いがた かた のり	范《いがた》・規范《きはん》

漢字	読み	用例・意味
苻	フ あまかわ さや	草《くさ》の名《な》・さや・あまかわ
苹	ヒョウ ヘイ うきくさ よもぎ	苹果《へいか》
苞	ホウ つつむ つつみ つと みやげもの ねもと	苞苴《ほうしょ》
茆	ボウ ぬなわ じゅんさい かや	じゅんさい・ぬなわ
苜	モク ボク	苜蓿《うまごやし》
茉	バツ マツ	茉莉花《まつりか》
苙	リュウ よろいぐさ	セリ科《か》の多年草《たねんそう》
莓	バイ マイ いちご こけ	莓苔《ばいたい》
茵	イン しとね しきもの	茵蓐《いんじょく》
茴	ウイ カイ	茴香《ういきょう》
茱	シュ	茱萸《しゅゆ》

漢字	読み	用例・意味
茲	シ・ジ しげる ます ますます ここ ここに とし	茲《ここ》が肝心《かんじん》である・今《こん》茲《じ》
荀	シュン ジュン	荀子《じゅんし》
茹	ジョ ニョ くう くさる な ゆでる うだる	茹《う》だるような暑《あつ》さ・茹菽《じょしゅく》
荐	セン ゼン かさねる あつまる しきりに しばしば	荐《しき》りに催促《さいそく》される
荅	トウ あずき こたえる	小豆《あずき》
茯	フク ブク	茯苓《ぶくりょう》
茫	ボウ モウ とおい ひろい はるか	茫然自失《ぼうぜんじしつ》・蒼茫《そうぼう》

漢字	読み	用例・意味
茗	メイ ミョウ ちゃ ちゃのめ よう	茗荷《みょうが》・芳茗《ほうめい》
荔	リ レイ おおにら	荔枝《れいし》
莅	リ のぞむ ゆく おこなう	その場《ば》に行《い》く・行《おこな》う
莚	エン のびる はびこる むしろ	莚蔓《えんまん》
莪	ガ つのよもぎ きつねあざみ	菁莪《せいが》
莟	ガン つぼみ はなしべ	あたら莟《つぼみ》を散《ち》らす
莢	キョウ さや	莢豌豆《さやえんどう》・薬莢《やっきょう》
茣	ゴ	茣蓙《ござ》
莎	サ はますげ	カヤツリグサ科《か》の多《た》年草《ねんそう》
荼	ト・タ ダ にがな くるしみ	荼毘《だび》に付《ふ》す
荳	トウ ズ まめ	マメ科《か》の植物《しょくぶつ》の総称《そうしょう》

漢字	読み	用例・意味
葱	ジン ニン しのぶ しのぶぐさ	葱冬《にんどう》
莠	ユウ はぐさ えのころぐさ わるいもの みにくい	莠言《ゆうげん》
莉	リ レイ	茉莉《まつり》
莨	ロウ ちからぐさ まぐさ たばこ	ナス科《か》の多年草《たねんそう》
菴	アン いおり	草《くさ》ぶきの小屋《こや》
萁	キ まめがら	豆萁《とうき》
菫	キン すみれ とりかぶと	菫花色《きんかしょく》・菫菜《つぼすみれ》
菎	コン	菎蒻《こんにゃく》
菽	シュク まめ	菽水《しゅくすい》の歓《かん》
萃	スイ くさむら あつまる あつめる やつれる	抜萃《ばっすい》

漢字	読み	用例・意味
菘	シュウ スウ すずな とうな つけな	カブの別称《べっしょう》
菁	ショウ セイ かぶ かぶら かぶらな	夏草《なつくさ》が菁菁《せいせい》と茂《しげ》る
菠	ハ ホウ	菠薐草《ほうれんそう》
菲	ヒ うすい つまらない かんばしい	菲才《ひさい》
莽	モウ ボウ くさぶかい くさむら おおきい ひろい あらい	草莽《そうもう》・鹵莽《ろもう》
萍	ビョウ ヘイ うきくさ よもぎ	浮萍《ふへい》
萢	やち やつ	谷地《やち》・湿地《しっち》
萸	ユ	茱萸《しゅゆ》
葭	カ あし よし あしぶえ	葭簀《よしず》を張《は》る

漢字	読み	用例・意味
萼	ガク うてな はなぶさ	花萼《かがく》
葷	クン くさい なまぐさ	葷酒山門《くんしゅさんもん》に入《い》るを許《ゆる》さず
葩	ハ はな はなびら	葩卉《はき》・瓊葩《けいは》
葆	ホ ホウ しげる たもつ つつむ たから はねかざり	葆祠《ほうし》・葆葆《ほうほう》
葯	ヤク よろいぐさ	よろいぐさ・やく
萵	カ ワ	萵苣《わきょ》
蒹	ケン おぎ	蒹葭《けんか》
蒿	コウ よもぎ	蒿里《こうり》・蒿雀《あおじ》
蒟	コン ク	蒟蒻《こんにゃく》
蓍	シ めどはぎ めどぎ	蓍萩《めどはぎ》
蒻	ジャク ニャク がまのめ むしろ	蒟蒻《こんにゃく》・蒻席《じゃくせき》

漢字	読み	用例・意味
蓁	シン しげみ おおい	蓁蓁《しんしん》と生《お》い茂《しげ》った杉《すぎ》木立《こだち》
蓐	ジョク しとね しきもの	蓐月《じょくげつ》・蓐瘡《じょくそう》
蓆	セキ むしろ	針《はり》の蓆《むしろ》
蓖	ヒ	蓖麻子油《ひましゆ》
蒡	ホウ ボウ	牛蒡《ごぼう》
蓙	ござ	床《ゆか》に蓙《ござ》を敷《し》く
蔡	サイ サツ くさむら あくた	草《くさ》のみだれるさま
蓿	シュク	苜蓿《もくしゅく》
蓴	シュン ジュン ぬなわ じゅんさい	蓴羹鱸膾《じゅんこうろかい》・蓴菜《じゅんさい》
蔗	シャ ショ さとうきび うまい おもしろい	蔗境《しゃきょう》・蔗糖《しょとう》・甘蔗《かんしょ》

漢字	読み	用例・意味
蔘	シン サン にんじん ちょうせん にんじん	にんじん
蔬	ソ ショ な あおもの あらい こめつぶ	蔬菜《そさい》・園蔬《えんそ》
蔟	ソク ゾク ソウ まぶし あつまる むらがる	蚕蔟《さんぞく》
蔕	タイ・テイ へた・とげ うてな ねもと	ナスの蔕《へた》をとる
蔔	フク だいこん	萊蔔《らいふく》
蓼	リョウ リク たで	蓼《たで》食《く》う虫《むし》も好《す》き好《ず》き
蕀	キョク	蕀苑《きょくえん》
蕣	シュン むくげ あさがお	蕣英《しゅんえい》

漢字	読み	用例・意味
蕘	ジョウ しば たきぎ きこり くさかり	芻蕘《すうじょう》
蕈	シン・ジン きのこ たけ くわたけ	きのこ・たけ・くわたけ
蕁	ジン・タン はなすげ いらくさ もずく	蕁麻疹《じんましん》
蕕	ユウ かりがねそう くさみ	くさみ・悪人《あくにん》のたとえ
薀	ウン オン つむ たくわえる	蘊蓄《うんちく》を傾《かたむ》ける
薤	カイ にら おおにら らっきょう	薤露蒿里《かいろこうり》
薈	ワイ しげる くさむら	叢薈《そうわい》
薑	キョウ はじかみ しょうが	薑黄《きょうおう》・薑桂《きょうけい》
薊	ケイ あざみ	薊馬《あざみうま》
薨	コウ みまかる しぬ	薨去《こうきょ》・薨《みまか》る
蕭	ショウ よもぎ ものさびしい しずか	蕭牆《しょうしょう》の憂《うれ》え

漢字	読み	用例・意味
薏	ヨク	薏苡明珠《よくいめいしゅ》
薔	ショウ ソウ ショク みずたで ばら	薔薇《ばら》
薛	セツ かわらよもぎ はますげ	キク科《か》の多年草《たねんそう》
薇	ビ のえんどう ぜんまい	蕨薇《けつび》・紫薇《さるすべり》
臈	ロウ くれ	上臈《じょうろう》
薜	ハク ヘイ かずら まさきのかずら	薜蘿《へいら》
蕾	ライ つぼみ つぼむ	桜《さくら》の蕾《つぼみ》がほころぶ
薐	ロウ レン	菠薐草《ほうれんそう》
蕷	ヨ やまのいも じねんじょ	薯蕷《しょよ》
薺	ザイ セイ なずな はまびし	アブラナ科《か》の二年草《にねんそう》

漢字	読み	用例・意味
藉	シャ・セキ むしろ しく かりる かす よる かこつける ふむ	藉口《しゃこう》・狼藉《ろうぜき》
藐	ビョウ ミョウ バク ちいさい さげすむ とおい はるか うつくしい	藐焉《ばくえん》・藐姑射《ばくこや》の山《やま》
薹	タイ・ダイ はますげ あぶらな とう	薹《とう》の立《た》った野菜《やさい》
藕	グウ はす はすね	藕糸《ぐうし》の孔《あな》
藜	レイ あかざ	藜羹《れいこう》・杖藜《じょうれい》
藹	アイ さかん おおい おだやか	和気藹藹《わきあいあい》
蘊	ウン つむ たくわえる	蘊奥《うんおう》・蘊藉《うんしゃ》
蘋	ヒン かたばみも うきくさ	蘋藻《ひんそう》・萍蘋《へいひん》
藾	ライ くさよもぎ	キク科《か》の多年草《たねんそう》
藺	リン い いぐさ	藺草《いぐさ》

漢字	読み	用例・意味
蘆	ロ あし よし	蘆薈《ろかい》
蘢	ロウ いぬたで おおけたで	タデ科《か》の一年草《いちねんそう》
蘚	セン こけ	蘚苔《せんたい》・蒼蘚《そうせん》
蘿	ラ つた つたかずら つのよもぎ	蔦蘿《ちょうら》・蘿蔔《すずしろ》
虍	とらがしら とらかんむり	
虔	ケン つつしむ ころす うばう	虔《つつし》む・敬虔《けいけん》
虒	シ チ つのとら	委虒《いし》
虧	キ かける かく	潮《しお》は月《つき》の虧盈《きえい》にしたがう
虫	むし むしへん	
蚓	イン みみず	蚯蚓《きゅういん》
蚣	コウ ショウ	蜈蚣《ごこう》・蚣蝑《しょうしょ》

漢字	読み	用例・意味
蚩	シ あなどる おろか みにくい みだれる	蚩笑《ししょう》・妍蚩《けんし》
蚪	ト トウ	蝌蚪《かと》
蚌	ホウ・ボウ どぶがい からすがい はまぐり	蚌蛤《ぼうこう》
蚶	カン あかがい	フネガイ科《か》の二枚貝《にまいがい》
蚯	キュウ	蚯蚓《みみず》腫《ば》れ
蛄	コ	螻蛄《ろうこ》・蟪蛄《けいこ》
蛆	ショ ソ うじ	蛆虫《うじむし》
蚰	ユウ	蚰蜒《ゆうえん》
蛉	レイ	蜻蛉《せいれい》・螟蛉《めいれい》
蚫	ホウ あわび	蚫《あわび》
蛔	カイ はらのむし	蛔虫《かいちゅう》

漢字	読み	用例・意味
蛞	カツ おたまじゃくし	蛞蝓《かつゆ》・蛞螻《かつろう》
蛩	キョウ こおろぎ	秋蛩《しゅうきょう》
蛬	キョウ きりぎりす こおろぎ	こおろぎ・きりぎりす
蛟	コウ みずち	蛟竜《こうりゅう》雲雨《うんう》を得《う》・潜蛟《せんこう》
蛯	えび	えび
蜒	エン	蜿蜒《えんえん》と続《つづ》く
蜆	ケン しじみ みのむし	蜆蝶《しじみちょう》
蜈	ゴ	蜈蚣《ごこう》
蜀	ショク いもむし あおむし とうまる	蜀犬《しょっけん》日《ひ》に吠《ほ》ゆ
蜃	シン ジン おおはまぐり みずち	蜃気楼《しんきろう》
蛻	セイ・ゼイ ぬけがら もぬけ もぬける	蛻《もぬけ》の殻《から》・蟬蛻《せんぜい》
蜑	タン えびす あま	蜑戸《たんこ》

漢字	読み	用例・意味
蜉	フ	蜉蝣《かげろう》の一期《いちご》
蜓	テイ	蜻蜓《せいてい》
蜍	シ ジョ	蟾蜍《せんじょ》
蛹	ヨウ さなぎ	蛹《さなぎ》が羽化《うか》する・蛹虫《ようちゅう》
蜊	リ あさり	浅蜊《あさり》
蜴	エキ	蜥蜴《せきえき》
蜿	エン	蜿蜒長蛇《えんえんちょうだ》
蜷	ケン にな	蜷局《けんきょく》・ヘビが蜷局《とぐろ》を巻《ま》く
蜻	セイ	蜻蛉《せいれい》・蜻蜓《せいてい》
蜹	ゼイ ぶゆ ぶよ ぶと	蚊蜹《ぶんぜい》
蜥	セキ	蜥蜴《せきえき》
蜩	チョウ せみ ひぐらし	螗蜩《とうちょう》

漢字	読み	用例・意味
蜚	ヒ あぶらむし ごきぶり とぶ	蜚蠊《ひれん》
蝠	フク	蝙蝠《へんぷく》
蝟	イ はりねずみ むらがる	見物人《けんぶつにん》が蝟集《いしゅう》する
蝸	カ・ラ かたつむり にな・にし	蝸牛角上《かぎゅうかくじょう》の争《あらそ》い
蝌	カ	蝌蚪《かと》
蝎	カツ きくいむし すくもむし さそり	蛇蝎《だかつ》
蝴	コ	蝴蝶《こちょう》
蝗	コウ いなご	蝗虫《こうちゅう》・蝗《いなご》の大群《たいぐん》
蝨	シツ しらみ	蝨《しらみ》を捫《ひね》る
蝮	フク まむし	蝮草《まむしぐさ》・蝮蠍《ふくけつ》
蝘	エン なつぜみ	蝘蜓《えんてい》
蝙	ヘン	蝙蝠《こうもり》も鳥《とり》のうち

漢字	読み	用例・意味
蝓	ユ	蛞蝓《かつゆ》
蝣	ユウ	蜉蝣《かげろう》
蝲	ラツ さそり	蝲蛄《らっこ》
螈	ゲン なつご	蠑螈《えいげん》
螗	トウ なつぜみ	螗蜩《とうちょう》
螟	ミョウ メイ ずいむし	螟蛾《めいが》・焦螟《しょうめい》
螂	ロウ	蟷螂《とうろう》
螯	ゴウ はさみ	蟹螯《かいごう》
蟋	シツ	蟋蟀《しっしゅつ》
螽	シュウ いなご はたおりむし きりぎりす	螽斯《きりぎりす》
蟀	シュツ	蟋蟀《しっしゅつ》・蟀谷《こめかみ》
螫	セキ さす どく	螫《さ》す

漢字	読み	用例・意味
蟄	チツ チュウ かくれる とじこもる	蟄居屏息《ちっきょへいそく》・啓蟄《けいちつ》
螳	トウ	螳螂《とうろう》
蟇	バ・マ バク がま ひきがえる	蟇股《かえるまた》
螻	ル ロウ けら おけら	螻蟻潰堤《ろうぎかいてい》
螾	イン みみず	みみず
蟎	だに	ダニ目《もく》の節足動物《せっそくどうぶつ》の総称《そうしょう》
蟯	ギョウ ジョウ	蟯虫《ぎょうちゅう》
蟪	ケイ	蟪蛄《けいこ》は春秋《しゅんじゅう》を知《し》らず
蟠	バン ハン わだかまる うずくまる まがる めぐる	蟠踞《ばんきょ》・蟠《わだかま》る
蟒	ボウ モウ うわばみ おろち	蟒蛇《うわばみ》のように飲《の》む
蠍	カツ ケツ さそり	蠍座《さそりざ》

漢字	読み	用例・意味
蠆	タイ さそり	蜂蠆《ほうたい》
蠊	レン あぶらむし ごきぶり	蜚蠊《ひれん》
蟾	セン ひきがえる つき みずさし	蟾酥《せんそ》
蟶	テイ まて まてがい	蟶貝《まてがい》
蟷	トウ	蟷螂《とうろう》
蠑	エイ	蠑螈《えいげん》
蠖	カク ワク しりぞく	尺蠖《せきかく》
蠕	ゼン ジュ うごく うごめく はう	蠕動《ぜんどう》
蠢	シュン うごめく おろか	蠢愚《しゅんぐ》・蠢《うごめ》く
蠡	レイ ラ リ にな ほらがい ひさご	蠡測《れいそく》

漢字	読み	用例・意味
蠱	コ そこなう まどわす まじない	蠱惑《こわく》
蠹	ト きくいむし しみ むしばむ そこなう	蠹毒《とどく》
血	ち	
衄	ジク はなぢ くじける	衄血《じくけつ》・挫衄《ざじく》
衊	ベツ けがす はずかしめる はなぢ	汚衊《おべつ》・衊《けが》す
行	ぎょう ぎょうがまえ ゆきがまえ	
衍	エン はびこる あふれる ひろがる ひろい おおきい しく あまり	衍曼流爛《えんまんりゅうらん》・敷衍《ふえん》
衒	ゲン うる てらう ひけらかす	衒耀《げんよう》・奇《き》を衒《てら》う
衙	ガ つかさ あつまる まいる	衙門《がもん》・官衙《かんが》

漢字	読み	用例・意味
衢	ク みち ちまた よつつじ わかれみち	巷衢《こうく》・街衢《がいく》
衤衣	ころも ころもへん	
衫	サン ころも ひとえ はだぎ	汗衫《かんさん》・衫裙《さんくん》
衾	キン ふすま よぎ かけぶとん	衾褥《きんじょく》・同衾《どうきん》
衮	コン	衮冕《こんべん》・衮竜《こんりょう》の袖《そで》に隠《かく》れる
衵	ジツ なれぎぬ ふだんぎ あこめ	衵袴《あこめばかま》
衲	ドウ・ノウ つくろう ころも そう	衲衣《のうえ》・愚衲《ぐのう》
袂	ベイ たもと かたわら きわ	長年《ながねん》の盟友《めいゆう》と袂別《べいべつ》する
袗	シン ひとえ ぬいとりする	ひとえの衣服《いふく》
袒	タン はだぬぐ かたぬぐ	袒裼裸裎《たんせきらてい》・偏袒《へんたん》
袙	ハ バツ うちかけ あこめ	はちまき・うちかけ

漢字	読み	用例・意味
袢	ハン バン はだぎ	袢纏《はんてん》・襦袢《じゅばん》
袍	ホウ・ボウ わたいれ ぬのこ うわぎ	褞袍《おんぼう》
袤	ボウ ひろがり ながさ	広袤《こうぼう》
袰	ほろ	母衣《ほろ》
袵	ジン ニン おくみ えり しとね ねどこ	袵《おくみ》をつける・左袵《さじん》
袿	ケイ うちかけ うちぎ	袿《うちぎ》・袿袴《けいこ》
袱	フク ホク ふくさ ふろしき	袱紗《ふくさ》
裃	かみしも	かみしも
裄	ゆき	ゆき・ゆきたけ
裔	エイ すそ・すえ はて あとつぎ	裔孫《えいそん》・末裔《まつえい》
裎	チョウ テイ はだか ひとえ	裸裎《らてい》

漢字	読み	用例・意味
裘	キュウ かわごろも	裘葛《きゅうかつ》
裙	クン も もすそ すそ はだぎ	裙子《くんし》・羅裙《らくん》
裹	カ つつむ つつみ まとう たから	裹頭《かとう》・国裹《こっか》
褂	カイ うちかけ はだぎ	うちかけ・はだぎ
裼	セキ テイ はだぬぐ かたぬぐ	裼《はだぬ》ぐ
裨	ヒ おぎなう たすける たすけ ちいさい いやしい	裨益《ひえき》
裴	ハイ たちもとおる	裴回《はいかい》
裲	リョウ うちかけ	裲襠《うちかけ》
褄	つま	褄取《つまど》り

漢字	読み	用例・意味
褌	コン したばかま ふんどし みつ	褌《へこ》祝い・前褌《まえみつ》をとる
褊	ヘン せまい きみじか	褊狭《へんきょう》な考《かんが》え
褓	ホ ホウ むつき かいまき	襁褓《きょうほう》
褞	ウン オン うわぎ どてら	褞袍《おんぼう》・褞褐《おんかつ》
褥	ジョク しとね ふとん	褥瘡《じょくそう》・衾褥《きんじょく》
褪	タイ トン あせる さめる	褪紅色《たいこうしょく》・記憶《きおく》が褪《あ》せる
褫	チ うばう はぐ	政権《せいけん》を褫奪《ちだつ》される
襁	キョウ せおいおび むつき おう	襁褓《きょうほう》
襄	ショウ ジョウ のぼる たかい はらう ゆずる	高《たか》い所《ところ》に上《あ》がる・はらう
褻	セツ はだぎ ふだんぎ なれる けがれる けがらわしい あなどる け	褻《け》と晴《は》れ・猥褻《わいせつ》

漢字	読み	用例・意味
褶	チョウ シュウ あわせ かさねる ひだ	褶曲山脈《しゅうきょくさんみゃく》・袴褶《こしゅう》
褸	ル ロウ つづれ ぼろ	襤褸《らんる》
襌	タン ひとえ はだぎ	襌襦《たんじゅ》
襠	トウ うちかけ まち	褌襠《こんとう》・襠《まち》を入《い》れる
襞	ヒャク ヘキ ひだ しわ	褶襞《しゅうへき》・山襞《やまひだ》
襦	ジュ はだぎ どうぎ	襦袢《じゅばん》・汗襦《かんじゅ》
襤	ラン つづれ ぼろ	襤褸《らんる》
襭	ケツ つまばさむ	つまばさむ
襪	バツ ベツ たび くつした	足袋《たび》・くつした
襯	シン はだぎ	襯衫《しんさん》・襯衣《しゃつ》
襴	ラン ひとえ	襴衫《らんさん》

漢字	読み	用例・意味
襷	たすき	襷反《たすきぞ》り
西 襾	おおいかんむり にし	
覃	タン のびる ひく およぶ ふかい	覃及《たんきゅう》
覈	カク しらべる かんがえる あきらかにする きびしい	危言覈論《きげんかくろん》・検覈《けんかく》
見	みる	
覓	ベキ もとめる	逸品《いっぴん》を覓《もと》めて奔走《ほんそう》する
覘	テン うかがう のぞく ぬすみみる	覘望《てんぼう》・相手《あいて》の動静《どうせい》を覘《うかが》う
覡	ケキ ゲキ みこ かんなぎ	みこ・かんなぎ
覩	ト みる	目覩《もくと》
覦	ユ ねがう のぞむ こいねがう	のぞむ・こいねがう

漢字	読み	用例・意味
覬	キ のぞむ ねがう こいねがう	覬覦《きゆ》
覯	コウ あう みる あわせる	覯閔《こうびん》
覲	キン まみえる あう	参覲《さんきん》・覲《まみ》える
覿	テキ あう みる しめす	天罰覿面《てんばつてきめん》
角	かく つの つのへん	
觚	コ さかずき かど ふだ	觚稜《こりょう》・觚牘《ことく》
觜	シ スイ けづの とろきぼし くちばし はし	觜《くちばし》を挟《はさ》む
觝	テイ ふれる さわる ぶつかる	觝触《ていしょく》・角觝《かくてい》
觥	コウ つのさかずき	銀觥《ぎんこう》
觴	ショウ さかずき もてなす	觴詠《しょうえい》・濫觴《らんしょう》
言	げん ごんべん	

漢字	読み	用例・意味
訖	キツ おわる やむ いたる	おわる・いたる
訐	ケツ あばく	面《めん》とむかって訐《あば》く
訌	コウ みだれる もめる うちわもめ	訌争《こうそう》・粉訌《ふんこう》
訛	カ なまる なまり いつわる あやまる	訛音《かいん》・訛《あやま》る
訝	ガ ゲン いぶかる いぶかしい	訝《いぶか》しい点《てん》がある・怪《かい》訝《が》
訥	トツ どもる くちべた	訥訥《とつとつ》と語《かた》り出《だ》す・訥《とつ》弁《べん》
訶	カ しかる せめる	訶詰《かきつ》・訶辱《かじょく》・訶梨勒《かりろく》
詁	コ よむ よみ とく わけ	解詁《かいこ》・詁訓《こくん》
詛	ソ ショ のろう のろい ちかう ちかい そしる うらむ	己《おのれ》の不幸《ふこう》を詛《のろ》う・呪《じゅ》詛《そ》

漢字	読み	用例・意味
詒	タイ イ あざむく おくる のこす	詒欺《たいぎ》・詒謀《いぼう》
詆	テイ そしる しかる しいる はずかしめる あばく あてる	人《ひと》を陰《かげ》で詆《そし》る・詆《てい》毀《き》・詆欺《ていぎ》
詈	リ ののしる	罵詈雑言《ばりぞうごん》
詼	カイ たわむれる おどける あざける	詼諧《かいかい》・詼笑《かいしょう》
詭	キ いつわる あざむく あやしい そむく	詭計《きけい》・詭激《きげき》・詭弁《きべん》
詬	ク コウ はずかしめる はじ ののしる そしる	詬恥《こうち》・詬罵《こうば》
詢	シュン ジュン とう はかる まこと	諮詢《しじゅん》

漢字	読み	用例・意味
誅	チュ チュウ うつ せめる ころす のぞく ほろぼす	誅殺《ちゅうさつ》・天誅《てんちゅう》
誂	チョウ あつらえる あつらえ	洋服《ようふく》を誂《あつら》える
誄	ルイ しのびごと いのりごと	誄詞《るいし》・銘誄《めいるい》
誨	カイ おしえる おしえ	誨諭《かいゆ》・訓誨《くんかい》
誡	カイ いましめる いましめ	誡告《かいこく》・厳誡《げんかい》
誑	キョウ あざむく たぶらかす だます たらす	誑惑《きょうわく》・子《こ》どもを誑《たぶら》かす
誥	コウ つげる ふれ みことのり	誥命《こうめい》
誚	ショウ せめる しかる そしる	誚譲《しょうじょう》・誚《せ》める
誦	ショウ ジュ となえる よむ そらんずる	誦読《しょうどく》・誦経《ずきょう》

漢字	読み	用例・意味
誣	フ ブ しいる あざむく そしる	誣言《ふげん》・欺誣《ぎふ》・誣《し》いる
諄	シュン ジュン あつい まこと ねんごろ くどい	料理《りょうり》の味《あじ》が諄《くど》い
諍	ショウ ソウ いさめる うったえる あらそう いさかい	諍論《じょうろん》・諫諍《かんそう》・諍《いさか》い
諂	テン へつらう おもねる こびる	諂諛《てんゆ》・讒諂《ざんてん》・諂《へつら》う
諚	ジョウ おきて おおせ	勅諚《ちょくじょう》
諳	アン そらんじる なれる さとる	諳唱《あんしょう》・諳《そら》んじる
諤	ガク	侃侃諤諤《かんかんがくがく》
諱	キ いむ はばかる いみな	諱《いみな》・諱忌《きき》
謔	ギャク たわむれる ふざける	諧謔《かいぎゃく》・謔《たわむ》れる

漢字	読み	用例・意味
諠	ケン かまびすしい やかましい	諠譁《けんか》・諠《かまびす》しい
諢	コン ゴン たわむれ おどけ	諢名《こんめい》
諷	フウ そらんじる ほのめかす あてこする	諷詠《ふうえい》・吟諷《ぎんぷう》
諞	ヘン へつらう	言葉《ことば》たくみに言《い》う
諛	ユ へつらう	上司《じょうし》に諛《へつら》う
諡	シ おくりな よびな	諡号《しごう》・賜諡《しし》
謌	「歌《うた》」の異体字《いたいじ》	
謇	ケン どもる ただしい まっすぐ	謇諤《けんがく》・謇《ども》る
謖	シュク ショク たつ おきあがる	たつ・おきあがる
謐	ヒツ ビツ しずか やすらか	謐然《ひつぜん》・謐《しず》か・静謐《せいひつ》
謗	ホウ ボウ そしる そしり うらむ	謗《そし》れば影《かげ》さす・謗毀《ぼうき》

漢字	読み	用例・意味
謳	オウ うたう うた	青春《せいしゅん》を謳歌《おうか》する
鞫	キク ただす しらべる きわめる きわまる	鞫訊《きくじん》・推鞫《すいきく》
謦	ケイ しわぶき せきばらい	師《し》の謦咳《けいがい》に接《せっ》する
謫	タク チャク つみする ながす せめる とが	謫徙《たくし》・謫《せ》める・遷謫《せんたく》
謾	バン マン あざむく あなどる おこたる	謾欺《まんぎ》・謾《あざむ》く・誕謾《たんまん》
謨	ボ モ はかる はかりごと	謨訓《ぼくん》・宏謨《こうぼ》
譁	カ かまびすしい やかましい	諠譁《けんか》・譁《かまびす》しい
譌	カ なまる なまり いつわる あやまる	譌音《かいん》・譌《なまり》

漢字	読み	用例・意味
譏	キ そしる せめる	譏《そし》る・誹譏《ひき》
譎	キツ ケツ いつわる いつわり あやしい とおまわし	譎諫《けっかん》・譎《いつわ》る
譖	シン セン そしる うったえる いつわる	譖訴《しんそ》・譖《そし》る
譚	タン ダン はなし ものがたり	譚歌《たんか》・奇譚《きたん》
譫	セン たわごと うわごと	譫言《うわごと》・譫妄《せんもう》
譟	ソウ さわぐ さわがしい	譟《さわ》ぐ・喧譟《けんそう》
譬	ヒ たとえ たとえる さとす	譬喩《ひゆ》・譬《たと》える
譴	ケン とがめる せめる とがめ	譴責《けんせき》・呵譴《かけん》
讌	エン さかもり くつろぐ	讌坐《えんざ》・寿讌《じゅえん》
讎	シュウ あだ むくいる くらべただす	復讎《ふくしゅう》・讎敵《しゅうてき》

漢字	読み	用例・意味
讒	サン ザン そしる つげぐち へつらう よこしま	讒毀《ざんき》・謗讒《ぼうざん》
讖	シン しるし	讖緯《しんい》・図讖《としん》
讙	カン かまびすしい やかましい よろこぶ	讙譁《かんか》・讙《かまびす》しい
谷	たに たにへん	
谺	カ こだま やまびこ	足音《あしおと》が谺《こだま》する
豁	カツ ひらける ひろい むなしい	豁然大悟《かつぜんたいご》・開豁《かいかつ》
谿	ケイ たに たにがわ	谿壑《けいがく》
豆	まめ まめへん	
豈	ガイ・キ たのしむ やわらぐ あに	豈弟《がいてい》
豌	エン	豌豆《えんどう》
豕	ぶた いのこ	

漢字	読み	用例・意味
豕	シ いのこ ぶた	いのしし・ブタ類《るい》の総称《そうしょう》
豢	カン やしなう かう	豢擾《かんじょう》
豸	むじなへん	
豺	サイ やまいぬ	豺狼当路《さいろうとうろ》
貂	チョウ てん	貂裘《ちょうきゅう》
貉	カク むじな	むじな
貊	バク えびす	夷貊《いばく》
貎	ゲイ しし	獅子《しし》
貘	バク	バク科《か》の哺乳動物《ほにゅうどうぶつ》の総称《そうしょう》
貝	かい こがい かいへん	
貽	イ おくる のこす	貽訓《いくん》
貲	シ あがなう たから みのしろ	貲布《さいみ》・高貲《こうし》

漢字	読み	用例・意味
貶	ヘン おとす しりぞける そしる おとしめる けなす さげすむ へらす	貶竄《へんざん》・褒貶《ほうへん》
賈	コ カ あきなう あきない うる かう あたい	賈衒《こげん》・商賈《しょうこ》
賁	ヒ フン ホン かざる かざり あや つわもの	賁臨《ひりん》・虎賁《こほん》
賚	ライ たまう たまもの	賚予《らいよ》・賜賚《しらい》
賽	サイ おれいまつり さいころ	賽銭《さいせん》・報賽《ほうさい》
賺	タン レン すかす だます	幼児《ようじ》をなだめ賺《すか》す
賻	フ おくる おくりもの	賻儀《ふぎ》・贈賻《ぞうふ》
贄	シ にえ てみやげ	贄敬《しけい》

漢字	読み	用例・意味
贅	セイ・ゼイ いぼ こぶ むだ よけいな いりむこ	贅沢《ぜいたく》・疣贅《ゆうぜい》
贇	イン	均整《きんせい》がとれて美《うつく》しいさま
贏	エイ もうける あまる のびる つつむ になう かつ	贏輸《えいしゅ》・贏得《えいとく》
贍	セン ゼン たす たりる すくう めぐむ	贍給《せんきゅう》・賑贍《しんせん》
贐	シン ジン おくりもの はなむけ	贐送《じんそう》・贐《はなむけ》の言葉《ことば》
贓	ソウ ゾウ かくす	贓罪《ぞうざい》
贔	ヒ ヒイ	贔屭《ひいき》
贖	ショク あがなう あがない	贖罪《しょくざい》・贖《あがな》う
赤	あか	

漢字	読み	用例・意味
赧	タン ダン あからめる はじる	赧然《たんぜん》・羞赧《しゅうたん》
赭	シャ あかつち あか あかい はげやま	赭顔《しゃがん》・代赭《たいしゃ》
赬	テイ あか あかいろ	赬尾《ていび》
走	はしる そうにょう	
赳	キュウ たけし	たけだけしい・勇《いさ》ましい
趁	チン ゆきなやむ おう のりこむ おもむく	おう・おもむく・のる
趙	チョウ こえる およぶ	ゆっくり歩《ある》く・及《およ》ぶ
足	あし あしへん	
跂	キ ギ つまだてる はう	跂踵《きしょう》
趾	シ あし あと ねもと	趾骨《しこつ》・遺趾《いし》

漢字	読み	用例・意味
趺	フ あし うてな あぐら	趺坐《ふざ》
跎	タ ダ つまずく	蹉跎《さた》
跏	カ あぐら	結跏趺坐《けっかふざ》
跚	サン	蹣跚《まんさん》
跖	セキ あしのうら ふむ	あしのうら・踏《ふ》みつける
跌	テツ つまずく こえる あやまつ	跌宕《てっとう》・跌《つまず》く・蹉跌《さてつ》
跛	ハ ヒ かたよる	跛行景気《はこうけいき》
跋	ハツ バツ ふむ こえる つまずく おくがき	跋扈《ばっこ》・序跋《じょばつ》
跪	キ ひざまずく	跪座《きざ》・拝跪《はいき》
跫	キョウ あしおと	跫然《きょうぜん》

漢字	読み	用例・意味
跟	コン くびす かかと したがう つける	跟随《こんずい》・跟《くびす》
跣	セン はだし すあし	跣足《せんそく》・徒跣《とせん》
跼	キョク かがむ せぐくまる	跼天蹐地《きょくてんせきち》
踉	リョウ ロウ おどる	踉蹌《ろうそう》
踄	ト はだし すあし	はだし・すあし
踝	カ くるぶし かかと くびす	踝跣《かせん》
踑	キ あぐら	踑踞《ききょ》
踞	キョ コ うずくまる おごる	踞《うずくま》る・蹲踞《そんきょ》
踟	チ たちもとおる ためらう	ためらう
蹂	ジュウ ふむ ふみにじる	蹂躙《じゅうりん》・雑蹂《ざつじゅう》

漢字	読み	用例・意味
踵	ショウ かかと くびす きびす つぐ ふむ いたる	踵《かかと》で頭痛《ずつう》を病《や》む・接《せっ》踵《しょう》
踰	ユ こえる こす	踰越《ゆえつ》・踰《こ》える
踴	ヨウ おどる おどり	おどる・まいおどる
蹊	ケイ こみち みち	蹊径《けいけい》・成蹊《せいけい》
蹇	ケン なえぐ なやむ とまる おごる かたくな まがる	蹇蹇匪躬《けんけんひきゅう》・蹇《なや》む
蹉	サ つまずく あやまる	蹉跎《さた》・蹉跌《さてつ》・蹉《つまず》く
蹌	ショウ ソウ うごく よろめく はしる	蹌踉《そうろう》
蹐	シャク セキ ぬきあし さしあし	跼蹐《きょくせき》
蹈	トウ ドウ ふむ あしぶみする	蹈鞴《たたら》を踏《ふ》む・蹈常襲《とうじょうしゅう》故《こ》

漢字	読み	用例・意味
蹙	シュク セキ せまる しかめる きわまる くるしむ つつしむ ける	顰蹙《ひんしゅく》
蹤	ショウ あと あしあと したがう ゆくえ	蹤跡《しょうせき》・追蹤《ついしょう》
蹠	セキ あしのうら ふむ	対蹠《たいせき》
蹣	ハン バン マン よろめく	酔歩蹣跚《すいほまんさん》
蹕	ヒツ さきばらい	警蹕《けいひつ》
蹻	キョウ キャク キョク あげる おごる かんじき	蹻《あ》げる
蹶	ケツ ケイ つまずく おきる たつ たおれる すみやか	蹶起《けっき》・顛蹶《てんけつ》

漢字	読み	用例・意味
蹲	ソン シュン うずくまる つくばう つくばい	蹲踞《そんきょ》・蹲循《しゅんじゅん》
蹼	ホク ボク みずかき	みずかき
躁	ソウ さわぐ さわがしい うごく あわただしい あらあらしい	躁急《そうきゅう》・狂躁《きょうそう》
躅	チョク ふむ	躑躅《てきちょく》
躇	チョ チャク ふむ ためらう たちもとおる こえる わたる	躊躇《ちゅうちょ》
躄	ヘキ いざる	躄魚《いざりうお》
躋	サイ セイ のぼる のぼらせる	攀躋《はんせい》・躋《のぼ》る
躊	チュウ ためらう たちもとおる	躊躇逡巡《ちゅうちょしゅんじゅん》
躑	テキ ためらう たちもとおる	躑躅《てきちょく》

漢字	読み	用例・意味
躓	チ つまずく しくじる くじける くるしむ	躓《つまず》く・蹶躓《けっち》
躔	テン めぐる ふむ まつわる からまる	ふむ・めぐる
躡	ジョウ ふむ・はく おう のぼる	躡足附耳《じょうそくふじ》
躪	リン にじる ふみにじる	蹂躪《じゅうりん》
身	み みへん	
躬	キュウ み みずから	躬行《きゅうこう》・鞠躬《きっきゅう》
躮	せがれ	自分《じぶん》の息子《むすこ》の謙称《けんしょう》
躱	タ かわす さける	危《あや》うく切《き》っ先《さき》を躱《かわ》す
躾	しつけ	身《み》だしなみ・しつける
軅	やがて	まもなく

漢字	読み	用例・意味
車	くるま くるまへん	
軋	アツ きしる きしむ くわしい こまかい	軋轢《あつれき》・軋《きし》む
軛	アク ヤク くびき	人生《じんせい》の軛《くびき》から解放《かいほう》される
軼	イツ すぎる すぐれる うせる もれる	軼詩《いっし》・超軼《ちょういつ》
軫	シン いたむ うれえる	軫念《しんねん》
軻	カ	轗軻《かんか》
軾	ショク しきみ よこぎ	拠軾《きょしょく》
輊	チ ひくい おもい	軒輊《けんち》
輅	ロ くるま みくるま	くるま・みくるま
輀	ジ ひつぎぐるま	輀車《じしゃ》・霊輀《れいじ》

漢字	読み	用例・意味
輒	チョウ すなわち たちまち	輒《すなわ》ち・輒然《ちょうぜん》
輓	バン ひく いたむ おそい ちかい	輓近《ばんきん》・推輓《すいばん》
輜	シ ほろぐるま にぐるま	輜重《しちょう》
輟	テツ つづる やめる とどめる	輟耕《てっこう》
輛	リョウ くるま	車輛《しゃりょう》
輦	レン てぐるま みくるま こし	輦轂《れんこく》・玉輦《ぎょくれん》
輳	ソウ あつまる	輻輳《ふくそう》
輻	フク や	輻射熱《ふくしゃねつ》
輹	フク とこしばり よこがみしばり	とこしばり
轅	エン ながえ	轅下《えんか》・轅《ながえ》・軒轅《けんえん》

漢字	読み	用例・意味
轂	コク こしき くるま あつめる しめくくる おす	轂《こしき》・轂撃《こくげき》
輾	テン デン ネン めぐる ころがる ひきうす	輾転反側《てんてんはんそく》
轆	ロク	轆轤《ろくろ》・轆轆《ろくろく》
轌	そり	轌《そり》で山《やま》をくだる
轎	キョウ かご やまかご くるま	轎夫《きょうふ》
轗	カン	轗軻不遇《かんかふぐう》
轢	レキ ひく ふみにじる きしる	轢断《れきだん》・轢《ひ》き逃《に》げ・陵《りょう》轢《れき》
轤	ロ	轆轤《ろくろ》
辛	からい	

漢字	読み	用例・意味
辜	コ つみ とが はりつけ そむく ひとりじめ	不辜《ふこ》・辜較《ここう》
辟	ヘキ ヒ きみ めす さける かたよる よこしま ひらく	辟易《へきえき》・徴辟《ちょうへき》
辰	しんのたつ	
辶⻌辵	しんにょう しんにゅう	
辷	すべる	すべる・なめらかに進《すす》む
迚	とても とて	どうやっても・といって
迥	ケイ はるか とおい	迥迥《けいけい》・迥《はる》か
迢	チョウ はるか とおい	迢遥《ちょうよう》

漢字	読み	用例・意味
迪	テキ みち みちびく ふむ すすむ	啓迪《けいてき》
迴	カイ めぐる まわる さける	めぐる・さける
逅	コウ あう	邂逅《かいこう》
迹	セキ シャク あと あとかた おこない	迹門《しゃくもん》・垂迹《すいじゃく》
逕	ケイ こみち みち ただちに	逕庭《けいてい》
逡	シュン ためらう しさる しりぞく	逡巡《しゅんじゅん》・逡《しりぞ》く
逑	キュウ あつめる あう つれあい	逑《つれあい》・好逑《こうきゅう》
逍	ショウ さまよう	逍遥《しょうよう》
逞	テイ たくましい たくましくする こころよい	逞《たくま》しい・不逞《ふてい》
逖	テキ とおい はるか	逖《とお》い

漢字	読み	用例・意味
逋	ホ フ にげる のがれる かくれる おいめ	逋税《ほぜい》・税金《ぜいきん》を逋《のが》れる
逧	さこ	山《やま》と山《やま》の間《あいだ》の小《ちい》さな谷《たに》
迸	ホウ ヘイ はしる ほとばしる たばしる	迸《とばっち》り・迸出《へいしゅつ》・迸《ほとばし》る
逵	キ おおじ おおどおり	大逵《たいき》・逵《おおじ》
遏	アツ とめる とどめる たつ さえぎる	遏雲《あつうん》の曲《きょく》・擁遏《ようあつ》
遐	カ とおい はるか	遐壌《かじょう》・遐《とお》い・升遐《しょうか》
遑	コウ あわただしい あわてる いとま ひま	遑遑《こうこう》・枚挙《まいきょ》に遑《いとま》がない
遒	シュウ せまる つよい ちからづよい	遒勁《しゅうけい》・遒《せま》る・遒逸《しゅういつ》

漢字	読み	用例・意味
遉	テイ うかがう さぐる さすが さすがに	遉《さすが》に遠慮《えんりょ》する
逾	ユ こえる こす いよいよ	逾越《ゆえつ》・逾《こ》える・逾《いよいよ》
適	あっぱれ	あっぱれ・みごとだ
遘	コウ あう であう	遘《あ》う・邂遘《かいこう》
遨	ゴウ あそぶ	遨遊《ごうゆう》・遨《あそ》ぶ
遯	トン・ドン のがれる にげる かくれる	遯竄《とんざん》・隠遯《いんとん》
遶	ジョウ ニョウ めぐる めぐらす	囲遶《いじょう》
邂	カイ あう めぐりあう	邂逅《かいこう》
遽	キョ にわか すみやか あわただしい あわてる おそれる せまる	遽然《きょぜん》・急遽《きゅうきょ》・遽《あわただ》しい

漢字	読み	用例・意味
邁	バイ マイ ゆく すぎる すぐれる つとめる	邁進《まいしん》・高邁《こうまい》
邀	ヨウ むかえる もとめる	邀撃態勢《ようげきたいせい》を整《ととの》える
邃	スイ ふかい おくぶかい とおい	邃《おくぶか》い・幽邃《ゆうすい》
邇	ジ ニ ちかい	邇来《じらい》・遠邇《えんじ》
邏	ラ めぐる みまわる みまわり	邏卒《らそつ》・巡邏《じゅんら》
阝邑	おおざと	
邨	ソン むら	むら・いなか
邯	カン	邯鄲《かんたん》の夢《ゆめ》
邱	キュウ おか	邱陵《きゅうりょう》
邵	ショウ	春秋時代《しゅんじゅうじだい》の晋《しん》の地名《ちめい》
郢	エイ	郢書燕説《えいしょえんせつ》

漢字	読み	用例・意味
郤	ケキ ゲキ ひま すき すきま なかたがい	内郤《ないげき》
郛	フ くるわ	郛《くるわ》・説郛《せっぷ》
鄂	ガク	棣鄂《ていがく》
鄒	シュ スウ	鄒魯《すうろ》
鄙	ヒ ひな ひなびる いやしい いやしむ	鄙諺《ひげん》・鄙《ひな》びる・辺鄙《へんぴ》
鄲	タン	邯鄲《かんたん》の夢《ゆめ》
酉	ひよみのとり こよみのとり とりへん	
酊	テイ よう	酩酊《めいてい》
酖	タン チン ふける	酖溺《たんでき》・酖毒《ちんどく》
酣	カン たのしむ たけなわ	酣酔《かんすい》・酒酣《しゅかん》

漢字	読み	用例・意味
酥	ソ ちちしる	酥油《そゆ》
酩	メイ よう	酩酊《めいてい》
酳	イン すすぐ すすめる すする あまり	すすぐ・酒《さけ》をすすめる
酲	テイ よう あきる わるよい	わるよい・あきる
醋	サク ソ す	醋酸《さくさん》・酬醋《しゅうさく》
醂	リン さわす あわす さわしがき たるがき	味醂《みりん》・醂柿《さわしがき》
醢	カイ ひしお ししびしお しおから	醢汁《しょっつる》
醯	ケイ す すづけ しおから	醯醢《けいかい》・醯醤《けいしょう》
醪	ロウ にごりざけ どぶろく もろみ	醪酒《もろみざけ》・醇醪《じゅんろう》
醵	キョ あつめる つのる	醵金《きょきん》

漢字	読み	用例・意味
醴	ライ レイ あまざけ あまい	醴水《れいすい》の交《まじ》わり
醺	クン よう ほろよい	醺然《くんぜん》・微醺《びくん》
釁	キン ぬる ちぬる すきま なかたがい きず きざし	釁端《きんたん》を啓《ひら》く
釆	のごめ のごめへん	
釉	ユウ つや ひかり うわぐすり	釉薬《うわぐすり》
里	さと さとへん	
釐	リ おさめる あらためる たまう やもめ わずか	釐《おさ》める・釐革《りかく》・毫釐《ごうり》
金	かね かねへん	
釵	サ サイ かんざし	釵《かんざし》・釵子《さいし》
鈞	キン ひとしい はかる ろくろ	鈞《ひと》しい・洪鈞《こうきん》

漢字	読み	用例・意味
釿	キン ギン おの ておの きる たつ	釿鋸《きんきょ》
鈔	ショウ ソウ かすめる うつす うつし さつ	鈔本《しょうほん》
鈕	ジュウ チュウ つまみ とって ボタン	鈕釦《ちゅうこう》・印鈕《いんちゅう》
鈑	ハン バン いたがね	鈑金《ばんきん》
鉞	エツ まさかり	斧鉞《ふえつ》
鉅	キョ おおきい おおい とうとい	鉅偉《きょい》
鉗	ケン カン くびかせ はさむ とじる かなばさみ	鉗子《かんし》・鉗梏《けんこく》
鉉	ケン ゲン つる とって	鼎鉉《ていげん》

漢字	読み	用例・意味
鉈	シャ タ ほこ なた	鉈《なた》を貸《か》して山《やま》を伐《き》られる
鈿	デン テン かんざし かざり	鈿車《でんしゃ》・螺鈿《らでん》
鉋	ホウ かんな	かんな・材木《ざいもく》を削《けず》る工具《こうぐ》
銕	テツ くろがね	てつ・くろがね
銜	カン ガン くつわ ふくむ くわえる くらい	煙草《たばこ》を銜《くわ》える・銜枚《かんばい》
銖	シュ・ジュ わずか かるい にぶい	錙銖《ししゅ》
銓	セン はかり はかる しらべる えらぶ	銓衡《せんこう》・銓《はか》る
銛	セン すき もり するどい	銛《もり》を突《つ》き刺《さ》す
鋏	キョウ はさみ かなばさみ つるぎ つか はさむ	鋏虫《はさみむし》・剣鋏《けんきょう》

漢字	読み	用例・意味
銹	シュウ さび さびる	包丁《ほうちょう》が銹《さ》びる
銷	ショウ とかす とける つくす つきる けす そこなう ちる	気力《きりょく》を銷磨《しょうま》する
鋩	ボウ モウ きっさき	鋩子《ぼうし》・剣鋩《けんぼう》
錏	ア しころ	錏屋根《しころやね》
鋺	エン はかりざら かなまり まり	鋺《かなまり》・鋺《まり》に酒《さけ》を盛《も》る
錙	シ わずか	錙銖《ししゅ》
錚	ソウ かね どら	錚錚《そうそう》たる顔《かお》ぶれ
錣	テツ しころ	しころ
錺	かざり	錺職《かざりしょく》
錵	にえ	焼《や》いて刀身《とうしん》にできる模様《もよう》
錻	ブ ブリキ	錻力製《ぶりきせい》のおもちゃ

漢字	読み	用例・意味
鍠	コウ まさかり おの	鍠《かね》の音《おと》・武器《ぶき》の一種《いっしゅ》
鍼	シン はり さす	鍼灸《しんきゅう》
鍮	チュウ トウ	真鍮《しんちゅう》
鎰	イツ かぎ	鎰取《かぎとり》
鎬	コウ なべ しのぎ	鎬《しのぎ》を削《けず》る
鎹	かすがい	子《こ》は鎹《かすがい》
⿰金逆	さかほこ	逆鉾《さかほこ》
鎺	はばき	鎺金《はばきがね》
鏖	オウ みなごろし	鏖殺《おうさつ》
鏗	コウ つく うつ	奥山《おくやま》に鐘《かね》が鏗鏗《こうこう》と響《ひび》く
鏨	サン ザン たがね える ほる	鏨《たがね》で金属板《きんぞくばん》を切断《せつだん》する

漢字	読み	用例・意味
鏘	ショウ ソウ	鏘然《そうぜん》
鏃	ソク ゾク やじり するどい	鏃礪括羽《ぞくれいかつう》・鏃《やじり》
鏝	バン マン こて	こて・壁《かべ》を塗《ぬ》る道具《どうぐ》
鏐	リュウ リョウ こがね しろがね	いしゆみのへり
鏈	レン くさり	師弟関係《していかんけい》の鏈《くさり》を断《た》つ
鏤	ロウ ル える きざむ ちりばめる かざる	鏤骨《るこつ》・鏤刻《ろうこく》・鏤《ちりば》める
鐚	ア しころ びた	鐚一文《びたいちもん》
鐔	タン シン つば	鐔《つば》迫《ぜ》り合《あ》い
鐓	タイ つち いしづき	いしづき・大《おお》きな鎚《つち》
鐃	ドウ ニョウ どら	短簫鐃歌《たんしょうどうか》
鐐	リョウ しろがね ひらがね あしかせ	しろがね・あしかせ

漢字	読み	用例・意味
鐶	カン たまき わ かなわ	鐶付《かんつき》・玉鐶《ぎょくかん》
鐫	セン える ほる うがつ しりぞける いましめる	鐫黜《せんちゅつ》・鐫《ほ》る
鐺	トウ ソウ くさり あしがなえ こじり こて	くさり・なべ・こじり
鑒	「鑑《かん》」の異体字《いたいじ》	
鑠	シャク とかす とける うつくしい	矍鑠《かくしゃく》
鑢	リョ ロ やすり する	鑢《やすり》と薬《くすり》の飲《の》み違《ちが》い
鑞	ロウ すず	鑞接《ろうせつ》
鑪	ロ いろり さかば ふいご	いろり・ふいご
鑰	ヤク かぎ とじる	鑰匙《やくし》・関鑰《かんやく》
鑵	「罐《かん》」（缶の旧字体《きゅうじたい》）の異体字《いたいじ》	

漢字	読み	用例・意味
鑷	ジョウ セツ けぬき ぬく	鑷子《じょうし》
鑽	サン たがね きり のみ きる うがつ きわめる	鑽《き》り火《び》・研鑽《けんさん》
鑼	ラ どら	銅鑼《どら》・盆形《ぼんけい》の打楽器《だがっき》
鑾	ラン すず	鑾駕《らんが》
钁	カク くわ	钁丁《くわよぼろ》
鑿	サク のみ うがつ	鑿《うが》つ・鑿壁偸光《さくへきとうこう》
長	ながい	
門	もん もんがまえ	
閂	サン かんぬき	閂《かんぬき》をかける
閊	つかえる	後《うし》ろが閊《つか》える

漢字	読み	用例・意味
閔	ビン ミン あわれむ おしむ うれえる つとめる	閔《あわ》れむ・閔勉《びんべん》
閘	オウ コウ ひのくち	閘門《こうもん》
閨	ケイ ねや こもん	閨閤《けいこう》・深閨《しんけい》
閧	コウ ちまた	ときの声《こえ》・村里《むらざと》のみち
閭	リョ ロ ちまた さと むらざと	閭巷《りょこう》・椅閭《いりょ》
閼	アツ エン ア ふさぐ さえぎる	閼伽棚《あかだな》
閻	エン みめうるわしい	閻魔蟋蟀《えんまこおろぎ》
閹	エン しもべ めしつかい こびへつらう	閹然《えんぜん》
閾	イキ ヨク しきい くぎる	閾下《いきか》・門閾《もんいき》

漢字	読み	用例・意味
闊	カツ ひろい うとい	闊達自在《かったつじざい》・闊歩《かっぽ》
闃	ゲキ しずか	闃寂《げきせき》・闃然《げきぜん》
闍	ト ジャ うてな ものみ まち	阿闍梨《あじゃり》
闌	ラン てすり たけなわ おそい たける	闌干《らんかん》
闕	ケツ もん かける のぞく	闕掖《けつえき》・鳳闕《ほうけつ》
闔	コウ とびら もん とじる すべて	闔国《こうこく》・開闔《かいこう》
闖	チン うかがう ねらう	闖入《ちんにゅう》
闡	セン ひらく あきらか ひろめる ひろまる	本義《ほんぎ》を闡明《せんめい》にする

漢字	読み	用例・意味
闥	タチ タツ こもん	禁闥《きんたつ》
闢	ヘキ ビャク ひらく ひらける しりぞける	開闢《かいびゃく》
阝阜	こざとへん	
阡	セン みち あぜみち はかみち しげる	阡陌《せんぱく》
阨	アイ ヤク せまい ふさがる くるしむ	阨狭《あいきょう》・阨《ふさ》がる・窮阨《きゅうやく》
阮	ゲン	阮籍青眼《げんせきせいがん》
阯	シ もとい あと ふもと	城阯《じょうし》
陂	ヒ ハ つつみ さか かたむく よこしま	陂曲《ひきょく》

漢字	読み	用例・意味
陌	ハク バク みち あぜみち まち	陌上《はくじょう》の塵《ちり》・街陌《がいはく》
陋	ロウ せまい いやしい	陋屋《ろうおく》・陋《いや》しい・醜陋《しゅうろう》
陜	キョウ せまい やまかい やまあい	せまい・やまあい
陞	ショウ のぼる のぼらせる	陞叙《しょうじょ》・陞《のぼ》る
陝	セン	陝塞《せんさい》
陟	チョク のぼる のぼらせる すすむ	黜陟《ちゅっちょく》
陲	スイ ほとり さかい あやうい	遠陲《えんすい》
陬	シュ スウ すみ くま かたいなか	陬遠《すうえん》・陬月《すうげつ》・辺陬《へんすう》
隋	ズイ	隋苑《ずいえん》
隍	コウ ほり からぼり むなしい	城隍《じょうこう》

漢字	読み	用例・意味
隘	アイ ヤク せまい けわしい いやしい ふさがる	隘路《あいろ》・隘《せま》い・険隘《けんあい》
隗	カイ けわしい	隗《かい》より始《はじ》めよ
隕	イン おちる おとす ふる しぬ うしなう	隕石《いんせき》
隧	スイ ズイ みち	隧道《ずいどう》
隰	シツ シュウ さわ にいばり	隰《さわ》・原隰《げんしつ》
隴	リョウ ロウ おか うね はたけ	隴畝《ろうほ》・丘隴《きゅうろう》
隶	れいづくり	
隹	ふるとり	
雎	ショ みさご	みさご

漢字	読み	用例・意味
雋	シュン セン すぐれる	雋《すぐ》れる・英雋《えいしゅん》
雉	ジ チ きじ	雉《きじ》も鳴《な》かずば撃《う》たれまい
雍	ユ ヨウ やわらぐ いだく ふさぐ	雍《やわ》らぐ・雍防《ようぼう》
雕	チョウ わし きざむ ほる える	雕文彫鏤《ちょうぶんこくる》
霍	カク にわか はやい	鬼《おに》の霍乱《かくらん》・霍《にわ》かに
襍	「雜《ざつ》」（雑の旧字体《きゅうじたい》）の異体字《いたいじ》	
雖	スイ いえども	条件《じょうけん》を表《あらわ》す助詞《じょし》
雨	あめ あめかんむり あまかんむり	
雹	ハク ひょう	降雹《こうひょう》
霄	ショウ みぞれ そら	霄漢《しょうかん》・雲霄《うんしょう》

漢字	読み	用例・意味
霆	テイ いかずち いなずま	霆《いかずち》・震霆《しんてい》
霈	ハイ おおあめ さかん	雨《あめ》が霈然《はいぜん》と降《ふ》る
霓	ゲイ にじ	霓裳羽衣《げいしょううい》
霎	ショウ ソウ こさめ しばし	霎時《しょうじ》・一霎《いっしょう》
霑	テン うるおう うるおす	霑《うるお》う・霑体塗足《てんたいとそく》
霏	ヒ	霏霏《ひひ》として雪《ゆき》が降《ふ》る
霖	リン ながあめ	霖雨蒼生《りんうそうせい》・秋霖《しゅうりん》
霙	エイ みぞれ	霙酒《みぞれざけ》
霤	リュウ あまだれ したたり のき	霤槽《りゅうそう》
霪	イン ながあめ	ながあめ
霰	サン セン あられ	霰餅《あられもち》・霰弾《さんだん》
霹	ヘキ かみなり	青天《せいてん》の霹靂《へきれき》

漢字	読み	用例・意味
霸	「覇《は》」の異体字《いたいじ》	
霽	サイ セイ はれる さわやか	光風霽月《こうふうせいげつ》・霽《は》れる
霾	バイ マイ つちふる つちぐもり	霾《つちふ》る・霾翳《ばいえい》
靄	アイ もや なごやか	靄然《あいぜん》・靄《もや》・暮靄《ぼあい》
靆	タイ	靉靆《あいたい》
靂	レキ	霹靂《へきれき》
靉	アイ	靉靆《あいたい》
靑	あお	
非	あらず ひ	
靠	コウ たがう よる もたれる	靠《もた》れる・靠《よ》りかかる
靡	ヒ ビ ミ なびく なびかす ちらす おごる はなやか ほろびる ただれる	靡《なび》く・萎靡《いび》

漢字	読み	用例・意味
面	めん	
靤	ホウ にきび	にきび
靦	テン はじる あつかましい	靦然《てんぜん》
靨	ヨウ えくぼ	あばたも靨《えくぼ》
革	かくのかわ つくりがわ かわへん	
勒	ロク くつわ おさめる おさえる ほる きざむ	弥勒《みろく》・勒《くつわ》・勒魚《しいら》
靫	サ サイ うつぼ ゆぎ	箭靫《せんさい》・靫負《ゆげい》
鞅	オウ むながい はらおび きずな うらむ になう わるがしこい	鞅掌《おうしょう》・鞅《むながい》・羈鞅《きおう》
靼	タツ タン なめしがわ	韃靼《だったん》
鞁	ヒ むながい	車《くるま》を引《ひ》く馬《うま》の飾《かざ》り

漢字	読み	用例・意味
靺	マツ バツ かわたび	靺鞨《まっかつ》
鞆	とも	鞆音《ともね》
鞋	アイ カイ くつ	青鞋《せいあい》・鞋底魚《したびらめ》
鞏	キョウ つかねる かためる かたい	鞏固《きょうこ》
鞐	こはぜ	こはぜ
鞜	トウ くつ かわぐつ	くつ・かわぐつ
鞨	カツ くつ かわぐつ	はきもの
鞦	シュウ しりがい	しりがい
鞣	ジュウ なめす なめしがわ	鞣皮《なめしがわ》
鞳	トウ	兵器《へいき》
鞴	フク ホ ヒ ビ ブ うつぼ ふいご	鞴祭《ふいごまつ》り

漢字	読み	用例・意味
韆	セン	鞦韆《しゅうせん》
韈	ベツ たび くつした	足袋《たび》・くつした
韋	なめしがわ	
韋	イ なめしがわ やわらかい	韋編三絶《いへんさんぜつ》
韞	ウン つつむ おさめる かくす	韞玉《うんぎょく》
韜	トウ ゆみぶくろ つつむ かくす ゆごて	韜光晦迹《とうこうかいせき》
韭	にら	
韲	セイ サイ なます あえもの あえる くだく	韲粉《せいふん》
音	おと	
韵		「韻《いん》」の異体字《いたいじ》

漢字	読み	用例・意味
韶	ショウ あきらか うつくしい	韶景《しょうけい》
頁	おおがい	
頏	コウ のど くび	頡頏《けっこう》
頌	ショウ ジュ ヨウ ほめる たたえる かたち ゆるやか	頌偈《じゅげ》・頌徳《しょうとく》・頌《ほ》める
頤	イ おとがい あご やしなう	頤使《いし》・頤《あご》が外《はず》れる
頡	ケツ キツ みだれる	精力《せいりょく》が頡頏《けっこう》する
頷	カン ガン あご うなずく	頷《うなず》く・頷聯《がんれん》
頽	タイ くずれる	頽堕委靡《たいだいび》
顆	カ つぶ	顆粒《かりゅう》
顋	サイ あご あぎと えら	顋《えら》・顋門《ひよめき》
顫	セン ふるえる おののく おどろく	顫動《せんどう》・顫《ふる》える

漢字	読み	用例・意味
顬	ジュ	顳顬《しょうじゅ》
顰	ヒン ビン ひそめる しかめる ひそみ	顰《しか》め面《づら》・顰《ひそ》みに効《なら》う
顱	ロ かしら こうべ あたま どくろ	顱頂《ろちょう》・頭顱《とうろ》
顴	カン ケン ほおぼね	顴骨《けんこつ》
顳	ショウ ジョウ	顳顬《しょうじゅ》
風	かぜ	
颪	おろし	山《やま》からふきおろす風《かぜ》
颯	サツ ソウ はやて	颯爽《さっそう》
颱	タイ たいふう	颱風《たいふう》
颶	グ つむじかぜ	颶風《ぐふう》

漢字	読み	用例・意味
飄	ヒョウ つむじかぜ はやい ひるがえる ただよう おちる	飄逸《ひょういつ》・飄《ひるがえ》る
飆	ヒョウ つむじかぜ かぜ みだれる	飆風《ひょうふう》・飆塵《ひょうじん》
飛	とぶ	
飜	「翻《ほん》」(翻の旧字体《きゅうじたい》)の異体字《いたいじ》	
食 飠 𩙿	しょく しょくへん	
飩	トン ドン	饂飩《うどん》
飫	オ ヨ あきる さかもり	厭飫《えんよ》
餃	コウ あめ	餃子《ぎょうざ》
餉	ショウ かれい かれいい かて おくる かたとき	餉《かれいい》・朝餉《あさげ》

漢字	読み	用例・意味
餒	ダイ うえる くさる	餒《う》える・饑餒《きだい》
餔	フ ホ ゆうめし くう やしなう ゆうぐれ	餔啜《ほせつ》
餡	アン カン	餡蜜《あんみつ》・葛餡《くずあん》
餞	セン はなむけ おくる	餞別《せんべつ》・餞《はなむけ》
餤	タン すすむ すすめる くう くわせる	くらう・くわせる
餬	コ かゆ くちすぎする	餬口《ここう》
餮	テツ むさぼる	饕餮《とうてつ》
餽	キ おくる おくりもの	餽《おく》る
餾	リュウ むす むしめし	米《こめ》をむす・むした飯《めし》
饂	ウン	饂飩《うどん》

漢字	読み	用例・意味
饉	キン うえる	飢饉《ききん》・饉《う》える・凶饉《きょうきん》
饅	バン マン ぬた	饅頭《まんじゅう》・饅膾《ぬたなます》
饐	イ エツ すえる くさる むせぶ	饐《す》えた臭《にお》い
饋	キ おくる すすめる おくりもの たべもの	饋饌《きせん》
饑	キ うえる ひだるい	饑饉《ききん》
饒	ジョウ ニョウ ゆたか ゆたかにする おおい あまる ゆとり	饒舌《じょうぜつ》・饒《ゆた》か・豊饒《ほうじょう》
饌	サン セン そなえる そなえもの くう	饌《そな》える・佳饌《かせん》
饕	トウ むさぼる	饕餮《とうてつ》・饕《むさぼ》る

漢字	首	馗	馘	香	馥	馬	馭	馮	駟	駛
読み	くび	キ みち	カク くびきる みみきる	か かおり	フク かおり かおる かんばしい	うま うまへん	ギョ あやつる のる すべる おさめる	ヒョウ フウ よる たのむ かちわたる いかる つく	シ	シ はせる はやい にわか
用例・意味		鍾馗《しょうき》	馘首《かくしゅ》・俘馘《ふかく》		馥郁《ふくいく》・芬馥《ふんぷく》		馭者《ぎょしゃ》	狐《きつね》が馮《つ》く・馮河《ひょうが》	駟《し》の隙《げき》を過《す》ぐるが若《ごと》し	駛走《しそう》・駛《はや》い・急駛《きゅうし》

漢字	駝	駑	駘	駭	駮	駱	駻	駸
読み	タ ダ らくだ	ド ヌ にぶい のろい おろか	タイ ダイ ぬぐ にぶい ふむ のどか みにくい	カイ ガイ おどろく おどろかす みだれる はげしい	ハク バク まだら ぶち なじる といただす	ラク かわらげ らくだ	カン あらうま	シン はしる すすむ
用例・意味	駝鳥《だちょう》・駱駝《らくだ》	駑馬《どば》に鞭打《むちう》つ	春風駘蕩《しゅんぷうたいとう》	駭《おどろ》く・驚駭《きょうがい》	駮議《はくぎ》	駱駅《らくえき》・駱駝《らくだ》	駻馬《かんば》	駸駸《しんしん》

漢字	騁	騏	騅	駢	騙	騫	騭	驂	驀
読み	テイ はせる のべる ほしいままにする	キ あおぐろい	スイ あしげ	ヘン ベン ならぶ ならべる	ヘン かたる だます	ケン かける あやまる とる かかげる とぶ	チョク シツ おすうま のぼる さだめる	サン そえうま そえのり	バク のる のりこえる まっしぐら たちまち
用例・意味	騁望《ていぼう》・騁《は》せる・馳騁《ちてい》	騏驎《きりん》の躓《つまず》き	あしげ	駢文《べんぶん》	騙《かた》る・騙《だま》す・欺騙《ぎへん》	騫汚《けんお》	品騭《ひんしつ》	驂乗《さんじょう》	驀進《ばくしん》

漢字	驃	騾	驕	驍	驎	驟	驢	驥	驤
読み	ヒョウ しらかげ つよい いさましい	ラ らば	キョウ おごる ほしいまま つよい さかん	キョウ ギョウ たけし つよい	リン	シュウ はしる はやい にわか しばしば	リョ ロ ろば うさぎうま	キ	ジョウ あがる あげる はしる はやい
用例・意味	白鹿毛《しろかげ》・勇《いさ》ましい	騾馬《らば》	驕《おご》る・驕傲《きょうごう》	驍雄《ぎょうゆう》	くちびるが黒《くろ》い白《しろ》ウマ	驟雨《しゅうう》・驟《にわ》か	驢鳴犬吠《ろめいけんばい》	驥足《きそく》を展《の》ばす	騰驤《とうじょう》

漢字	読み	用例・意味
驩	カン よろこぶ よろこび	驩《よろこ》ぶ・欣驩《きんかん》
驪	リ レイ くろうま くろい ならべる	驪《り》龍《りょう》頷《がん》下《か》の珠《たま》
骨 (部首)	ほね ほねへん	
骭	カン はぎ すね あばら	はぎ・すね・あばら
骰	トウ さい さいころ	骰子《さいころ》
骼	カク ほね ほねぐみ	骨《こっ》骼《かく》
髀	ヒ もも もものほね	髀《ひ》肉《にく》の嘆《たん》
髏	ロ ロウ されこうべ しゃれこうべ	髑《どく》髏《ろ》
髑	トク ドク されこうべ しゃれこうべ	髑《どく》髏《ろ》
高 (部首)	たかい	
髟 (部首)	かみがしら かみかんむり	

漢字	読み	用例・意味
髢	テイ かもじ	かもじ・入《い》れ髪《かみ》
髯	ゼン ほおひげ ひげ	髯《ぜん》虜《りょ》・頬《ほお》髯《ひげ》
髣	ホウ にる ほのか かすか	髣《ほう》髴《ふつ》
髦	ボウ モウ たれがみ さげがみ すぐれる ぬきんでる	髦《ぼう》髫《ちょう》・俊《しゅん》髦《ぼう》
髫	チョウ うない たれがみ こども	髫《ちょう》齔《しん》・髫髪《うない》
髴	フツ ヒ にる ほのか かすか	髣《ほう》髴《ふつ》
髱	ホウ たぼ つと たぼがみ	髱髪《たぼがみ》
髷	キョク まげ わげ まるまげ	髷《まげ》を結《ゆ》う
髻	ケイ たぶさ もとどり みずら	髻《もとどり》を切《き》る・宝《ほう》髻《けい》

漢字	読み	用例・意味
鬆	ショウ ソウ あらい ゆるい す	大根《だいこん》に鬆《す》が入《はい》る・粗《そ》鬆《しょう》
鬘	バン マン かつら かずら	鬘《かつら》・華《け》鬘《まん》
鬚	シュ ス あごひげ ひげ	鬚《しゅ》髯《ぜん》・虎《こ》鬚《しゅ》
鬟	カン わげ こしもと みずら	翠《すい》鬟《かん》
鬢	ヒン ビン	鬢《びん》髪《ぱつ》・雲《うん》鬢《びん》
鬣	リョウ たてがみ	動物《どうぶつ》の首筋《くびすじ》の長《なが》い毛《け》
鬥 (部首)	とうがまえ たたかいがまえ	
鬧	トウ ドウ さわがしい さわぐ あらそう	鬧《さわ》がしい・喧《けん》鬧《とう》
鬨	コウ たたかう とき さわぐ さわがしい	勝《かち》鬨《どき》

漢字	読み	用例・意味
鬩	ケキ ゲキ せめぐ いいあらそう なかたがい	鬩《げき》牆《しょう》・鬩《せめ》ぐ
鬭	「鬪」(闘の旧字体《きゅうじたい》)の異体字《いたいじ》	
鬮	キュウ たたかいとる くじ	鬮《くじ》を引《ひ》く
鬯 (部首)	ちょう	
鬯	チョウ においざけ のびる	鬱《うっ》鬯《ちょう》
鬲 (部首)	かなえ	
鬻	イク シュク かゆ ひさぐ	春《はる》を鬻《ひさ》ぐ・衒《げん》鬻《いく》
鬼 (部首)	おに きにょう	
魃	ハツ バツ ひでり	旱《かん》魃《ばつ》
魄	ハク タク たましい こころ	気《き》魄《はく》
魏	ギ たかい	魏《ぎ》魏《ぎ》

漢字	読み	用例・意味
魍	ボウ モウ すだま もののけ	魑《ち》魅《み》魍《もう》魎《りょう》
魎	リョウ すだま もののけ	魑《ち》魅《み》魍《もう》魎《りょう》
魑	チ すだま もののけ	魑《ち》魅《み》魍《もう》魎《りょう》
魘	エン うなされる おそわれる	悪夢《あくむ》に魘《うな》される
魚	うお うおへん さかなへん	
魞	えり	魞《えり》を仕《し》掛《か》ける
魳	シ かます	カマス科《か》の海魚《かいぎょ》の総称《そうしょう》
魴	ホウ おしきうお かがみだい	魴《ほう》鮄《ぼう》
魬	ハン バン はまち	ブリの幼魚《ようぎょ》の呼称《こしょう》
魸	なまず	ナマズ科《か》の淡水魚《たんすいぎょ》
鮓	サ すし	鮓《さ》苔《とう》
鮃	ヒョウ ヘイ ひらめ	ヒラメ科《か》の海魚《かいぎょ》

漢字	読み	用例・意味
鮑	ホウ あわび	ミミガイ科《か》の巻貝《まきがい》の総称《そうしょう》
鮖	かじか	カジカ科《か》の淡水魚《たんすいぎょ》
鮗	このしろ	ニシン科《か》の海魚《かいぎょ》
鮇	いわな	サケ科《か》の淡水魚《たんすいぎょ》
⿰魚尓	いさざ	ハゼ科《か》の淡水魚《たんすいぎょ》
鮠	ガイ はえ はや	コイ科《か》の淡水魚《たんすいぎょ》
鮨	シ ゲイ すし さんしょううお	すし・魚《さかな》のしおから
鮟	アン	鮟《あん》鱇《こう》の待《ま》ち食《ぐ》い
鮴	ごり	カジカの別称《べっしょう》
鮲	こち まて	コチ科《か》の海魚《かいぎょ》・蟶貝《まてかい》
鮱	おおぼら	ボラ科《か》の海魚《かいぎょ》
鯀	コン	大《おお》きい魚《さかな》

漢字	読み	用例・意味
鯊	サ はぜ	ハゼ科《か》の魚《さかな》の総称《そうしょう》
鮹	ショウ ソウ たこ	頭足類《とうそくるい》の軟体動物《なんたいどうぶつ》
鮸	ベン メン にべ	鮸《に》膠《べ》も無《な》い
鯏	うぐい あさり	コイ科《か》の淡水魚《たんすいぎょ》
鯑	かずのこ	ニシンの卵《たまご》
鯒	こち	コチ科《か》の海魚《かいぎょ》
鯎	うぐい	コイ科《か》の淡水魚《たんすいぎょ》
鯐	すばしり	ぼらの幼魚《ようぎょ》
鯣	エキ するめ	鯣《するめ》烏《い》賊《か》
鯢	ゲイ さんしょううお めくじら	山椒魚《さんしょううお》
鯤	コン	鯤《こん》鵬《ほう》
鯔	シ ぼら いな	鯔《いな》背《せ》な若者《わかもの》

漢字	読み	用例・意味
鯡	ヒ はららご はらご にしん	ニシン科《か》の海魚《かいぎょ》
鯲	どじょう	ドジョウ科《か》の淡水魚《たんすいぎょ》
鯱	しゃち しゃちほこ	鯱《しゃちほこ》張《ば》る
鯰	ネン なまず	鯰《なまず》に瓢《ひょう》箪《たん》
鰕	カ えび	エビ科《か》の甲殻類《こうかくるい》の総《そう》称《しょう》
鰔	カン かれい	カレイ科《か》の海水魚《かいすいぎょ》
鰉	コウ ひがい	大魚《おおざかな》・コイ科《か》の淡水《たんすい》魚《ぎょ》
鰓	サイ えら あぎと	鰓《えら》呼《こ》吸《きゅう》
鰌	シュウ どじょう	ドジョウ科《か》の淡水魚《たんすいぎょ》
鰆	シュン さわら	サバ科《か》の海魚《かいぎょ》
鰈	チョウ かれい	カレイ科《か》の海魚《かいぎょ》の総《そう》称《しょう》
鰒	フク あわび ふぐ	鮑《あわび》・フグ科《か》の海魚《かいぎょ》の総称《そうしょう》

漢字	読み	用例・意味
鰊	レン にしん	ニシン科《か》の海魚《かいぎょ》
鰄	イ かいらぎ さめ	サバ科《か》の大形《おおがた》の魚《さかな》
鰘	むろあじ	アジ科《か》の海魚《かいぎょ》
鰙	はや はえ わかさぎ	コイ科《か》の淡水魚《たんすいぎょ》
鰚	はらか	はらか
鰛	オン いわし	イワシ科《か》の海魚《かいぎょ》の総称《そうしょう》
鰥	カン やもお やもめ やむ なやむ	鰥寡孤独《かんかこどく》
鰤	シ ぶり	アジ科《か》の海魚《かいぎょ》
鰧	トウ おこぜ	一般《いっぱん》にオニオコゼを指《さ》す
鰰	はたはた	ハタハタ科《か》の海魚《かいぎょ》
鱆	ショウ たこ	たこ

漢字	読み	用例・意味
鰾	ヒョウ ふえ うきぶくろ	鰾膠《にべ》もなく断《ことわ》られる
鱇	コウ	鮟鱇《あんこう》
鱏	シン ジン ちょうざめ えい	エイ目《もく》の軟骨魚《なんこつぎょ》の総称《そうしょう》
鱓	セン かわへび うつぼ ごまめ	鱓《ごまめ》の歯軋《はぎし》り
鱚	きす	キス科《か》の海魚《かいぎょ》
鱛	えそ	エソ科《か》の海魚《かいぎょ》の総称《そうしょう》
鱐	あおさば さば	サバの別称《べっしょう》・青鯖《あおさば》
鱟	ゴウ かぶとがに	兜蟹《かぶとがに》
鱠	カイ なます	鱠残魚《しらうお》
鱧	レイ はも	鱧《はも》も一期《いちご》海老《えび》も一期《いちご》
鱩	はたはた	ハタハタ科《か》の海魚《かいぎょ》
鱶	ショウ ふか	鱶《ふか》ひれ

漢字	読み	用例・意味
鱲	リョウ からすみ	鱲子《からすみ》
鱸	ロ すずき	スズキ科《か》の海魚《かいぎょ》
鳥	とり とりへん	
鳧	フ かも けり	鳧《けり》をつける
鳰	にお	鳰《にお》の浮《う》き巣《す》
鴉	ア からす	鴉雀無声《あじゃくむせい》
鴃	ゲキ ゲツ もず	鴃舌《げきぜつ》
鴆	チン	鴆毒《ちんどく》
鴥	イツ はやい	鴥隼《いつじゅん》
鴣	コ	鷓鴣《しゃこ》
鴟	シ とび ふくろう	鴟尾《しび》・鴟尾草《いちはつ》
鴕	タ ダ だちょう	鴕鳥《だちょう》

漢字	読み	用例・意味
鴒	レイ	鶺鴒《せきれい》
鵄	シ とび	鵄尾《しび》・金鵄《きんし》
鵁	コウ	鵁鶄《こうせい》
鴿	コウ いえばと どばと	人間《にんげん》が飼《か》い慣《な》らした鳩《はと》
鴾	ボウ ム とき つき	鴾毛《つきげ》
鵆	ちどり	チドリ科《か》の鳥《とり》の総称《そうしょう》
鵇	とき	トキ科《か》の鳥《とり》
鵝	ガ がちょう	鵝鳥《がちょう》
鵑	ケン ほととぎす さつき	杜鵑《とけん》
鵤	いかる いかるが	アトリ科《か》の鳥《とり》・斑鳩《いかるが》
鵥	かけす	カラス科《か》の鳥《とり》
鵲	ジャク かささぎ	鵲《かささぎ》の橋《はし》

漢字	読み	用例・意味
鶉	ジュン うずら	鶉豆《うずらまめ》・鶉衣《じゅんい》
鶇	トウ つぐみ	ヒタキ科《か》の鳥《とり》
鵯	ヒ ヒツ ひよ ひよどり	鵯花《ひよどりばな》
鵺	ヤ ぬえ	鵺的人物《ぬえてきじんぶつ》
鶄	セイ	鵁鶄《こうせい》
鶍	いすか	鶍《いすか》の嘴《はし》の食《く》い違《ちが》い
鶎	きくいただき	ヒタキ科《か》の小鳥《ことり》
鵙	ケキ ゲキ もず	鵙《もず》の速贄《はやにえ》
鶚	ガク みさご	鶚薦《がくせん》
鶤	コン とうまる しゃも	鶤鶏《とうまる》
鶩	ボク ブ あひる かける	鶏鶩《けいぼく》
鶫	つぐみ	ヒタキ科《か》の鳥《とり》

漢字	読み	用例・意味
鶲	オウ ひたき	ヒタキ科《か》の小鳥《ことり》
鶪	ゲキ	竜頭鶪首《りゅうとうげきしゅ》
鶻	コツ はやぶさ くまたか	ハヤブサ科《か》の鳥《とり》
鶸	ジャク ひわ	鶸色《ひわいろ》
鶺	セキ	鶺鴒《せきれい》
鷏	シン テン デン つつどり よたか	夜鷹《よたか》の別称《べっしょう》
鷂	ヨウ はしたか はいたか	タカ科《か》の小型《こがた》の鳥《とり》
鷙	シ あらどり あらい あらあらしい うつ	鷙悍《しかん》・鷙鳥《しちょう》
鷓	シャ	鷓鴣《しゃこ》
鷸	イツ しぎ かわせみ	鷸蚌《いつぼう》の争《あらそ》い

漢字	読み	用例・意味
鷦	ショウ みそさざい	鷦鷯《しょうりょう》
鷭	ハン バン	クイナ科《か》の鳥《とり》
鷯	リョウ	鷦鷯《しょうりょう》
鷽	カク ガク うそ	鷽鳩《がくきゅう》大鵬《たいほう》を笑《わら》う
鸛	カン こうのとり	鸛鵲《かんじゃく》
鸞	ラン すず	鸞翔鳳集《らんしょうほうしゅう》
鹵	しお	
鹵	ロ しお しおち おろか おろそか たて かすめる うばう	鹵莽《ろもう》・鹹鹵《かんろ》
鹹	カン からい しおからい しおけ	鹹水湖《かんすいこ》
鹿	しか	
麈	シュ ス おおじか	麈尾《しゅび》

漢字	読み	用例・意味
麋	ビ ミ おおじか なれしか まゆ くだける みだれる	麋粥《びしゅく》・麋鹿《びろく》
麌	グ ゴ おじか	牡鹿《おじか》
麏	キン クン のろ くじか むらがる	麏至《くんし》
麑	ゲイ ベイ かのこ	麑裘《げいきゅう》
麝	シャ ジャ じゃこうじか	麝香《じゃこう》
麤	ソ あらい あらあらしい おおきい ほぼ くろごめ	麤《あら》い・麤枝大葉《そしたいよう》
麦麥	ばくにょう	
麩	フ ふすま	ふすま・ふ
麭	ホウ こなもち だんご	麺麭《めんぼう》

漢字	読み	用例・意味
麻麻	あさ あさかんむり	
麾	キ さしずばた さしまねく ふる	麾鉞《きえつ》・軍麾《ぐんき》・麾《さしまね》く
黄黃	き	
黌	コウ まなびや	黌宇《こうう》
黍	きび	
黎	レイ リ おおい くろい もろもろ ころあい	黎明《れいめい》・黔黎《けんれい》
黏	「粘《ねん》」の異体字《いたいじ》	
黐	チ もち とりもち	黐竿《もちざお》・黐粘《ちでん》
黒黑	くろ	
黔	ケン くろい くろむ	黔驢《けんろ》の技《わざ》
黜	チュツ しりぞける おとす	黜陟幽明《ちゅっちょくゆうめい》・黜《しりぞ》ける

漢字	読み	用例・意味
黝	ユウ あおぐろい くろ くろい くろむ うすぐらい	黝黝《ゆうゆう》・黝《あおぐろ》い
黠	カツ さとい さかしい わるがしこい	黠鼠《かっそ》・奸黠《かんかつ》
黥	ケイ ゲイ いれずみ	黥面《げいめん》
黯	アン くろい くらい いたましい	黯然《あんぜん》
黴	バイ ビ ミ かび かびる よごれる	黴菌《ばいきん》・黴《かび》
黶	エン ほくろ あざ	黶《あざ》・黶然《えんぜん》・黶子《ほくろ》
黷	トク けがす けがれる よごす よごれる	黷《けが》れる・冒黷《ぼうとく》
黹	ふつへん	
黹	チ ぬう ぬいとり	ぬう・ぬいとり・刺《し》繍《しゅう》

漢字	読み	用例・意味
黻	フツ ひざかけ ぬいとり ぬう	黻冕《ふつべん》
黼	フ ホ あや ぬいとり	黼黻《ふふつ》
黽	べんあし	
黽	ベン ビン ボウ あおがえる つとめる	黽勉《びんべん》
鼇	ゴウ おおうみがめ おおすっぽん	鼇頭《ごうとう》
鼈	ヘツ ベツ すっぽん	鼈甲《べっこう》・鼈《すっぽん》・亀鼈《きべつ》
鼎	かなえ	
鼓	つづみ	
鼕	トウ	鼕鼕《とうとう》
鼠	ねずみ ねずみへん	
鼬	ユ ユウ いたち	鼬《いたち》ごっこ

漢字	読み	用例・意味
鼯	ゴ むささび	鼯鼠《むささび》
鼴	エン もぐら もぐらもち	鼴鼠《えんそ》
鼻	はな はなへん	
鼾	カン いびき	鼾睡《かんすい》・鼾《いびき》・鼻鼾《びかん》
斉齊	せい	
齎	サイ セイ シ もたらす ああ たから おくりもの もちもの	結果《けっか》を齎《もたら》す
歯齒	は はへん	
齔	シン はがわり みそっぱ おさない	齔童《しんどう》
齣	シュツ セキ くぎり くさり きれめ こま	歴史《れきし》の一齣《ひとこま》
齟	ショ ソ かむ くいちがう	齟齬《そご》

漢字	読み	用例・意味
齠	チョウ みそっぱ おさない	齠齔《ちょうしん》
齦	ギン コン はぐき かむ	歯齦《しぎん》
齧	ゲツ ケツ かむ かじる くいこむ かける	齧歯類《げっしるい》・齧《かじ》る
齬	ゴ くいちがう	齟齬《そご》
齪	サク セク シュク せまる こせつく つつしむ	齷齪《あくせく》
齷	アク こまかい せまい せまる こせつく	齷齪《あくせく》と働《はたら》く
齲	ウ ク むしば	齲歯《うし》
齶	ガク はぐき	歯茎《はぐき》
竜龍	りゅう	

漢字	読み	用例・意味
龕	ガン カン ずし かつ	龕灯提灯《がんどうちょうちん》・仏龕《ぶつがん》
亀龜	かめ	
龠	やく	
龠	ヤク ふえ	ふえ・たけぶえ

四字熟語

1級で出題される四字熟語として特に覚えておきたいものを五十音順で掲載しました。覚えているかチェックしましょう。

四字熟語	読み方	意味
曖昧模糊	あいまいもこ	ぼんやりとしていてあやふやな様子。
蛙鳴蟬噪	あめいせんそう	役に立たない議論や内容の乏しい文章のたとえ。
阿諛追従	あゆついしょう	相手に気に入られようとしてこびへつらうこと。
為虎傅翼	いこふよく	強い者がより力をつけること。
一望無垠	いちぼうむぎん	広々としており、どこまでも見渡せること。
一饋十起	いっきじっき	賢者を熱心に求めることのたとえ。
一瀉千里	いっしゃせんり	物事が速やかに進むこと。文章などがよどみないこと。
韋編三絶	いへんさんぜつ	書物を繰り返し読むこと。読書や学問に熱心なこと。

四字熟語	読み方	意味
因果覿面	いんがてきめん	悪事の報いがすぐさま目の前にあらわれること。
慇懃無礼	いんぎんぶれい	言葉遣いなどが丁寧すぎてかえって無礼であるさま。
因循苟且	いんじゅんこうしょ	旧習にこだわり、その場しのぎの手段で済ませるさま。
烏焉魯魚	うえんろぎょ	字形が似ていて誤りがちな文字。また文字の書き誤り。
禹行舜趨	うこうしゅんすう	表面をまねても実際は聖人の徳を備えていないこと。
右顧左眄	うこさべん	情勢を気にしてなかなか決断できないこと。
影駭響震	えいがいきょうしん	ちょっとした出来事でも、ひどく恐れ驚くこと。
郢書燕説	えいしょえんせつ	意味のないことをあれこれとこじつけること。

四字熟語	読み方	意味
蜿蜒長蛇	えんえん ちょうだ	蛇のようにうねうねと長くつづいている様子。
燕頷虎頸	えんがん こけい	遠国の諸侯となるような武力に秀でた容貌のこと。
延頸挙踵	えんけい きょしょう	人の来訪を待ち望むさま。
偃武修文	えんぶ しゅうぶん	戦いをやめ、文徳によって平和な世の中にすること。
婉娩聴従	えんべん ちょうじゅう	心が穏やかで優しく、人の言うことに素直に従うさま。
衍曼流爛	えんまん りゅうらん	悪が広くはびこり世の中全体に蔓延すること。
嘔唖嘲哳	おうあ ちょうたつ	子供のやかましく騒ぐ声や、調子の外れた聞き苦しい音。
枉駕来臨	おうが らいりん	わざわざお越しいただき恐縮ですと相手の来訪に対して敬意を表す語。
往事茫茫	おうじ ぼうぼう	過ぎ去った昔のことは、遠くかすんではっきりしないということ。
温凊定省	おんせい ていせい	親に孝養を尽くすこと。

四字熟語	読み方	意味
海市蜃楼	かいし しんろう	現実性に乏しい考えや理論のこと。また、根拠のない物事のたとえ。
海底撈月	かいてい ろうげつ	実現が不可能なことをしようとして、余計な労力をかけること。
槐門棘路	かいもん きょくろ	政治の世界における最高幹部のたとえ。
偕老同穴	かいろう どうけつ	夫婦の契りがかたく、とても仲がよいこと。
薤露蒿里	かいろ こうり	人生のはかないことのたとえ。
鶴立企佇	かくりつ きちょ	人や物事を心から待ち望むこと。
隔靴掻痒	かっか そうよう	思い通りにいかず、非常にはがゆくもどかしい思いをすること。
豁然大悟	かつぜん たいご	迷いや疑いがにわかに晴れて、真理を悟ること。
瓦釜雷鳴	がふ らいめい	つまらない人物が幅をきかせること。また、能もないのに威張り散らすこと。
迦陵頻伽	かりょう びんが	声がきわめて美しいもののたとえ。また美しい声のたとえ。

四字熟語	読み方	意味
苛斂誅求	かれん ちゅうきゅう	年貢や税金などを情け容赦なく取り立てること。
檻猿籠鳥	かんえん ろうちょう	自由を奪われ、自分の思うように生きられない境遇にあること。
轗軻不遇	かんか ふぐう	事が思い通りに運ばず、地位や境遇に恵まれないこと。
侃侃諤諤	かんかん がくがく	遠慮することなく、堂々と議論するさま。また、遠慮せずに直言するさま。
顔厚忸怩	がんこう じくじ	ずうずうしく恥知らずな者でも恥ずかしく思い、ありありと恥じ入る色が出る様子。
鬼哭啾啾	きこく しゅうしゅう	亡霊の恨めしげな泣き声が響くような、戦場などの鬼気迫るさま。
旗幟鮮明	きし せんめい	主義や主張、態度や方針などがはっきりしていること。旗色が鮮やかなこと。
鞠躬尽瘁	きっきゅう じんすい	ひたすら心身を労して、国事に尽力すること。
驥服塩車	きふく えんしゃ	才能のある優れた人物が低い地位に置かれ、つまらない仕事をさせられること。
牛驥同皁	ぎゅうき どうそう	賢人と愚者が同じ待遇を受けることのたとえ。

四字熟語	読み方	意味
尭鼓舜木	ぎょうこ しゅんぼく	政治に携わる者は人の言葉によく耳を傾けるべきであるということ。
協心戮力	きょうしん りくりょく	全員の心を一つにして、一致協力して物事を行うこと。
曲水流觴	きょくすい りゅうしょう	曲折した川に杯を浮かべて流し、詩を作り終えて杯の酒を飲むという風流な遊び。
跼天蹐地	きょくてん せきち	非常に慎み恐れること。また、肩身を狭くして世間に気兼ねしながら暮らすこと。
曲突徙薪	きょくとつ ししん	災難を未然に防ぐこと。煙突を曲げ、薪を他の場所に移して火事を防ぐことから。
毀誉褒貶	きよ ほうへん	称賛と非難。ほめたりけなしたりする世間の評判。
金甌無欠	きんおう むけつ	完全で欠点がないこと。外国から侵略されたことがない堅固な国家のたとえ。
緊褌一番	きんこん いちばん	気持ちを引き締めて物事に取り組むこと。大勝負の前の心構えをいったもの。
琴瑟相和	きんしつ そうわ	夫婦の仲がむつまじいこと。兄弟や友人の仲がよいときにも使われることがある。
霓裳羽衣	げいしょう うい	薄い絹などでできた、天人や仙女などが身にまとうとされる軽やかな衣装のこと。

四字熟語	読み方	意味
軽妙洒脱	けいみょうしゃだつ	会話などが俗っぽくなく洗練されており、軽やかで巧みなこと。
結跏趺坐	けっかふざ	仏教における坐法の一つ。あぐらをかき両方の足の裏が上を向くように組む形。
喧喧囂囂	けんけんごうごう	大勢の人々がやかましく騒ぎたてる様子。
拳拳服膺	けんけんふくよう	人の教えや言葉などを心にとどめて大切にし、常に忘れないこと。
妍姿艶質	けんしえんしつ	美しくなまめかしい姿や肉体のこと。
阮籍青眼	げんせきせいがん	心から人を歓迎すること。阮籍が、人への応対に青眼と白眼を使い分けたことから。
槁項黄馘	こうこうこうかく	疲れや貧しさでやつれきった顔のたとえ。
嚆矢濫觴	こうしらんしょう	物事の始まり。起源。「嚆矢」も「濫觴」も、物事のはじめを表す言葉。
曠日弥久	こうじつびきゅう	むだに長い月日を費やして、事を長引かせること。
光風霽月	こうふうせいげつ	心が清らかでさっぱりしていて、何のわだかまりもないさま。

四字熟語	読み方	意味
豪放磊落	ごうほうらいらく	気持ちがおおらかで小さなことにはこだわらないさま。
毫毛斧柯	ごうもうふか	災いは小さいうちに取り除くべきだということ。
黄粱一炊	こうりょういっすい	人の世の栄華がはかないことのたとえ。一生が夢のようにはかないことのたとえ。
昏定晨省	こんていしんせい	親に孝行すること。
在邇求遠	ざいじきゅうえん	人としての正しい道は身近にあるのに、人は遠いところに求めようとすること。
採薪汲水	さいしんきゅうすい	自然の中で質素に暮らすこと。薪を採り、谷川の水を汲むという意から。
載籍浩瀚	さいせきこうかん	書物の数が多いこと。「載籍」は書物のこと、「浩瀚」は書物の巻数が多いこと。
鑿壁偸光	さくへきとうこう	苦学することのたとえ。壁に穴を開けて隣家の光を盗んで学ぶ意から。
三釁三浴	さんきんさんよく	相手のことを大切に思う心を表す言葉。
三豕渉河	さんしょうか	文字の誤りのこと。間違って書いたり読んだりすること。

四字熟語	読み方	意味
三世一爨	さんせい いっさん	親、子、孫の三世代が一つの家に暮らすこと。
尸位素餐	しい そさん	一定の地位にいながら職責を果たすことなく、むだに禄をもらっていること。
舳艫千里	じくろ せんり	たくさんの船がはるか遠くまで長く連なりながら進むさま。
七縦七擒	しちしょう しちきん	敵を捕らえたり逃がしたりしながら味方にとりこんでしまうこと。
疾風怒濤	しっぷう どとう	時代や社会がめまぐるしく変化することのたとえ。ドイツ語の訳語。
櫛風沐雨	しっぷう もくう	非常に苦労することのたとえ。風雨にさらされながら苦労して働く意から。
鴟目虎吻	しもく こふん	残忍で凶暴な人相をしていることのたとえ。
鵲巣鳩居	じゃくそう きゅうきょ	女性が嫁ぎ、夫の家をわが家とすること。また、労せず他人の地位を横取りすること。
煮豆燃萁	しゃとう ねんき	兄弟の仲が悪く争い合っていること。豆殻が火となって釜の中の豆を苦しめる意から。
朮羹艾酒	じゅっこう がいしゅ	朮（薬草）の吸い物とよもぎが入った酒。五月の節句を祝う食事。

四字熟語	読み方	意味
春蛙秋蟬	しゅんあ しゅうぜん	春の蛙と秋の蟬のように、うるさいだけで何の役にも立たない無用な言論のこと。
春蚓秋蛇	しゅんいん しゅうだ	春のみみずや秋の蛇のように文字や行が曲がっていること。字が拙いこと。
蓴羹鱸膾	じゅんこう ろかい	故郷を懐かしく思う心のこと。「蓴羹」も「鱸膾」も故郷の料理のたとえ。
春風駘蕩	しゅんぷう たいとう	春風がのどかに吹くように平穏な様子。また穏やかでのんびりとした人柄のたとえ。
笙磬同音	しょうけい どうおん	人々が心を合わせて仲良くすること。
焦頭爛額	しょうとう らんがく	根本を忘れて瑣末な物事だけを重要視するたとえ。また、苦労して物事をすること。
嘯風弄月	しょうふう ろうげつ	大自然の美しさに親しみ、風流を楽しむこと。風流な暮らしを満喫すること。
芝蘭玉樹	しらん ぎょくじゅ	才能ある子弟。優れた人材。また、一族から優れた人材が輩出すること。
神韻縹渺	しんいん ひょうびょう	芸術作品などが人間の技を超えているように素晴らしく、奥深い趣を備えているさま。
脣歯輔車	しんし ほしゃ	両者がお互いに助けあっていて、切っても切れない極めて密接な関係にあること。

四字熟語	読み方	意味
人心収攬	じんしんしゅうらん	人々の考えや気持ちをつかみ、人気や評判を得ること。多くの人に信頼されること。
炊金饌玉	すいきんせんぎょく	非常に豪華でぜいたくな食事のこと。また他者の歓待に感謝を述べる語。
酔歩蹣跚	すいほまんさん	酒に酔って道をふらふらとおぼつかない足取りで歩くこと。
寸草春暉	すんそうしゅんき	父母の恩や愛情の大きさに対し、子はほんのわずかも報いることが難しいということ。
旌旗巻舒	せいきけんじょ	戦いが続くことのたとえ。軍旗を巻いたり広げたりする意から。
青天霹靂	せいてんのへきれき	全く予期しない突然の大事件や思いがけない出来事のたとえ。
折檻諫言	せっかんかんげん	臣下が、自身の君主を厳しくいさめること。
切磋琢磨	せっさたくま	修養して自分を磨きあげること。友人同士で励まし合い、ともに技量を高め合うこと。
切歯扼腕	せっしやくわん	非常に悔しがる様子。歯ぎしりをして、自分で片方の手首を押さえる意より。
泉石膏肓	せんせきこうこう	俗世を離れ、自然の中で暮らしたい思いがこの上なく強いこと。

四字熟語	読み方	意味
戦戦兢兢	せんせんきょうきょう	恐怖や不安を感じて非常に怯えているさま。
瞻望咨嗟	せんぼうしさ	仰ぎみて、その素晴らしさにため息をつくこと。高貴な人を敬慕しうらやむこと。
造次顛沛	ぞうじてんぱい	わずかな時間。とっさの一瞬。危急の場合。
甑塵釜魚	そうじんふぎょ	非常に貧しいことのたとえ。長く料理せず器に塵がつもり、釜に魚がわく意から。
象箸玉杯	ぞうちょぎょくはい	ぜいたくな生活をすること。象箸は象牙の箸、玉杯は玉で作った杯。
桑田滄海	そうでんそうかい	世の中の移り変わりが激しいこと。
草満囹圄	そうまんれいご	善政が続いて犯罪者が出ず、国がよく治まっていること。
蒼蠅驥尾	そうようきび	小人物であっても優れた人についていけば功名を得ることができるというたとえ。
草廬三顧	そうろさんこ	礼儀を尽くして有能な優れた人材を招くこと。
啐啄同時	そったくどうじ	またとない好機。熟した機を見逃さずに、すかさず悟りに導くこと。

四字熟語	読み方	意味
樽俎折衝	そんそせっしょう	武力を用いずに、酒席を設けてなごやかにかけひきする外交交渉のこと。
頽堕委靡	たいだいび	気力や体力、容姿などが次第にくずれおとろえていくこと。
対驢撫琴	たいろぶきん	愚かな人間に物の道理を説いても、理解できないので意味がないということ。
断鶴続鳧	だんかくぞくふ	深く考えもせず、自然の状態に手を加えて損ねてしまうこと。
簞食壺漿	たんしこしょう	自分たちを救ってくれた軍隊を歓迎し、もてなすこと。
簞食瓢飲	たんしひょういん	清貧な生活を送ること。また、粗末な食事のたとえ。
魑魅魍魎	ちみもうりょう	いろいろな種類の化け物。また、私欲のために暗躍する者たちのたとえ。
躊躇逡巡	ちゅうちょしゅんじゅん	決断することができずためらっていて前に進めないこと。
懲羹吹膾	ちょうこうすいかい	一度の失敗に懲りて必要以上に用心深くなることのたとえ。
彫心鏤骨	ちょうしんるこつ	非常に苦心して詩文などを練り上げること。また、身を削るような苦労をすること。

四字熟語	読み方	意味
喋喋喃喃	ちょうちょうなんなん	男女がうちとけて楽しそうに語り合うさま。小声で親しそうに語り合うさま。
跳梁跋扈	ちょうりょうばっこ	悪人などが権勢をほしいままにしてわがもの顔に振る舞うこと。
墜茵落溷	ついいんらくこん	人には運不運がある、という教え。
霑体塗足	てんたいとそく	苦労して労働すること。つらい労働のたとえ。
天門開闔	てんもんかいこう	万物の変化や生滅のこと。「天門」は万物が生まれ出る門。
銅牆鉄壁	どうしょうてっぺき	銅の垣根と鉄の壁の意より、守りが堅固なこと。
銅駝荊棘	どうだけいきょく	国の滅亡を嘆くことのたとえ。
桃李成蹊	とうりせいけい	立派な人物のもとにはその徳を慕って自然に人が集まってくるということ。
兎起鶻落	ときこつらく	書画や文章の筆致に勢いがあることのたとえ。
得隴望蜀	とくろうぼうしょく	欲望には際限がないことのたとえ。

四字熟語	読み方	意味
図南鵬翼	となんのほうよく	大志を抱くことのたとえ。大事業や海外進出を企てることのたとえ。
吐哺捉髪	とほそくはつ	立派な人材を求めるのに熱心なことのたとえ。
南轅北轍	なんえんほくてつ	志や目標にしていることと実際に行うことが相反していることのたとえ。
南橘北枳	なんきつほくき	人は住む環境によって左右され良くも悪くもなるということ。
肉山脯林	にくざんほりん	非常にぜいたくな宴会、ご馳走のこと。
拈華微笑	ねんげみしょう	言葉を用いることなく、心から心へ相手に伝えること。
年災月殃	ねんさいげつおう	類を見ないほど不幸な日のこと。
博引旁証	はくいんぼうしょう	物事を説明するのに多くの資料を引用し、それらを証拠としてあげて論じること。
八面玲瓏	はちめんれいろう	どこから見ても透き通り、美しく輝いているさま。心が清らかに澄み切っていること。
八面六臂	はちめんろっぴ	一人で数人分の活躍をすること。また多方面にわたってめざましい活躍をすること。

四字熟語	読み方	意味
撥乱反正	はつらんはんせい	乱れた世の中を治めて、正常で平穏な世の中に戻すこと。
爬羅剔抉	はらてきけつ	隠れた人材を探し出して用いること。また、人の秘密や欠点などをあばきだすこと。
罵詈雑言	ばりぞうごん	ひどい悪口を並べ立ててきたない言葉で相手を罵ること。またその言葉。
槃根錯節	ばんこんさくせつ	事情が複雑に入り組んで、解決が困難な状態。
繁文縟礼	はんぶんじょくれい	形式や手続きなどがこまごまとしていて煩わしいこと。
尾大不掉	びだいふとう	上に立つ者の力が弱く、強い力をもつ下位の者を制御できなくなること。
筆削褒貶	ひっさくほうへん	書き加える、削る、褒める、貶すを正しく行い、批評の態度が公正で厳しいこと。
筆力扛鼎	ひつりょくこうてい	文章の筆力が非常に力強いこと。
被髪纓冠	ひはつえいかん	非常に急いで行動すること。髪を振り乱したまま冠のひもを結ぶ意から。
百折不撓	ひゃくせつふとう	何度失敗してもあきらめず、志を曲げないこと。

四字熟語	読み方	意味
牝牡驪黄	ひんぼりこう	物事は外見にとらわれずその本質を見抜くことが重要であるということ。
風声鶴唳	ふうせいかくれい	ささいな物音やかすかな声にも恐れおののくこと。
伏竜鳳雛	ふくりょうほうすう	才能ある人物が機会に恵まれず世間に隠れていること。また、将来が有望な若者。
俛首帖耳	ふしゅちょうじ	人に媚びへつらう卑しい態度。犬が飼い主に服従する際に、頭を伏せ耳を垂らす動作をすることから。
不撓不屈	ふとうふくつ	どのような困難や障害にあっても心がくじけない強い意志をもっていること。
文質彬彬	ぶんしつひんぴん	外面に表れた美しさと内面の実質のバランスがとれていること。
焚書坑儒	ふんしょこうじゅ	言論や思想・学問などを弾圧すること。
閉月羞花	へいげつしゅうか	女性の容姿の美しさが際立っていること。
秉燭夜遊	へいしょくやゆう	人生ははかないものなので、夜も灯をともして遊び、大いに楽しもうということ。
萍水相逢	へいすいそうほう	旅先などで人と人が偶然知り合いになること。

四字熟語	読み方	意味
兵馬倥偬	へいばこうそう	戦争にあけくれて忙しいさま。
霹靂閃電	へきれきせんでん	すばやいことのたとえ。急に激しく鳴りひらめく稲妻の意。
冒雨剪韭	ぼううせんきゅう	来訪した友人を喜んで厚くもてなすこと。
茅屋采椽	ぼうおくさいてん	質素な家。「茅屋」はかやぶき屋根、「采椽」は切り出したままのたるきの意。
暴虎馮河	ぼうこひょうが	血気にまかせて無謀なことをすること。向こう見ずであること。
旁時掣肘	ぼうじせいちゅう	横から口出しをして、他人の仕事を邪魔すること。
鵬程万里	ほうていばんり	道程が遠大であること。また、海が果てしなく広がることの形容。
蓬頭垢面	ほうとうこうめん	身だしなみに無頓着でむさくるしいさま。ぼさぼさの頭に垢だらけの顔の意から。
墨痕淋漓	ぼっこんりんり	書道や美術などで、墨を使って表現したものが生き生きとしてみずみずしいさま。
麻姑掻痒	まこそうよう	物事が自分の思い通りになること。「麻姑」は伝説上の仙女の名。

四字熟語	読み方	意味
万目睚眥	まんもく がいさい	多くの人に睨まれて居場所がないこと。
鳴蟬潔飢	めいせん けっき	高潔な人はどのような状況でも節操を変えないということ。
面折廷諍	めんせつ ていそう	面と向かって臆することなく、君主に政治の誤りなどを諫めること。
邑犬群吠	ゆうけん ぐんばい	つまらない者たちが寄り集まって人の悪口を言ったり騒ぎたてたりすること。
融通無碍	ゆうずう むげ	考え方や行動が自由でのびのびとしていること。
優游涵泳	ゆうゆう かんえい	ゆったりとした心で学問や技芸を深く味わうこと。
余韻嫋嫋	よいん じょうじょう	残った音の響きが細く長く続くさま。また、優れた詩文のもたらす余情のたとえ。
揺頭擺尾	ようとう はいび	他人に気に入られようと、こびへつらうさま。
瑶林瓊樹	ようりん けいじゅ	人品が高潔で人並み優れた才能があること。
落英繽紛	らくえい ひんぷん	花びらが乱れ舞うように散り混じるさま。

四字熟語	読み方	意味
濫竽充数	らんう じゅうすう	無能なのに才能があるように見せること。また、実力もないのに不相応な位にいること。
蘭摧玉折	らんさい ぎょくせつ	すぐれた人物や美しい女性が死ぬこと。
鸞翔鳳集	らんしょう ほうしゅう	優れた才能の持ち主たちが寄り集まってくること。
流金鑠石	りゅうきん しゃくせき	厳しい暑さのたとえ。金属を流し溶かし石を溶かす熱さの意。
竜攘虎搏	りょうじょう こはく	竜と虎の戦いのように、強い者同士が激しく争うこと。
螻蟻潰堤	ろうぎ かいてい	ほんの小さなことが原因で後に大きな事件や事故が引き起こされること。
老驥伏櫪	ろうき ふくれき	老いてもなお大きな志を抱くこと。また、能ある者がそれを発揮できずに老いること。
魯魚亥豕	ろぎょ がいし	よく似ていて書き誤りやすい文字のこと。また、文字の書き誤り。
驢鳴犬吠	ろめい けんばい	取るに足らない文章や聞くに値しない話。驢馬の鳴き声や犬の吠える声の意から。
和気藹藹	わき あいあい	仲良く和やかで楽しい雰囲気が満ちあふれているさま。

故事・諺

1級で出題される故事・諺として特に覚えておきたいものを五十音順で掲載しました。覚えているかチェックしましょう。

故事・諺	意味
阿吽《あうん》の呼吸《こきゅう》	共に一つの物事をするとき、お互いの微妙な呼吸や調子が一致すること。
飽《あ》かぬは君《きみ》の御諚《ごじょう》	主君の命令ならどのような難しいことでも嫌だとは思わないということ。
秋《あき》の日《ひ》は釣瓶《つるべ》落《お》とし	秋の日は、井戸に釣瓶を落とすときのようにあっという間に暮れていくということ。
阿漕《あこぎ》が浦《うら》に引《ひ》く網《あみ》	隠し事も繰り返されると広く知れ渡ること。阿漕が浦での密漁が発覚したことから。
薊《あざみ》の花《はな》も一盛《ひとさか》り	器量の良くない女性でも年頃には魅力的になるということ。
遏雲《あつうん》の曲《きょく》	空を流れる雲さえおしとどめるような、優れた音楽や歌声のこと。
羹《あつもの》に懲《こ》りて膾《なます》を吹《ふ》く	一度の失敗に懲りて二回目からは必要以上に用心深くなること。
痘痕《あばた》も靨《えくぼ》	ひいき目で見ればどんな短所も長所に見えるということ。

故事・諺	意味
飴《あめ》を舐《ねぶ》らせて口《くち》をむしる	口先でうまいことを言って、相手から情報や秘密などを聞き出すこと。
過《あやま》ちを改《あらた》むるのに吝《やぶさ》かにせず	過ちを犯したら躊躇せずに速やかにそれを改めること。
粟《あわ》とも稗《ひえ》とも知《し》らず	粟と稗の区別さえつかないような、全く苦労がない高貴な生活のたとえ。
毬栗《いがぐり》も内《うち》から割《わ》れる	女性は年頃になると自然に色気が出てきてなまめかしくなるものだということ。
生《い》け簀《す》の鯉《こい》	束縛され自由のない身の上にあること。また、やがて死ぬ運命にあることのたとえ。
医者《いしゃ》の薬《くすり》も匙《さじ》加減《かげん》	医者の薬も分量が大切なように、何事もほどよい加減が重要であること。
鶍《いすか》の嘴《はし》の食《く》い違《ちが》い	物事が食い違って思い通りに運ばないことのたとえ。
一饋《いっき》に十度《とたび》起《た》つ	熱心に賢者を求めることのたとえ。一度の食事中に十回も席を立つ意より。

故事・諺	意味
鷸蚌《いつぼう》の争《あらそ》い	当事者同士が争っているうちに第三者に利益を横取りされるような無益な争い。
殷鑑《いんかん》遠《とお》からず	戒めとするべき手本はごく手近なところにあるということ。
魚《うお》を得《え》て筌《うえ》を忘《わす》る	目的を達成するとそのために役だったものの手柄は顧みられなくなること。
牛《うし》が嘶《いなな》き馬《うま》が吼《ほ》える	物事がさかさまであること。
梲《うだつ》が上《あ》がらぬ	いつまでも出世できなかったり、仕事などで芽が出なかったりすることのたとえ。
鴛鴦《えんおう》の契《ちぎ》り	夫婦の仲がむつまじいこと。「鴛鴦」は雌雄がいつも寄り添っているおしどりのこと。
鸚鵡《おうむ》能《よ》く言《い》えども飛鳥《ひちょう》を離《はな》れず	口先だけは人まねをして立派なことをいうが、実際の行動が伴わないこと。
煽《おだ》てと畚《もっこ》には乗《の》るな	おだてられるとついその気になり調子に乗ってしまうものなので注意せよという戒め。
同《おな》じ穴《あな》の狢《むじな》	一見無関係のように見えても実は同類、仲間であることのたとえ。
鬼《おに》の霍乱《かくらん》	ふだんは非常に壮健な人が珍しく病気になること。

故事・諺	意味
海棠《かいどう》睡《ねむ》り未《いま》だ足《た》らず	眠り足りず酔いの残った美人は海棠の花のようになまめかしいということ。
凱風《がいふう》南《みなみ》よりして彼《か》の棘心《きょくしん》を吹《ふ》く	母親が苦労しながらも愛情を持って子供を温かく見守り育てること。
蝸牛角上《かぎゅうかくじょう》の争《あらそ》い	狭い世界でつまらないことにこだわって争うこと。小さな者同士のくだらない争い。
鉤《かぎ》を窃《ぬす》む者《もの》は誅《ちゅう》せられ、国《くに》を窃《ぬす》む者《もの》は諸侯《しょこう》となる	道理に合わないこと。帯鉤を盗む者と国を盗む者の待遇の差から。
華胥《かしょ》の国《くに》に遊《あそ》ぶ	気持ちよく昼寝をすること。
刮目《かつもく》して相待《あいま》つ	先入観のない新しい目で相手の進歩や成長を待ち望むこと。
画竜点睛《がりょうてんせい》を欠《か》く	最後の仕上げが足りず全体が不十分なものになってしまうこと。
艱難汝《かんなんなんじ》を玉《たま》にす	多くの困難や苦労を乗り越えた人間こそが立派に成長するということ。
枳棘《ききょく》は鸞鳳《らんぽう》の棲《す》む所《ところ》に非《あら》ず	立派な人物はいる場所を選ぶべきであるということ。
木《き》に付《つ》く虫《むし》は木《き》を齧《かじ》り、萱《かや》に付《つ》く虫《むし》は萱《かや》を啄《ついば》む	物事には切り離すことのできない関係があるということ。

故事・諺	意味
驥尾《きび》に付《つ》く	優れた人物につき従っていれば、自分の能力以上の功名が得られること。
九仞《きゅうじん》の功《こう》を一簣《いっき》に虧《か》く	長い間努力しても、最後の少しの油断でだめになってしまうことのたとえ。
胸中正《きょうちゅうただ》しければ則《すなわ》ち眸子《ぼうし》瞭《あき》らかなり	心の中が正しければ瞳ははっきりと明るく澄んでいるということ。
槿花《きんか》一日《いちじつ》の栄《えい》	人の世の栄華は朝咲いて夜にはしぼむむくげの花のようにはかないということ。
葷酒山門《くんしゅさんもん》に入《い》るを許《ゆる》さず	修行の妨げになるので、臭い野菜や酒を寺内に持ち込んではいけないということ。
薫蕕《くんゆう》は器《うつわ》を同《おな》じくせず	善人と悪人、また君子と小人は、同じ場所にいることができないことのたとえ。
兄弟牆《けいていかき》に鬩《せめ》げども外其務《そとそのあなど》りを禦《ふせ》ぐ	兄弟は家の中では喧嘩をしていても外から侮辱を受ければ、共にそれを防ぐこと。
褻《け》にも晴《は》れにも歌一首《うたいっしゅ》	普段でも晴れがましい席でも同じ歌一首しか詠めないような無芸の者であること。
倹約《けんやく》と吝嗇《りんしょく》は水仙《すいせん》と葱《ねぎ》	倹約することとけちなことはよく似ているようで全く違うということ。
後悔臍《こうかいほぞ》を噬《か》む	非常に後悔すること。へそをかむことはできずどうにもならないということから。

故事・諺	意味
巧詐《こうさ》は拙誠《せっせい》に如《し》かず	巧みに人を欺こうとするよりも拙くても誠実に対応する方がずっと良いということ。
呱呱《ここ》の声《こえ》をあげる	生まれること。また、物事が新しく始まること。「呱呱」は乳児の泣き声。
琥珀《こはく》は腐芥《ふかい》を取《と》らず	清廉潔白な人物は不義不正に手を触れるようなことはしないということ。
蒟蒻《こんにゃく》で石垣《いしがき》を築《きず》く	どのようにしても実現できるはずのないことのたとえ。
豺狼路《さいろうみち》に当《あ》たる、安《いずく》んぞ狐狸《こり》を問《と》わん	大悪党が中央の大通りにいるときに、地方の小役人など問題にしていられないこと。
触《さわ》らぬ神《かみ》に祟《たた》りなし	関わりを持たなければ災いは降りかからないので余計なことはするなということ。
三十輻一轂《さんじっぷくいっこく》を共《とも》にす。其《そ》の無《む》なるに当《あ》たりて車《くるま》の用《よう》あり	全ての形ある物が役に立つのは、形のないものがそれを支えているからだということ。
疾風《しっぷう》に勁草《けいそう》を知《し》り、世乱《よみだ》れて誠臣《せいしん》有《あ》り	困難や試練に遭遇してはじめてその人の節操や意志の固さがわかるということ。
鎬《しのぎ》を削《けず》る	激しく争うこと。互いの刀の鎬を削り合うような激しい戦いの意から。
鴟目大《しもくだい》なれども視《み》ること鼠《ねずみ》に若《し》かず	大きいものでも小さいものにかなわないことがあること。

故事・諺	意味
社稷墟《しゃしょくきょ》となる	国家が滅びること。社稷の祭りが絶えて、祭場が荒地になる意から。
菽麦《しゅくばく》を弁《べん》ぜず	豆と麦の区別もできないように、非常に愚かなこと。
沈香《じんこう》も焚《た》かず屁《へ》もひらず	特に良いところも悪いところもなく、平凡であること。
尺蠖《せっかく》の屈《くっ》するは伸《の》びんがため	将来大きく発展するためにはしばらく忍耐して時機を待つことも必要であること。
千金《せんきん》の裘《きゅう》は一狐《いっこ》の腋《えき》に非《あら》ず	国を治めるためには多くの人材や知恵が必要だということ。
千日《せんにち》の旱魃《かんばつ》に一日《いちにち》の洪水《こうずい》	洪水はたった一日で千日の旱魃をしのぐほどの被害がある恐ろしいものだということ。
倉廩《そうりん》実《み》ちて囹圄《れいご》空《むな》し	生活が豊かになれば罪を犯す人がいなくなり、世の中は平和に治まるということ。
惻隠《そくいん》の心《こころ》は仁《じん》の端《たん》なり	人の不幸に対して哀れむ心、いたむ心は仁に通ずる糸口であるということ。
大旱《たいかん》の雲霓《うんげい》を望《のぞ》む	ある物事の到来を心から待ち望むこと。
獺《だつ》多《おお》ければ則《すなわ》ち魚《うお》擾《みだ》る	法律が多くなると、人々は違反することを恐れて安心して生活できなくなること。

故事・諺	意味
蓼《たで》食《く》う虫《むし》も好《す》き好《ず》き	人の好みは多種多様であること。
立《た》てば芍薬《しゃくやく》座《すわ》れば牡丹《ぼたん》	女性が艶やかな美人であること。美人の姿や立ち居振る舞いの形容。
他人《たにん》の疝気《せんき》を頭痛《ずつう》に病《や》む	自分にとって関係のないことで余計な心配をすること。
端倪《たんげい》すべからず	事の成り行きや人物や物事の規模が見通せないこと。
蜘《ち》蛛《ちゅ》が網《あみ》を張《は》りて鳳凰《ほうおう》を待《ま》つ	弱い者が太刀打ちできない強大なものに立ち向かうこと。はかない抵抗であること。
朝菌《ちょうきん》は晦朔《かいさく》を知《し》らず	狭い世界しか知らない者は広い世界が理解できないこと。また、短命であること。
亭主《ていしゅ》の好《す》きな赤烏帽子《あかえぼし》	一家の主人の言うことはどのようなことでも従わなくてはいけないということ。
羝羊《ていよう》藩《まがき》に触《ふ》る	実力がないのに見さかいなく突進して、進退が窮まってしまうこと。
貂《てん》なき森《もり》の鼬《いたち》	優れた人物のいないところでは小人物が幅をきかせて偉そうにしていること。
天網《てんもう》恢恢《かいかい》疎《そ》にして漏《も》らさず	天が張りめぐらした網は何も取りこぼさないので悪事には必ず報いがあるということ。

故事・諺	意味
豆腐《とうふ》に鎹《かすがい》	何の手応えも効果も感じられないこと。
年寄《としよ》りの言《い》うことと牛《うし》の鞦《しりがい》は外《はず》れない	長い人生経験を積んだ老人の意見は間違いがないのでよく聞くべきだということ。
斗筲《とそう》の人《ひと》、何《なん》ぞ算《かぞ》うるに足《た》らんや	取るに足りない者ばかりで、とても士の中に数えられるものではないということ。
鳥《とり》なき里《さと》の蝙蝠《こうもり》	優れた人物のいないところではつまらない者が幅をきかせて偉そうにしていること。
泥棒《どろぼう》を捕《と》らえて縄《なわ》を綯《な》う	前もって用意をしておらず、何か事が起こってからあわてて準備をすること。
呑舟《どんしゅう》の魚《うお》は枝流《しりゅう》に游《およ》がず	大人物は高邁な志をもっているので、つまらない者とは交わらないこと。
蛞蝓《なめくじ》に塩《しお》	苦手なものを前にして萎縮してしまい何もできなくなってしまうこと。
名《な》を竹帛《ちくはく》に垂《た》る	後世に長く語り継がれるような功績を残すこと。
糠《ぬか》の中《なか》で米粒《こめつぶ》探《さが》す	簡単にはみつからないこと。ほとんど可能性のないこと。
白璧《はくへき》の微瑕《びか》	ほとんど完璧なものにわずかな欠点があること。

故事・諺	意味
鳩《はと》に三枝《さんし》の礼《れい》あり、烏《からす》に反哺《はんぽ》の孝《こう》あり	親に対しては礼儀と孝行を重んじなければならないということ。
鱧《はも》も一期《いちご》、海老《えび》も一期《いちご》	地位や境遇に違いがあっても人間の一生に大した違いはないということ。
飛鳥《ひちょう》尽《つ》きて良弓《りょうきゅう》蔵《かく》れ、狡兎《こうと》死《し》して走狗《そうく》烹《に》らる	利用価値のある間は使われるが、無用になれば捨てられてしまうということ。
飄風《ひょうふう》は朝《ちょう》を終《お》えず、驟雨《しゅうう》は日《ひ》を終《お》えず	つむじ風も午前中ずっと吹くわけではなく、にわか雨も一日中降るわけではないこと。
俯仰《ふぎょう》天地《てんち》に愧《は》じず	自分の心も行動も公明正大で何のやましいこともないこと。
降《ふ》らず照《て》らさず油零《あぶらこぼ》さず	長雨も旱魃も、害虫駆除の必要もなく豊作であること。全て順調であることのたとえ。
刎頸《ふんけい》の交《まじ》わり	相手のために首を切られて死んでも後悔しないほどの堅い友情で結ばれた交際。
焙烙《ほうろく》千《せん》に槌《つち》一《ひと》つ	取るに足りない者たちが何人集まっても一人の優れた人物にはかなわないこと。
法螺《ほら》と喇叭《らっぱ》は大《おお》きく吹《ふ》け	どうせほらを吹くのならできるだけ大きなほらを吹けということ。
耳《みみ》に胼胝《たこ》ができる	同じことを何度も聞かされて、うんざりすること。

漢字	読み	意味
俤	おもかげ	国字以外では「面影」
俥	くるま	人力車を指す
凩	こがらし	秋から初冬の強く冷たい風
叺	かます	藁むしろの袋
呎	フィート	長さの単位の一種
哘	ガロン	容積の単位の一種
圦	いり	水の出入りを調節する樋
嬶	かか かかあ	国字以外では「嚊」
屶	なた	薪などを割るための刃物
弖	て	「てにをは」の「て」

漢字	読み	意味
怺	こらえる	国字以外では「堪える」
扨	さて	接続語の「ところで」
挘	むしる	つかんで引き抜く
杣	そま	材木をとる山
枡	ます	液体や穀物の量を量る容器
桛	かせ	糸を巻き取る道具
梻	しきみ	仏前に捧げられる常緑樹
梺	ふもと	国字以外では「麓」
椚	くぬぎ	ブナ科の落葉高木
楾	はんぞう	湯や水を注ぐ道具

漢字	読み	意味
榁	むろ	ヒノキ科の常緑針葉樹
榀	こまい	軒の垂木に渡す材木
毟	むしる	つかんで引き抜く
熕	コウ おおづつ	大砲のこと
燵	タツ	「炬燵」「火燵」のように使う
瓧	デカグラム	一グラムの十倍
瓩	キログラム	一グラムの千倍
瓲	トン	一キログラムの千倍
瓰	デシグラム	一グラムの十分の一
瓱	ミリグラム	一グラムの千分の一

漢字	読み	意味
瓸	ヘクトグラム	一グラムの百倍
甅	センチグラム	一グラムの百分の一
癪	しゃく	胸や腹の激痛
竍	デカリットル	一リットルの十倍
竏	キロリットル	一リットルの千倍
竕	デシリットル	一リットルの十分の一
竓	ミリリットル	一リットルの千分の一
竡	ヘクトリットル	一リットルの百倍
竰	センチリットル	一リットルの百分の一
簓	セン ささら	竹の先を割って束ねた楽器

漢字	読み	意味
簗	やな	魚をとるための仕掛け
籡	しんし	洗い張りなどに用いる道具
籵	デカメートル	一メートルの十倍
粏	タ ぬかみそ	糠味噌のこと
粨	ヘクトメートル	一メートルの百倍
糀	こうじ	国字以外では「麹」
綛	かすり かせ	「かせ」は束ねた糸のこと
縅	おどす おどし	鎧の緒通しのこと
繧	ウン	「繧繝」は装飾文様の彩色法
纃	かすり	織物の一種
纐	コウ しぼり しぼりぞめ	「纐纈」は絞り染めのこと
聢	しかと	はっきりと

漢字	読み	意味
膵	スイ	膵臓のこと
苆	すさ	壁土にまぜる材料
艝	そり	雪や氷の上で用いる乗り物
萢	やち やつ	低湿地や泥炭地のこと
蓙	ござ	敷物の一種
蚫	ホウ あわび	ミミガイ科の大型の巻き貝
蛯	えび	国字以外では「海老」
蟎	だに	クモ綱ダニ目の節足動物
袰	ほろ	鎧の背につけた布
裃	かみしも	江戸時代の武士の礼服
裄	ゆき	背中心から袖口までの長さ
褄	つま	和服の裾の左右両端

漢字	読み	意味
襷	たすき	和服の袖をたくしあげる紐
諚	ジョウ おきて おおせ	主君などの命令
躮	せがれ	自分の息子
躾	しつけ	礼儀を身につけさせること
軈	やがて	そのうちに・まもなく
轌	そり	雪や氷の上で用いる乗り物
辷	すべる	物の上をなめらかに動く
迚	とても とて	どんなにしても・とうてい
逧	さこ	谷の狭くなったところ
遖	あっぱれ	ほめたたえるときの言葉
錺	かざり	金属製の細かい細工品
錵	にえ	日本刀の刃と地肌の境目

漢字	読み	意味
錻	ブ ブリキ	錫をめっきした薄い鋼板
鎹	かすがい	木と木をつなぐための大釘
𨫤	さかほこ	天のさかほこ
鎺	はばき	刀・薙刀にはめこむ金具
閊	つかえる	先に進めなくなる
鞆	とも	弓を射る際手につける道具
鞐	こはぜ	足袋などの止め金
颪	おろし	山地から吹き下ろす風
饂	ウン	「饂飩」（うどん）に使う字
魞	えり	魚を捕らえる装置
魸	なまず	ナマズ科の淡水魚
鮖	かじか	カジカ科の淡水魚

漢字	読み	意味
鮗	このしろ	ニシン科の海水魚
鮇	いわな	サケ科の淡水魚
[illegible]	いさざ	ハゼ科の淡水魚
鮟	アン	「鮟鱇」に使う漢字
鮴	ごり	淡水魚
鮲	こち まて	コチ科の魚・貝の一種
鮱	おおぼら	ボラ科の海水魚
鯏	うぐい あさり	コイ科の淡水魚・貝の一種
鯑	かずのこ	ニシンの卵
鯒	こち	コチ科の海水魚
鯎	うぐい	コイ科の淡水魚
鯐	すばしり	ボラの稚魚

漢字	読み	意味
鰌	どじょう	ドジョウ科の淡水魚
鯱	しゃち しゃちほこ	歯クジラ・棟飾りの一種
鯰	ネン なまず	ナマズ科の淡水魚
鰘	むろあじ	アジ科の海水魚
鰙	はや はえ わかさぎ	キュウリウオ科の淡水魚
鰚	はらか	マスの異称・ニベの異称
鰰	はたはた	ハタハタ科の海水魚
鱇	コウ	「鮟鱇」に使う漢字
鱚	きす	キス科の海水魚
鱛	えそ	エソ科の海水魚
[illegible]	あおさば さば	国字以外では「鯖」
鱩	はたはた	ハタハタ科の海水魚

漢字	読み	意味
鳰	にお	かいつぶりの古名
鵆	ちどり	国字以外では「千鳥」
鴾	とき	国字以外では「鴇」「鴾」
鵤	いかる いかるが	アトリ科の鳥・「斑鳩」とも
鵥	かけす	カラス科の鳥
鶍	いすか	アトリ科の鳥・「交喙」とも
鶎	きくいただき	日本最小の野鳥
鶇	つぐみ	ヒタキ科ツグミ属の鳥

■編者　一校舎漢字研究会（株式会社一校舎）
学習教材の編集制作で得た経験を生かし、漢字のプロ集団として多数の漢字学習教材を手がけている。

■お問い合わせ
本書の内容に関するお問い合わせは、**書名・発行年月日を明記**のうえ、下記にご連絡ください。電話によるお問い合わせは、受け付けておりません。また、本書の内容を超える質問等にはお答えできませんので、あらかじめご了承ください。本書の情報において変更がある場合は、弊社HP（https://www.shin-sei.co.jp/）の正誤表ページに掲載いたします。

●文　書：〒110-0016　東京都台東区台東2-24-10
(株)新星出版社　読者質問係
●ＦＡＸ：03-3831-0902
●メール：
https://www.shin-sei.co.jp/np/contact-form3.html

■協会のお問い合わせ窓口
最新の情報は**公益財団法人日本漢字能力検定協会**にご確認ください。

●電話でのお問い合わせ
0120-509-315（無料）
●HPアドレス
https://www.kanken.or.jp/kanken/contact/

よく出る！ 漢字検定１級 本試験型問題集［第二版］
2023年８月15日　第２版第１刷発行

編　者　一校舎漢字研究会
発行者　富永靖弘
印刷所　今家印刷株式会社

発行所　東京都台東区台東２丁目24　株式会社　新星出版社
〒110-0016　☎03(3831)0743

ISBN978-4-405-03754-0